O Jarro de Pandora

Natalie Haynes

O Jarro de Pandora

Uma Visão Revolucionária e Igualitária sobre a Representação das Mulheres na Mitologia Grega

Tradução
Marta Rosas

Editora Cultrix
SÃO PAULO

Título do original: *Pandora's Jar – Women in Greek Myths*.

Copyright © 2020 Natalie Haynes.

Copyright da edição brasileira © 2023 Editora Pensamento-Cultrix Ltda.

1ª edição 2023.

Todos os direitos reservados. Nenhuma parte desta obra pode ser reproduzida ou usada de qualquer forma ou por qualquer meio, eletrônico ou mecânico, inclusive fotocópias, gravações ou sistema de armazenamento em banco de dados, sem permissão por escrito, exceto nos casos de trechos curtos citados em resenhas críticas ou artigos de revistas.

A Editora Cultrix não se responsabiliza por eventuais mudanças ocorridas nos endereços convencionais ou eletrônicos citados neste livro.

Obs.: Esta edição não pode ser vendida em Portugal, Angola e Moçambique.

Editor: Adilson Silva Ramachandra
Gerente editorial: Roseli de S. Ferraz
Preparação de originais: Alessandra Miranda de Sá
Gerente de produção editorial: Indiara Faria Kayo
Editoração eletrônica: Join Bureau
Revisão: Luciana Soares da Silva

Dados Internacionais de Catalogação na Publicação (CIP)
(Câmara Brasileira do Livro, SP, Brasil)

Haynes, Natalie
    O jarro de Pandora: uma visão revolucionária e igualitária sobre a representação das mulheres na mitologia grega / Natalie Haynes; tradução Marta Rosas. – 1. ed. – São Paulo: Editora Cultrix, 2023.

Título original: Pandora's Jar: women in Greek myths
ISBN 978-65-5736-250-1

1. Mitologia grega 2. Mulheres – Mitologia – Grécia I. Rosas, Marta. II. Título.

23-153202   CDD-292.211

Índices para catálogo sistemático:

1. Deuses gregos: Religião clássica 292.211
Aline Graziele Benitez – Bibliotecária – CRB-1/3129

Direitos de tradução para o Brasil e América Latina adquiridos com exclusividade pela EDITORA PENSAMENTO-CULTRIX LTDA., que se reserva a propriedade literária desta tradução.
Rua Dr. Mário Vicente, 368 — 04270-000 — São Paulo, SP – Fone: (11) 2066-9000
http://www.editoracultrix.com.br
E-mail: atendimento@editoracultrix.com.br
Foi feito o depósito legal.

Para minha mãe, que sempre achou que uma mulher com um machado era mais interessante que uma princesa.

SUMÁRIO

Lista de Ilustrações 9

Introdução 11

PANDORA 15

JOCASTA 45

HELENA 71

MEDUSA 103

AS AMAZONAS 133

CLITEMNESTRA 169

EURÍDICE 199

FEDRA 227

MEDEIA 257

PENÉLOPE 295

Conclusão 325

Agradecimentos 327

Notas 331

Leitura Suplementar e Outras Fontes 347

LISTA DE ILUSTRAÇÕES

1. *Pandora*, Dante Gabriel Rossetti, 1871.
   (Heritage Image Partnership Ltd/Alamy Stock Photo) 15

2. *Édipo Separando-se de Jocasta*, Alexandre Cabanel, 1843.
   (akg-images)... 45

3. Afresco pompeiano que representa Leda e o Cisne.
   (Press Office Pompeii / AGF/AGEFotostock/AGB
   Photo Library)... 71

4. Górgona do Templo de Ártemis, Corfu. (Dr. K. / CC BY-SA
   [https://commons.wikimedia.org/w/index.php?
   curid=81450058]) 103

5. Ânfora que representa Aquiles enfiando sua lança
   em Pentesileia, Exéquias, século V a.C.
   (De Agostini Picture Library/Bridgeman Images)............... 133

6. Cratera (cálice) que mostra Egisto matando Agamenon,
   Pintor da Docimasia, século V a.C.
   (William Francis Warden Fund/Bridgeman Images) 169

7. *Orfeu e Eurídice*, Peter Paul Rubens, 1636-38.
(Bridgeman Images) 199

8. Hídria de figuras vermelhas que mostra Fedra em
um balanço, século V a.C.
(bpk/Antikensammlung, SMB / Johannes Laurentius) 227

9. Cratera (cálice) lucaniana que representa a fuga de
Medeia em seu carro, Pintor de Policoro, 400 a.C.
(Leonard C. Hanna, Jr. Fund / Bridgeman Images) 257

10. *Penélope Tece e Espera*, Marian Maguire, 2017.
(Acrílica em lareira de madeira, 135 cm × 139 cm × 23 cm.
Reproduzida com permissão da artista) 295

INTRODUÇÃO

Na clássica cena em que Perseu, (personagem do ator Harry Hamlin) está atrás de um pilar na escuridão do covil de Medusa, no filme *Fúria de Titãs* (*Clash of the Titans*, 1981), de Desmond Davis, com seu escudo refletindo as chamas de um tocheiro e o rosto brilhando de suor, meu irmão e eu ficamos transfixados. Perseu segura o escudo diante dos olhos para proteger-se do olhar petrificante de Medusa. Ele observa o reflexo de um monstro deslizante, com corpo de serpente delineado à luz do fogo que arde atrás dele. Além do cabelo tradicional, feito de serpentes entrelaçadas, essa Medusa tem também uma cauda que chicoteia juntamente com um chocalho, como de uma cascavel. Armada com um arco e flechas, ela consegue derrubar um dos companheiros de Perseu com uma flechada certeira. Enquanto o homem desaba no chão, ela desliza em direção à luz. De repente, seus olhos emitem faíscas verdes: o homem se transforma em pedra imediatamente, ali mesmo onde está.

Medusa dispara mais uma flecha, dessa vez arrancando o escudo que Perseu levava na mão. Sua cauda de cascavel treme em antecipação da caçada. Perseu tenta captar o reflexo dela na lâmina cintilante da espada enquanto ela encaixa uma terceira flecha. Medusa se aproxima enquanto Perseu espera, girando a espada na mão. O suor forma gotículas no lábio superior dele. No momento crucial, ele ergue o braço e a decapita. O corpo dela se contorce antes que o sangue vermelho e espesso comece a sair de seu pescoço. Quando respinga no escudo de Perseu, o sangue corrói o metal ao som de um chiado.

Ao lado de *Jasão e os Argonautas* (*Jason and the Argonauts*, 1963), esse filme foi um dos clássicos da minha infância: era raro o feriado escolar em que um dos dois não estivesse na programação da TV. Não me ocorreu que houvesse alguma coisa estranha na representação de Medusa porque ela não era uma personagem, era só um monstro. Quem sente pena de uma criatura que tem serpentes no lugar de cabelos e transforma homens inocentes em pedra?

Acabei estudando grego na faculdade por causa desses filmes e, provavelmente, também por causa das versões infantis dos mitos gregos que eu tinha lido (uma edição da Puffin, acho eu, de Roger Lancelyn Green. Meu irmão me disse que tínhamos também uma edição da Norse). Passaram-se anos até que eu me deparasse com qualquer outra versão da história de Medusa; com qualquer coisa que me dissesse como foi que ela se tornou um monstro ou por quê. Durante o curso, sempre encontrava detalhes nas obras de autores antigos, que eram bem diferentes das versões que eu conhecia das histórias simplificadas, adaptadas para o público infantojuvenil, que tinha lido e assistido. Medusa nem sempre foi um monstro, Helena de Troia nem sempre foi uma adúltera, Pandora nunca foi uma vilã. Mesmo as personagens que, sem sombra de dúvida, eram vilãs – Medeia, Clitemnestra, Fedra – geralmente tinham muito mais nuances do que poderia parecer-nos à primeira vista. No meu último ano de faculdade, escrevi minha monografia sobre mulheres que matam crianças na tragédia grega.

Passei os últimos anos escrevendo romances que contam histórias da mitologia grega que foram largamente esquecidas. Muitas vezes, as personagens femininas eram figuras centrais em versões antigas dessas histórias. O dramaturgo Eurípides escreveu oito tragédias sobre a Guerra de Troia que sobrevivem até nossos dias. Uma delas, *Orestes*, tem no título o nome de um personagem masculino. As outras sete têm nomes de mulheres nos títulos: *Andrômaca, Electra, Hécuba, Helena, Ifigênia em Áulide, Ifigênia em Táuris* e *As Troianas*. Quando comecei a procurar as histórias que queria contar, senti-me exatamente como Perseu no filme de Desmond Davis: apertando os olhos diante de reflexos na penumbra. Essas mulheres estavam escondidas à vista de todos nas páginas de Ovídio e Eurípides. Elas foram pintadas em jarros que são expostos em museus do mundo inteiro. Elas estavam em fragmentos de poemas perdidos e em estátuas quebradas. Mas estavam lá.

No entanto, foi quando discutia a personagem de uma mulher que não era grega que decidi escrever este livro. Eu estava na Radio 3, discutindo o papel de Dido, a rainha fenícia que fundou a cidade de Cartago. Para mim, Dido era uma heroína trágica, abnegada, corajosa, cujo coração fora partido. Para meu entrevistador, ela era uma calculista pérfida. Eu reagia à Dido da *Eneida* de Virgílio, ele reagia à Dido de Marlowe em *Dido, Rainha de Cartago*. Eu havia passado tanto tempo pensando em fontes antigas que me esqueci de que a maioria das pessoas recebe seus clássicos de fontes muito mais modernas (Marlowe é moderno para os classicistas). Por mais deplorável que eu ache o filme *Troia*, por exemplo, provavelmente ele foi visto por um público imensamente maior do que o público que já leu a *Ilíada*.

E foi assim que decidi escolher dez mulheres cujas histórias já foram contadas e recontadas – em pinturas, peças de teatro, filmes, óperas, musicais – e mostrar como o mundo antigo as via de modo diferente: como as principais personagens femininas de Ovídio se tornariam esposas inexistentes no cinema hollywoodiano do século XXI; como os artistas recriariam Helena para refletir os ideais de beleza de seu próprio tempo, e perderíamos a noção da mulher inteligente, engraçada, às vezes assustadora que ela é em Homero e Eurípides; e como alguns escritores e artistas modernos estavam, assim como eu, encontrando essas mulheres e devolvendo-as ao centro da história.

Cada mito traz em si várias linhas temporais: o tempo em que transcorre sua história, o tempo em que ele é contado pela primeira vez e o tempo de cada vez em que ele é recontado. Os mitos podem ser o lar daqueles que operam milagres, mas também são espelhos de nós mesmos. A versão de uma história que escolhemos contar, os personagens que colocamos em primeiro plano, a quais permitimos desaparecer nas sombras: além de mostrar as personagens do mito, isso reflete tanto quem o conta quanto quem o lê. Criamos espaço em nossa narrativa para redescobrir mulheres que se perderam ou foram esquecidas. Elas não são vilãs, vítimas, esposas e monstros: são pessoas.

PANDORA

Quando pensamos em Pandora, provavelmente temos uma imagem na mente. Ela tem uma caixa nas mãos ou está sentada ao lado de uma. Ela está abrindo essa caixa porque está curiosa para ver o que há dentro ou porque já sabe o que está lá e quer que o conteúdo se espalhe. Esse conteúdo é abstrato, mas terrível: todos os males do mundo que, em seguida, serão libertados e recairão sobre nós. E, ainda bem, sabemos exatamente a quem culpar: a linda mulher que não podia deixar de intrometer-se para tornar tudo pior do que já estava.

Obviamente, essa é uma história que ressoa com a de Eva. Faça o que quiser no Éden, diz Deus a Adão. Coma de qualquer das árvores. Exceto daquela, a Árvore do Conhecimento, que, apesar da interdição, tem fácil acesso, ao lado daquela persuasiva serpente falante. Eva é então criada, mas Deus não lhe diz o que ela pode ou não comer. Presumimos que tenha ouvido isso de Adão, pois ela sabe o que dizer quando a serpente (que Deus também criou) lhe pergunta se não pode comer de nenhuma das árvores do jardim. Sim, Eva responde, nós podemos. Só não dessa porque, então, morreremos. Da Árvore do Conhecimento?, pergunta a serpente. Não, você não vai morrer. Você será capaz de distinguir o bem do mal, como Deus. Eva divide a fruta com Adão, que estava a seu lado, como nos diz o livro do Gênesis. E a serpente está certa: eles não morrem, embora Eva seja recompensada com dores excruciantes no parto por ter dado ouvidos à serpente, cujas existência e voz são de inteira responsabilidade de Deus.

Pandora, porém, tem sido particularmente mal servida pela história, mesmo em comparação com Eva. Esta, pelo menos, ouviu a serpente e comeu a coisa que lhe disseram ser perigosa. Pandora não abriu uma caixa, nem por curiosidade nem por malevolência. De fato, a caixa não aparece em sua história até que o poema *Os Trabalhos e os Dias*, de Hesíodo, foi traduzido para o latim por Erasmo, no século XVI, bem mais de dois milênios depois de Hesíodo. Erasmo estava procurando uma palavra para transmitir o sentido do *pithos* grego, que, de modo geral, equivale a "jarro". Como descreve o estudioso clássico e tradutor M. L. West,[1] Hesíodo se referia a uma espécie de jarro de cerâmica de um metro ou mais de altura para mantimentos. Os jarros gregos são estreitos na base e se abrem na boca. Eles não são particularmente estáveis: basta vê-los nos museus de antiguidades clássicas para notar as muitas rachaduras e os reparos que revelam sua fragilidade intrínseca. Muitas vezes, esses jarros de cerâmica são bonitos, verdadeiras obras de arte finamente decoradas. Mas não são o recipiente que necessariamente se escolheria para armazenar um conjunto de males que causariam à humanidade tristezas incalculáveis durante milênios. Além de qualquer outra coisa (como testemunhará sem a menor alegria qualquer um que já tenha limpado o chão de uma cozinha), nem sempre as tampas fecham muito bem. E nós ainda temos a vantagem das tampas rosqueadas, algo que Pandora certamente não tinha.

O Ocidente conjetura se Erasmo confundiu a história de Pandora com a de Psiquê (outra personagem da mitologia grega que, esta sim, carrega uma caixa – *puxos*, termo geralmente mais transliterado como *pyxis* – quando é enviada ao Submundo em uma busca). É certamente uma teoria plausível. Então, Erasmo confundiu as duas mulheres – Pandora e Psiquê – ou confundiu as duas palavras semelhantes: jarro – *pithos* e caixa – *puxos* (grego)/*pyxis* (latim)? De qualquer maneira, quem saiu perdendo foi Pandora porque, enquanto abrir uma caixa pode exigir esforço, é bem mais fácil derrubar uma tampa ou quebrar um jarro pesado de cerâmica. No entanto, a imagem linguisticamente adulterada de Pandora abrindo dolosamente uma caixa foi a que entrou em nossa cultura.

Nas representações artísticas de Pandora que antecedem a leitura generalizada de Erasmo (que morreu em 1536), ela é mostrada com um jarro, mesmo que o pintor procure retratá-la como vilã e que a imagem reflita essa intenção. Por volta de 1550, Jean Cousin a pintou como Eva Prima Pandora,[2] uma mistura de Pandora e Eva: deitada nua, exceto por um lençol envolto entre as pernas, jarro sob uma mão, crânio humano sob a outra. E há pinturas posteriores que também a mostram com um jarro: *A Abertura do Jarro de Pandora*,[3] de Henry Howard, de 1834, por exemplo. Porém, a imagem mais famosa de Pandora é talvez a de cerca de quarenta anos depois, quando a reescrita de Erasmo parece firmemente incorporada ao consciente artístico coletivo.

Em 1871, Rossetti completou seu retrato de Pandora segurando nas mãos um pequeno porta-joias dourado. A tampa é cravejada de grandes gemas, verdes e roxas, que se repetem nas pedras que ornamentam uma das pulseiras que ela usa no pulso direito. Os dedos longos e finos da mão direita dobram-se quando ela começa a abrir a caixa. Sua mão esquerda segura a base firmemente. A fissura que se abre entre a tampa e a caixa em si é apenas uma sombra estreita, mas já uma espiral de fumaça alaranjada emana e sobe em voluta por trás dos cachos castanho-avermelhados de Pandora. Não sabemos exatamente o que está na caixa, mas, seja o que for, é sinistro. Olhe para o lado da caixa mais de perto, logo acima do polegar esquerdo de Pandora, e uma inscrição latina faz as coisas parecerem ainda menos promissoras: "*Nascitur Ignescitur*",[4] nascidos em chamas. Rossetti fez ele mesmo a caixa que posteriormente se perdeu.

O retrato tem mais de um metro de altura, e sua profundidade de cor é tão ardente quanto o texto em seu centro: Pandora usa um vestido vermelho que cobre braços e corpo desde seu alto decote redondo. Seus lábios estão pintados em um arco perfeito no mesmo vermelho vivo. Uma pequena sombra sob o centro de sua boca cria a impressão de que seu lábio inferior se projeta em direção ao espectador. Seus enormes olhos azuis nos encaram sem acanhamento. A modelo era Jane Morris, esposa do artista William, com quem Rossetti estava tendo o que podemos razoavelmente concluir que seria um caso emocionante. Os críticos se perguntaram o que William Morris poderia pensar de uma obra que mostrava sua esposa pintada por outro homem sob uma luz tão inegavelmente erótica. Menos pessoas pensaram em perguntar como Jane Morris deve ter se sentido ao ver-se ilustrando a descrição de Pandora na *Teogonia* de Hesíodo como *kalon kakon*,[5] um belo mal. E ninguém perguntou o que Pandora poderia ter pensado do objeto que estava segurando com tanta força e tanto risco em suas belas mãos.

Talvez, então, seja hora de abordarmos a história de Pandora desde o início para ver como ela evolui e muda de um escritor e artista para o outro. Como é tantas vezes o caminho com coisas excelentes, precisamos voltar aos gregos para ver como essa história começou. A primeira fonte que temos é Hesíodo, que viveu no final do século VIII a.C. na Beócia, no centro da Grécia. Ele conta sua história duas vezes, a primeira vez de modo relativamente breve no poema *Teogonia*.

Esse poema é uma história de origem que cataloga a genealogia dos deuses. Primeiro vem o Caos, depois a Terra, depois o Submundo, e talvez a primeira personagem que podemos reconhecer: Eros, que suaviza a carne e supera a razão. O Caos cria Érebos e Noite, Noite cria Ar e Dia, a Terra cria o Céu e assim por diante. Duas gerações depois, chegamos a Zeus: Céu (Urano) e Terra (Gaia) têm vários filhos, entre os quais Cronos e Reia. Escondendo os filhos em uma caverna e recusando-se a deixá-los sair para a luz, Urano acaba por revelar-se um candidato a pai aquém do ideal. Para ganhar a liberdade de sua opressão, Cronos castra o pai com um gancho afiado recebido da mãe e joga os genitais extirpados no mar (e assim se cria Afrodite. Essa é provavelmente a hora de começar a ponderar se Freud poderia ter algo a dizer sobre isso). Cronos e Reia, por sua vez, têm vários filhos: esses deuses pré-olímpicos são conhecidos como titãs. Então Cronos também falha num teste básico de paternidade quando decide engolir inteiros todos os filhos, um por um. Reia pare Zeus em segredo para evitar que também seja comido. Zeus então força Cronos a regurgitar seus irmãos mais velhos e assume o manto de rei dos deuses. Não é preciso dizer que os encontros em família deviam ser bem tensos.

Zeus costuma ser descrito como inteligente e estratégico, mas ele logo é frustrado duas vezes pelo ardiloso titã Prometeu. Hesíodo está obviamente procurando uma história que explique por que seus patrícios, os gregos, sacrificam os ossos dos animais para os deuses e guardam para si mesmos os melhores cortes da carne. Dado que o sacrifício deve provavelmente envolver a perda de algo bom, e dado que os ossos não são o melhor pedaço de um boi morto, uma explicação se faz necessária. Então Hesíodo nos diz que, em um lugar chamado Mecone, Prometeu executou um estratagema. Incumbido da tarefa de dividir a carne em uma porção para os deuses e outra para os mortais, esconde a carne dentro do estômago do boi e o oferece a Zeus, e envolve os ossos sob um pedaço de gordura reluzente para os homens. Zeus reclama que sua porção parece a menos apetitosa, e Prometeu explica-lhe que, por ter essa prerrogativa, ele deve escolher a parte que preferir. O rei dos deuses faz sua escolha e só depois vê que foi enganado: os mortais ficam com a parte boa e os deuses veem-se com uma pilha de ossos.

O segundo truque aplicado por Prometeu é abertamente um roubo: ele rouba o fogo (que pertence aos deuses) e o dá aos mortais. Sabe-se que, por isso, foi condenado a viver acorrentado a uma rocha onde uma águia bicava seu fígado todos os dias. Sua imortalidade implica que o fígado tornaria a crescer, de modo que tudo poderia recomeçar no dia seguinte. Zeus fica tão enfurecido com a melhoria que o fogo trouxe à vida dos mortais que decide nos dar um mal (*kakon*)[6] para equilibrar as coisas. Assim, faz Hefesto forjar da terra a imagem de uma jovem mulher. A deusa Atena veste a donzela sem nome com roupas de prata e lhe dá um véu e uma coroa dourada, adornada com imagens de animais selvagens. Quando Hefesto e Atena terminam seu trabalho, eles mostram o *kalon kakon, ant'agathoio*[7] – um belo mal, o preço do bem – aos demais deuses, que percebem que os homens mortais não terão dispositivo nem remédio contra ela. Dessa mulher, diz Hesíodo, provém toda a raça letal das mulheres. É sempre bom ser desejada.

Uma história contada em tão poucas palavras requer muitas explicações. Em primeiro lugar, por que Hesíodo não usa o nome de Pandora? Em segundo, Hesíodo está mesmo dizendo que as mulheres são uma raça distinta da dos homens? Nesse caso, Pandora é muito diferente de Eva: Adão e Eva serão os ancestrais de todos os futuros homens e mulheres, mas Pandora antecederá apenas as mulheres. Em terceiro, onde está o jarro, a caixa ou o que quer que fosse o recipiente? Mais uma vez, teremos que esperar pela segunda versão mais longa de Hesíodo para saber mais. E, em quarto lugar, o que descobrimos sobre a própria Pandora? Ela é autóctone, ou seja, feita da própria terra. Ela foi projetada e criada pelo mestre artesão dos deuses, Hefesto, e adornada pela astuta e habilidosa Atena. Sabemos que Pandora é linda. Mas como ela é de fato? Só temos uma frase que pode nos dizer, antes que Hesíodo se desvie explicando como as mulheres só vão querer você se não for pobre e comparando-as desfavoravelmente às abelhas. Quando é levada para ser exibida aos deuses, que ficarão maravilhados com a perfeição de sua execução, Pandora se delicia com a beleza de seu vestido, *kosmo agalomenēn*.[8] É como se Hesíodo estivesse encantado por essa jovem mulher, mesmo quando a descreve como má e mortal. Acaba de ser criada e já está tendo um prazer inocente no belo vestido que ganhara.

A segunda versão da história de Hesíodo, mais detalhada, está em *Os Trabalhos e os Dias*. Esse poema é, em grande parte, escrito como repreensão ao irmão indolente, Perses, provando que a agressão passiva do poeta não se limita às mulheres. Os irmãos também estão em sua linha de tiro hexamétrica. Mais uma vez, Zeus, enfurecido com o roubo de Prometeu, exclama: "Eu vos darei um mal como preço pelo fogo", *'anti puros dōsō kakon'*. Ele continua, dizendo que Pandora será um mal "no qual todos os homens se deliciarão e que todos abraçarão".[9] Novamente, ele ordena a Hefesto o árduo trabalho da criação: Pandora será feita de terra e água, terá voz e força humanas, porém com o rosto e a forma de uma deusa imortal. Atena é encarregada de ensiná-la a tecer e, Afrodite, de dar-lhe sua imensa graça, desejo penoso e sofrimentos de fazer doer os membros (essas duas últimas características são presumivelmente os sentimentos que Pandora provocará nos homens, mas que integram seu próprio ser).

Os deuses se desdobram para cumprir as ordens de Zeus. De fato, mais deuses se envolvem: as Graças, Persuasão e as Horas ajudam com adereços dourados e florais. O deus Hermes lhe dá uma mente canina (isso não é elogioso: os gregos não amavam os cães da maneira que os amamos) e uma natureza desonesta. Ele também é o responsável tanto pela voz quanto pelo nome da jovem: "ele chamou essa mulher de Pandora porque todos os deuses que vivem no monte Olimpo lhe deram um dom, uma calamidade para os homens".[10] É também Hermes, o mensageiro dos deuses, que tira Pandora do reino imortal e a dá de presente a Epimeteu, irmão de Prometeu. Prometeu (cujo nome literalmente significa "previsão") havia avisado ao irmão que não aceitasse nenhum presente de Zeus. O nome de Epimeteu significa "retrospectiva", e talvez seja por isso que ele se esquece de que um presente de Zeus poderia ser outra coisa que não uma caixa amarrada com fitinhas. E, assim, Epimeteu recebe Pandora e chega ao fim a vida despreocupada dos mortais. Antes disso, explica Hesíodo, os homens viviam na terra livres de males, de doenças e do trabalho árduo. Mas, assim que Pandora tira a enorme tampa de seu jarro, tudo isso se acaba e tristes preocupações doravante se disseminam entre os mortais. Só Esperança (Élpis)[11] permanece sob o rebordo do jarro, seu eterno lar.

Essa versão mais longa dos primórdios de Pandora responde algumas perguntas e levanta várias outras. Pandora é literalmente um presente: ela é entregue por Hermes a Epimeteu. Ela também é dotada, na medida em que muitos deuses contribuíram para sua criação, conferindo-lhe diferentes virtudes e habilidades. Essa parte de sua história talvez nos lembre *A Bela Adormecida*, em que uma recém-nascida recebe das fadas convidadas várias qualidades positivas antes que uma penetra malévola chegue para jogar areia no brinquedo dando-lhe a perspectiva de morte (comutada em um cochilo imensamente longo) por ferimento com o fuso de uma roca. Mas Pandora não é um bebê quando recebe esses presentes, ela é uma *parthenos*: uma donzela, uma jovem em idade matrimonial. Portanto, as virtudes que lhe são concedidas não são futuras, mas sim imediatamente visíveis, audíveis: uma voz, um vestido, conhecimento da tecelagem. Existe a tentação de ler seu nome como "todo-talentosa" (*pan*, "tudo"; *dora* vem do verbo *didomi*, "eu dou"). Mas o verbo no nome de Pandora é ativo, não passivo: literalmente, ela é quem tudo doa, em vez de ser a que "todos os dotes recebe". Em grego, como adjetivo, *pandora* é geralmente usado para descrever a terra, a coisa que tudo doa e que mantém a vida. Há no Museu Britânico um cílix (copa para vinho) ateniense de cerca de 460 a.C., atribuído ao Pintor de Tarquínia, que parece retratar a cena descrita por Hesíodo. Atena e Hefesto estão um de cada lado de uma Pandora dura, ainda aparentemente mais argila que mulher. Ela está se tornando uma *parthenos*, mas ainda não terminou o processo, como uma boneca vestida pelas mãos habilidosas dos deuses. Seu nome nessa peça é dado como Anesidora, que significa "a que envia presentes", assim como a terra envia os brotos das plantas que nos alimentarão e ao nosso gado. Portanto, a generosidade intrínseca de Pandora é apagada se pensarmos nela apenas como objeto dos dotes divinos.

Mas será que ela nos doa infinitamente algo que realmente queremos? Ou apenas distribui o conteúdo de seu jarro? Trabalho árduo, cuidados tremendos, doenças e coisas assim? Nesse caso, seu nome será lido melhor por meio da ironia: agradecemos por todo o trauma que você nos está regalando. É curioso que Hesíodo vá tão longe para descrever a criação de Pandora (até as flores primaveris postas em seu cabelo), mas a primeira vez que ouvimos falar do enorme jarro que ela carrega é quando ela tira a tampa dele depois de ter sido enviada para Epimeteu. É difícil imaginar que ela o tenha pegado em algum lugar na descida do Olimpo com Hermes. Em vez disso, parece que a punição de Zeus para os homens é dupla: a própria astuciosa, inevitável Pandora, e o jarro de maldades que ele envia com ela. Afinal, como a punição decorre de um duplo ataque à sua dignidade divina (o truque que Prometeu tirou da manga com a carne sacrificial e o roubo do fogo), contém uma dupla vingança. Nesse caso, novamente, podemos começar a nos perguntar por que Pandora é quem recebe toda a culpa.

Veja o número de deuses e titãs envolvidos nesse mito: Prometeu antagoniza Zeus, mas nos dá o fogo e tenta de todos os modos alertar Epimeteu sobre uma possível retaliação. Epimeteu simplesmente ignora ou esquece o que lhe avisara o irmão quanto a aceitar presentes de Zeus, de maneira que certamente podemos colocar parte da culpa em sua conta. Se ele tivesse sido mais astuto, Pandora teria sido imediatamente enviada de volta ao Olimpo com jarro e tudo. Ou aprovamos Epimeteu porque, afinal, Zeus é o mais poderoso dentre os deuses olímpicos e não há muito que um titã possa fazer numa batalha de inteligência com ele, principalmente quando convoca todos os outros deuses para ajudá-lo a criar e entregar Pandora? Mas, nesse caso, por que não estendermos a mesma cortesia a Pandora? Se ela é o mecanismo que Zeus decide usar em sua vingança, então qual a atuação que ela de fato tem? Enfrente Zeus e, na melhor das hipóteses, você será liquidado por um raio. Na pior, terá o fígado bicado diariamente por um abutre por toda a eternidade. É difícil ignorar a impressão de que Hesíodo tem dois incômodos prediletos – mulheres coniventes e irmãos desafortunados – e nos contou essa história de tal maneira que contém um exemplar de cada. Mas será que realmente achamos que Pandora deveria ter se recusado a acompanhar Hermes ou se sentado em cima de seu jarro para impedir que ele fosse aberto? Será que ela ao menos sabe o que há dentro dele? Hesíodo faz questão de nos contar de sua natureza traiçoeira e dissimulada (implantada por Hermes), mas não vemos nenhuma indicação disso. E, aliás, Hermes também parece retirar-se da saga sem carregar um pingo de culpa.

Hesíodo levanta um último enigma quando nos diz que Élpis – Esperança – permanece sob o rebordo do jarro. Isso é bom ou ruim para homens mortais? Devemos achar que Esperança está sendo guardada para nós dentro do jarro? Ou que ela nos está sendo negada? Como todos os males que estavam dentro agora estão à solta pelo mundo, então estaríamos em melhor forma se Esperança saísse junto com eles? Assim, ao menos poderíamos ter algo positivo para levantar nosso astral (obviamente, isso não funcionaria se, como John Cleese em *O Homem que Perdeu a Hora* (*Clockwise*, 1986), nós pudéssemos "suportar o desespero. É a esperança que eu não suporto"). Estará Pandora cometendo mais um petulante ato de crueldade quando transforma nossa vida em uma miséria e depois nos priva até mesmo de Esperança? Ou será o jarro um lugar seguro, onde sabemos que sempre contaremos com Esperança, enquanto atravessamos um mundo que agora é muito mais assustador do que era antes de sua abertura? Os estudiosos divergem em sua leitura desse trecho até porque, embora geralmente seja traduzido como "esperança", o termo *elpis* não significa exatamente isso. A esperança é intrinsecamente positiva em inglês, mas em grego (assim como no equivalente latino, *spes*), não. Uma vez que realmente significa a espera de algo bom ou ruim, uma tradução mais precisa provavelmente seria "expectativa". Antes que possamos nos preocupar em determinar se é vantajoso para nós que ela permaneça no jarro, temos que decidir se ela é algo intrinsecamente bom ou ruim. Isso constitui um quebra-cabeça linguístico e filosófico genuinamente complexo. Não admira que seja mais fácil culpar Pandora.

E foi exatamente isso que muitos escritores fizeram. Em *Tales of the Greek Heroes*, de Roger Lancelyn Green, inicialmente publicado pela Puffin em 1958 e, para muita gente, o primeiro encontro com Pandora, ela já aparece completamente preparada: não só abriu o porta-joias (que, segundo lhe fora dito, estaria cheio de tesouros) enquanto Epimeteu estava ausente, como "agiu sub-repticiamente" para fazê-lo: é malévola e reservada porque sabe que está errada. Na edição mais recente da Puffin, essa cena é transcrita na parte interna da capa para o máximo de impacto. E em *Tanglewood Tales for Boys and Girls*, de Nathaniel Hawthorne, que tem sido igualmente a porta de entrada para os clássicos de muitas crianças desde sua publicação em 1853, Pandora é tratada com ainda menos generosidade: sua história é prefigurada no final do capítulo anterior, no qual é apresentada como "uma criança triste e malandra" (o que, coincidentemente, descreve o passado de qualquer pessoa que eu sempre quis conhecer).

O capítulo seguinte de Hawthorne, "O Paraíso das Crianças", começa apresentando-nos Epimeteu ainda menino. Para que ele não se sentisse só, "outra criança como ele, sem pai nem mãe, foi enviada de um país distante, para viver a seu lado, ajudá-lo e ser sua companheira de folguedos. Seu nome era Pandora. A primeira coisa que Pandora viu ao entrar na cabana em que Epimeteu morava foi uma grande caixa. E, mal cruzara a soleira da porta, já lhe perguntava: 'Epimeteu, o que você guarda naquela caixa?'".

Até aqui, estamos indo mal. Pandora "foi enviada", mas não fomos informados por quem. A voz passiva é uma tremenda ajuda para evitar a responsabilidade (pense em todas as não desculpas que empregam a formulação "Sinto muito se algum sentimento foi ferido". Muito menos esforço do que se desculpar ativamente por ter ferido os sentimentos de alguém: "Sinto muito por ter magoado você" é franco e sincero. Já "Sinto muito que você tenha se magoado" é razão para expulsar de sua vida a pessoa que está falando e nunca mais olhar para ela). Zeus, Hefesto, Atena e Hermes não conseguiriam encontrar um álibi mais útil do que o que Hawthorne aqui lhes fornece. Se deixou sem nome e sem menção o papel desses deuses na criação de Pandora, menos ainda explicaria ele sua chegada à casa de Epimeteu, cuja razão permanece encoberta na história. O interesse de Pandora pela caixa misteriosa é imediato e contínuo: ela e Epimeteu brigam por sua causa. Ela exige saber de onde veio, Epimeteu lembra que foi entregue por um homem que Pandora consegue identificar como Quicksilver (um bom trocadilho, já que, em inglês, *quicksilver* significa *mercúrio*, que por sua vez é o nome dado pelos romanos a Hermes). Hawthorne constantemente carrega sua narrativa contra ela: Epimeteu diz coisas, Pandora grita de maneira irritante, muitas vezes usando as mesmas palavras. A irritação dele é uma expressão de fadiga; a dela, de maldade. Ela é culpada por abrir intencionalmente a caixa e Epimeteu é, no máximo, um acessório: "Mas – e, com isso, você pode ver como um ato errado de qualquer mortal é uma calamidade para todo o mundo – pelo fato de Pandora levantar a tampa daquela caixa desprezível, e também pela culpa de Epimeteu em não a impedir, essas Tribulações ganharam uma base entre nós". A história tem não uma, mas sim duas ilustrações de Pandora e da caixa, que é grande o suficiente para que a jovem possa sentar-se sobre ela. Mais uma vez, somos convidados a ver a curiosidade insaciável de Pandora como um pecado pelo qual todos devemos pagar.

Ambos os escritores fizeram escolhas que refletem as épocas em que vivam, em vez de qualquer coisa que possamos encontrar em versões mais antigas do mito. Os mitos em geral – e talvez os mitos gregos em especial – estão, como Proteu, em metamorfose constante. Como mencionado acima, eles operam em pelo menos duas linhas temporais: aquela em que estão ostensivamente inscritos e aquela em que qualquer versão específica é escrita. O tom condescendente e paternalista da versão hawthorniana de Pandora é muito mais aparente que a irritante misoginia que encontramos em Hesíodo. Hesíodo pode apresentar Pandora como um truque, um construto dos deuses para prejudicar os homens, mas ele quer que conheçamos as razões pelas quais Zeus ordena sua criação, a vingança pelo que fizera Prometeu e todo o resto. Simplificando a história para o público infantil, Green e Hawthorne exageram tanto que acabam tornando Pandora ainda mais vilã do que até mesmo Hesíodo poderia pretender.

O que poderia ter acontecido se os escritores de mitos dos séculos XIX e XX estivessem mais interessados nas fontes de suas histórias? Se as tivessem buscado além de Hesíodo ou Erasmo, em algumas das versões menos conhecidas da história de Pandora? Se estivessem dispostos a vasculhar fragmentos das *Elegias* de Teógnis, do século VI a.C., eles poderiam ter encontrado uma breve passagem que sugere que o jarro de Pandora está cheio de coisas boas, não de coisas ruins. Quando ele é aberto, tudo de bom – Autocontrole, Confiança etc. – voa para longe, e é por isso que raramente os encontramos entre os homens mortais. Apenas Élpis – Esperança – permanece, como um bem que não nos abandonou.[12]

Claro, poderíamos achar irracional esperar que um escritor infantil busque textos obscuros como o de Teógnis para apresentar uma história mais complicada. Uma das alegrias das histórias infantis é sua simplicidade. Mas há um escritor que crianças pequenas vêm lendo – de uma forma ou de outra – há alguns milênios, um escritor que também conta a história de Pandora. É impossível dizer quantas pessoas contribuíram para as fábulas de Esopo: vários autores escreveram os contos que lhe foram atribuídos. O próprio Esopo pode ter sido um escravo que ganhou alforria com sua inteligência mais ou menos cem anos[13] depois do período em que Hesíodo viveu ou pode nunca ter existido. Mas o que sem dúvida ocorre é que sua versão da história[14] é mais próxima da de Teógnis que da de Hesíodo. Novamente, o jarro está repleto de coisas úteis que, mais uma vez, voam para longe quando a tampa é retirada. Mas a culpa não é de Pandora e sim de um *lichnos anthropos*, um "homem curioso ou ganancioso". É Epimeteu o responsável dessa vez? A fábula não lhe dá um nome. Mas, em vez de uma mulher, certamente é um homem, um homem que não é mau, é curioso. No século XVI, o gravador italiano Giulio Bonasone parece ter tomado como inspiração a versão de Esopo. Sua gravura *Epimeteu Abrindo a Caixa de Pandora* (agora no Museu Metropolitano de Nova York)[15] é uma obra especialmente intrigante porque, apesar do título, é inequivocamente Epimeteu quem tira a tampa de um jarro portentoso cuja alça reforçada está virada para o espectador. Nenhuma das infantilizações de Hawthorne está presente aqui: Epimeteu é um homem adulto de barba cerrada. Fugindo desse jarro estão personificações femininas de várias coisas boas: Virtude, Paz, Boa Sorte, Saúde. Como é consistentemente o caso em quase todas as versões da história, Esperança fica.

Os artistas visuais têm sido muitas vezes inspirados por Pandora, talvez porque ela lhes dê a oportunidade de compartilhar a intensidade de um caso com todo o seu círculo social (a exemplo de Rossetti) ou a chance de pintar uma mulher atraente parcial ou completamente nua (a exemplo de Jean Cousin, Jules Lefebvre, Paul Césaire Gariot, William Etty, John William Waterhouse e muitos outros). Talvez não tenham consultado Hesíodo para lembrar-se do vestido prateado de que ela tanto gosta. Esses artistas tendem a representá-la em três situações: no ato da abertura de um jarro ou uma caixa, prestes a executá-lo ou logo após a execução do ato. Seu foco recai quase sempre na destruição que Pandora causou ou causará iminentemente, o que sem dúvida decorre da mistura das narrativas de Pandora e Eva. Na história de Pandora, há séculos a ênfase tem recaído na exclusividade de seu papel na queda do homem. Assim como Adão e a serpente se eximem de boa parte da culpa na história de Eva, Zeus, Hermes e Epimeteu foram exonerados em quase todas as versões posteriores da história de Pandora. O lema que norteia a busca da causa de tudo que há de errado no mundo muitas vezes tem sido *cherchez la femme*.

Os antigos gregos também gostavam de criar representações visuais de Pandora, porém estavam muito menos interessados na abertura do jarro, talvez porque simplesmente isso não fosse tão importante para eles (como vimos, Hesíodo só o menciona em sua segunda versão da história). Ou talvez porque as tradições concorrentes (como vimos em Esopo) mudam a identidade de quem abre o jarro e seu conteúdo. Os escultores e pintores antigos, por sua vez, concentram-se no momento em que todos os deuses se unem para contribuir para a criação de Pandora, a todo-dotada que tudo doa. Essa é a cena que vemos em algumas das melhores crateras (*kraters*, tigelas que os gregos usavam para adicionar água ao vinho) que retratam Pandora, como uma do Museu Britânico[16] e outra do Museu Ashmolean,[17] em Oxford. Curiosamente, a associação de Pandora a uma caixa é tão completa que o site do Ashmolean lista sua cratera sob o título "Caixa de Pandora". Mas não há sinal da caixa anacrônica nem mesmo do jarro em nenhum ponto da cena: em vez disso, ela mostra Zeus observando e Hermes olhando em sua direção no momento em que Epimeteu, ainda munido do martelo que usara para esculpir Pandora do barro, estende-lhe a mão livre para ajudá-la a levantar-se do chão. Eros paira sobre os dois, presumivelmente para garantir que o casal se apaixone rapidamente.

É essa cena que teve o mérito de ocupar um lugar no Partenon, em Atenas. O ponto focal do enorme templo era sua monumental escultura de Atena Partenos, a deusa padroeira dos atenienses. A estátua, de mais de dez metros de altura, tinha mais de uma tonelada de placas de marfim e ouro (a palavra grega para essa combinação de elementos é criselefantina) presas a um núcleo de madeira.[18] Essa Atena já se foi há muito tempo, mas temos escritos de autores antigos que tinham visto tanto a estátua quanto a sua base esculpida, essencial à nossa compreensão do modo como os próprios gregos viam Pandora. Essa base ficaria mais ou menos na altura dos olhos para os visitantes da *cella*, o salão interior do templo. A base mostrava a criação de Pandora esculpida em relevo. Obviamente, pareceria acanhada diante da colossal estátua de Atena. Porém a inclusão de Pandora no ponto focal desse edifício sagrado nos revela um pouco do que os atenienses pensavam dela. Atena teve participação fundamental na criação de Pandora, pois lhe deu um vestido e a capacidade de tecer (a tecelagem não é uma habilidade menor na Grécia antiga. Pelo contrário, era uma tarefa vista como a prenda ideal para as mulheres virtuosas. É por isso que Penélope tece e desmancha um sudário durante boa parte da *Odisseia*). Pausânias, escritor de viagens do século II d.C., menciona essa conexão quando descreve o Partenon para seus leitores. A estátua de Atena ergue-se com uma Medusa esculpida em marfim no peito. No pedestal, vê-se o nascimento de Pandora, que foi, conforme cantado por Hesíodo e outros, a primeira mulher. Antes dela, reitera Pausânias, não havia nenhuma mulher na humanidade.[19] Novamente, não há menção a nenhum jarro nem a seu conteúdo. Parece razoável sugerir que, para os antigos, o papel de Pandora como a ancestral de todas as mulheres era muito mais importante que seu contestado papel na exposição do mundo ao mal incessante. Ainda que, para Hesíodo, as duas coisas pudessem dar no mesmo.

O relevo do Partenon não é a única prova da Atenas do século V a.C. sobre Pandora que desapareceu. Perdemos também uma peça de Sófocles chamada *Pandora*, ou *Sphyrokopoi*, que significa "Os Marteladores". Geralmente pensamos em Sófocles como autor trágico, pois suas sete peças que restaram são tragédias. Mas, na verdade, é possível que ele tenha escrito até 150 peças durante a vida, entre as quais sátiras como *Os Marteladores*. As peças satíricas, que eram apresentadas após as tragédias, tinham um coro de sátiros e estavam repletas de absurdos e piadas bobas. Sófocles teria produzido três tragédias e uma peça satírica em cada vez que participou das Dionisíacas, festival de teatro de Atenas (realizado em homenagem a Dionísio, o deus do teatro e do vinho) no qual suas peças foram inicialmente apresentadas. Não temos um conjunto completo de nenhuma das peças de Sófocles: as tebanas – Édipo-Rei, Édipo em Colono e *Antígona* – são muitas vezes encenadas ou publicadas juntas, mas provêm de três diferentes trilogias. E só temos fragmentos extensos de uma de suas peças satíricas, *Os Farejadores* (embora Tony Harrison tenha preenchido as lacunas com sua brilhante *The Trackers of Oxyrhyncus*). O choque que sentimos ao descobrir que Sófocles – em muitos aspectos, o mais devastador dos poetas – fazia piadas é quase palpável. Portanto, não sabermos quase nada sobre sua versão do mito de Pandora é decepcionante por, pelo menos, duas razões. Podemos adivinhar, a partir do título alternativo, *Os Marteladores*, que enfocava a criação de Pandora, como faziam os pintores de jarros e escultores gregos do século V a.C. Parece plausível supor que os sátiros tinham martelos, uma vez que essas peças geralmente tomam seus títulos da função desempenhada pelo coro de sátiros (metade animais, metade homens e sempre com uma ereção gigantesca. Nem todas as tradições culturais sobrevivem intactas, mas as peças satíricas provavelmente se aproximariam mais do burlesco, se o burlesco tivesse mais híbridos de homem e cavalo com priapismo crônico cantando e dançando. Sem dúvida, esse nicho está sendo atendido em algum lugar). Os martelos serão usados porque, na cratera exposta no Museu Ashmolean, o martelo de Epimeteu está prestes a ser empregado para preparar o barro do qual Pandora será esculpida ou, talvez, para libertá-la do chão (do qual ela se ergue na pintura desse artefato). Se ao menos tivéssemos mais informações sobre a peça, ou se alguns de seus fragmentos tivessem sobrevivido, poderíamos inferir mais sobre a visão que os atenienses do século V a.C. tinham de Pandora e saber se a consideravam particularmente relevante para sua cidade-Estado, como implica sua inclusão no Partenon. Infelizmente, não sabemos nada de conclusivo.

Mas, como palpites informados são válidos, parece razoável sugerir que os atenienses puseram o relevo de Pandora em seu templo porque ela era a mulher original, prototípica, da qual descendem todas as mulheres. Hoje, para nós, é difícil entender a atitude dos atenienses em relação às mulheres. A *polis* – cidade-Estado e todas as instituições democráticas que para ela contribuíam – era um enclave exclusivo dos homens. Só eles podiam votar, servir em júris ou participar da vida cívica ateniense. As mulheres eram mais ou menos enclausuradas (dependendo da classe e do dinheiro) e poderiam passar longo tempo sem sequer dirigir a palavra a um homem com quem não tivessem estreita relação. O ideal ateniense, defendido na oração fúnebre de Péricles[20] em 431 a.C., era que as mulheres jamais almejassem a que se falasse a seu respeito, fosse em termos de reprovação ou de louvor. Em outras palavras, a maior virtude a que uma ateniense poderia aspirar era não ser detectada, quase não existir. É uma peculiaridade gratificante do caráter de Péricles o fato de poder fazer esse discurso enquanto vivia com a mulher mais famosa (ou talvez notória) de Atenas, mencionada por todos, de comediantes a filósofos: Aspásia. Felizmente, a hipocrisia de censurar o comportamento feminino em geral e manter um conjunto totalmente diferente de padrões para as mulheres reais que você conhece agora acabou.

Até a gramática grega obliterava as mulheres. Quando os homens atenienses se referiam a um grupo de atenienses do sexo masculino, usavam as palavras *hoi Athenaioi*, "os atenienses" (os finais de ambas as palavras são masculinos). Se um grupo de homens e mulheres atenienses se reunisse, a frase usada para descrevê-los seria exatamente a mesma, ainda que só um homem estivesse presente entre dezenas de mulheres, o final das palavras usadas para descrever o grupo é masculino: –oi. Para um grupo só de mulheres atenienses, as palavras seriam *hai Athenaiai*. Eu digo "seriam" porque não se encontra essa construção em lugar algum da literatura grega:[21] ninguém jamais precisa referir-se a um grupo de mulheres atenienses porque elas não têm importância.

E, no entanto, lá está Pandora, bem na linha de visão, em pleno Partenon, a maior estrutura da maior cidade da Grécia no século V a.C.: um templo repleto de esculturas decorativas de batalhas épicas e procissões religiosas, construído com o único propósito de refletir e enaltecer a identidade ateniense. Apesar de todas as palavras ásperas sobre as mulheres que encontramos nos escritos de Hesíodo ou da quase não existência que delas exigia o discurso de Péricles (pelo menos como nos foi relatado pelo historiador Tucídides), há uma alegação que precisa ser feita: as mulheres de Atenas não eram assim tão invisíveis quanto poderíamos pensar.

Talvez não seja surpresa que o papel de Pandora como nossa ancestral tenha sido largamente esquecido hoje. Em vez disso, seu semiequivalente no Antigo Testamento tomou-lhe a precedência em nosso consciente coletivo. Assim como Deucalião (sobrevivente do Grande Dilúvio no mito grego) foi largamente esquecido, Noé e sua arca navegam alegremente para a salvação, de modo que Pandora foi aproximada a Eva ou por esta substituída. Mas por que a caixa que ela nunca carregou consigo exerceu tanto fascínio sobre tantos artistas e escritores? A "caixa de Pandora" é uma expressão idiomática, uma estenografia de um modo que a "maçã de Eva" nunca foi. E nenhum de seus empregos é positivo, como na versão de Esopo, segundo a qual a caixa está cheia de guloseimas que, sem querer, deixamos cair por entre os dedos de nossas mãos descuidadas. Na melhor de suas acepções, podemos usar a expressão para implicar a entrada em jogo de um conjunto de consequências imprevistas. Porém, em geral, quando alguém abre a caixa de Pandora, o sentido implicado é simultaneamente negativo e um pouco pior do que se poderia prever ou em uma escala muito maior e mais prejudicial. Como se abríssemos uma lata pensando que contivesse minhocas e a encontrássemos cheia de serpentes venenosas.

Certamente não basta atribuir a culpa da coisa toda a Erasmo. Ao longo dos tempos, inúmeros tradutores cometeram inúmeros erros em textos, e a maioria desses erros não teve nada parecido com a ressonância ou o impacto que teve a confusão de Erasmo entre *pithos* e *pyxis*. Mas, de alguma maneira, ele cunhou uma ideia que ecoou ao longo dos séculos. Tudo estava bem, mas de repente foi tomada uma única decisão infeliz e irreversível, e agora todos nós temos que suportar as consequências para sempre. É, de certa forma, reconfortante: o problema foi causado muito antes de nascermos e persistirá muito tempo depois de nossas mortes, então não há nada que possamos fazer a respeito. Nas palavras imortais de Valmont em *Ligações Perigosas* (*Dangerous Liaisons*, 1988), está além do meu controle. Isso nos permite voltar a ser crianças: injustiças, crueldades e doenças não são nossa culpa e, por isso, tentar corrigi-las não é problema nosso.

E depois há a questão do motivo, que está inteiramente ausente da versão grega antiga de Pandora. Nem mesmo Hesíodo nos dá uma razão para Pandora abrir o jarro e soltar todos os males no mundo. Ela simplesmente o faz. Não sabemos se por curiosidade ou por má-fé; nem sabemos se Pandora tem consciência do que há dentro do jarro. Não sabemos de onde ele veio nem como Pandora o adquiriu. Ao contrário de Eva, que pelo menos ganha uma linha ou duas de diálogo para se explicar, Pandora (apesar da voz que lhe dera Hermes) emudece. Todos os motivos que possamos atribuir a ela são exclusivamente nossos.

Mas, tendo em vista que o jarro se transforma numa caixa e, particularmente, que essa caixa encolhe de um enorme *pithos* até se tornar uma *pyxis* portátil, o elemento da compulsão é inegável. Haverá em nós algo que nos impele a fazer o proibido? Claro, senão a história da expulsão de Adão e Eva do Jardim do Éden não teria a repercussão que tem. Eles tinham tudo que poderiam querer e, para dar prosseguimento a sua existência no Paraíso, só precisavam obedecer a uma única regra (arbitrária e sabotada por serpentes). Mas a atração do proibido é inegável. Se da história de Eva saiu alguma expressão que rivalize com "caixa de Pandora" talvez seja "fruto proibido". Não que essa fruta deliciosa por acaso seja proibida: ela é deliciosa justamente porque é proibida. A proibição torna a coisa proibida mais sedutora do que poderia ser sem ela.

E certamente isso é ainda mais verdadeiro quando nos disseram – e nós acreditamos – que a proibição é para o nosso próprio bem. Passamos a vida tentando consciente ou subconscientemente nos proteger do mal. A maioria de nós nunca sonharia em pôr as mãos numa chama, pois todos sabemos que isso doeria. Mas se um garçom proteger a mão com um pano antes de colocar um prato à nossa frente e nos avisar que está quente, quase somos forçados a tocá-lo. Por quê? Duvidamos do garçom? Estamos verificando se o julgamento dele sobre o calor é igual ao nosso? Estamos tentando provar a ele ou a nós mesmos que nossas mãos são feitas de material suficientemente parecido com amianto para que não sintamos dor? Por que não aceitamos a palavra dele e cuidamos de nós, como fazemos a maior parte do tempo? Quem testa o calor desconhecido de um objeto com a própria pele? É uma reação inegavelmente perversa. No entanto, no fundo de meu coração, sei que nunca na vida quis comer nada parecido com um sachê de gel de sílica que tenha impressas as palavras "Não comer".

Essa compulsão é difundida o suficiente para tornar-se um tropo do cinema e da televisão. Talvez o melhor exemplo seja um episódio de 1986 da série *Além da Imaginação* (*The Twilight Zone*) chamado "Button, Button", baseado em uma história de Richard Matheson de 1970, e refeito em 2009 como longa-metragem, intitulado *A Caixa* (*The Box*). Norma e Arthur moram num apartamento e têm muitas preocupações financeiras. Um dia, recebem a entrega de uma caixa misteriosa que tem em cima um botão e uma nota em que se lê que um tal sr. Steward os visitará. Steward chega quando Arthur não está em casa (devemos pensar nele como Epimeteu, ignorando negligentemente o aviso da nota?) e explica a Norma qual será o trato: se ela e Arthur apertarem o botão, receberão US$ 200 mil. Porém – e não seria *Além da Imaginação* se não houvesse uma "pegadinha" – alguém que eles não conhecem morreria. O casal discute a proposta: cada vida é tão importante quanto qualquer outra? Pode ser alguém que já esteja morrendo de câncer, pode ser um agricultor que leve uma vida miserável. Ou, diz Arthur, pode ser uma criança inocente. E, para eles, é quase tão difícil compreender a ética quanto a mecânica do negócio. Eles abrem a caixa, mas não veem dentro nenhum mecanismo. Ninguém saberia se eles tinham pressionado ou não o botão. Arthur joga a caixa no lixo, mas Norma a recupera. Por fim, a tentação se torna grande demais, e ela aperta o botão. Como a versão hawthorniana de Epimeteu, o marido não a impede, mas se chateia da mesma forma. No dia seguinte, Steward chega com uma maleta na qual havia o dinheiro prometido. Ele lhes toma a caixa e explica que ela será reprogramada e oferecida a alguém que eles não conhecem. O ferrão na cauda jamais é mencionado de maneira mais explícita que isso, mas pressupõe-se que devemos inferir que a vida de Norma agora depende da escolha feita pelo próximo destinatário da caixa. Uma pessoa nada generosa poderia pensar que Arthur se saiu muito bem nessa troca, já que presumivelmente ficará com o dinheiro e pode perder a esposa que já provocou nele uma resposta visivelmente irritada. Talvez nem sinta falta dela.

Como em tantos episódios de *Além da Imaginação*, a história interroga o lado mais sombrio da natureza humana: o que você faria se estivesse desesperado? Ou nem mesmo desesperado, mas apenas cada vez mais pobre? Qual o valor que você dá à vida de pessoas que desconhece? Podemos achar que reagiríamos de outra maneira à oferta, mas todos ignoramos os traumas de estranhos toda vez que assistimos o noticiário. De que outra forma sobreviveríamos? Não podemos nos importar tanto com cada pessoa viva como nos importamos com nossos entes queridos. E há uma diferença ética – não há? – entre ignorar um estranho que precisa de ajuda, de dinheiro ou de um rim e agir para matá-lo. Negligência não é o mesmo que animosidade. Mas a morte que enfrenta a pessoa que não recebe nenhuma ajuda (seja remédio, comida ou rim) é muito semelhante à que ela enfrentaria se você a assassinasse deliberadamente.

De certo modo, a portabilidade de uma caixa cujo conteúdo é desconhecido aumenta sua desejabilidade. O grande *pithos* que Hesíodo atribui a Pandora no poema é infinitamente menos convincente que o porta-joias que ela tem nas mãos na pintura de Rossetti. A necessidade de abri-lo, de descobrir o que há dentro, só aumenta à medida que o tamanho da caixa diminui. Não há nenhuma sensação de perigo quando Cole Hawlings, um velho misterioso, abre a caixa para Kay Harker na adaptação do romance infantil de John Masefield, *The Box of Delights*, feita pela BBC para a TV em 1984. O título da série sugere que a caixa é uma coisa boa – o que é incrivelmente raro em qualquer versão do tropo "receptáculo de algo desconhecido e misterioso" – e que seu conteúdo não é nada que deva inspirar medo. Há muitas outras coisas que devemos temer neste mundo: o sinistro Abner Brown, seus clérigos-capangas, que parecem transformar-se em lobos ou raposas, o louco Arnold de Todi, que criou a caixa centenas de anos antes. Mas a caixa em si não é algo que devamos temer; apenas sua perda temporária nos preocupará mais tarde. Em vez disso, ela é um passaporte para maravilhas: a primeira coisa que Kay vê surgir da caixa das delícias é uma fênix, que ele sabe que não existe. Graças à caixa, ele pode viajar no tempo e no espaço e embarcar em aventuras improváveis, mas maravilhosas. Nos momentos finais do último episódio, descobrimos que toda a história fantástica tinha sido um sonho enquanto Kay voltava do internato para passar as férias de Natal em casa. No sono, sua imaginação transformou as pessoas que estavam no trem em vilões, todos com a intenção de apossar-se da caixa mágica. Talvez isso revele uma verdade importante sobre nosso modo de ver uma quantidade desconhecida, como o conteúdo de uma caixa misteriosa: a baixa probabilidade de que ele seja algo que queremos não diminui nem um pouco nossa compulsão de saber o que é.

Isso nunca foi mais verdadeiro que no espantoso *film noir* de 1955, *A Morte num Beijo* (*Kiss Me Deadly*), estrelado por Ralph Meeker. O filme parte de uma premissa incrível: o detetive Mike Hammer está dirigindo por uma estrada tranquila quando dá carona a Christina, uma mulher em fuga desesperada de um manicômio. Logo, os dois estão sendo perseguidos e veem-se em terrível perigo: ela não sobrevive à viagem e Hammer quase morre. Ele decide desvendar o mistério de onde Christina viera e por que estava sendo perseguida. O enredo tortuoso é tudo o que amamos no *noir*: todos os suspeitos acabam sendo mortos, todas as pistas dão em becos sem saída. Por fim, Mike descobre o segredo que Christina estava tentando contar a ele. É uma boneca russa da caixa de Pandora: uma caixa dentro de uma caixa dentro de um armário em um clube de campo privativo. Quando toca a caixa, Hammer a sente pulsar com um calor interno. Esse é um acontecimento inesperado em um *film noir*: esperamos que ela contenha diamantes, maços e mais maços de dólar ou, idealmente, um *Falcão Maltês*. De repente, o filme parece adentrar o mundo do sobrenatural, que destoa do universo *noir*. Mas logo descobrimos que a caixa contém terrores muito mais terrestres: ela está cheia de material radioativo altamente explosivo (reflexo da época em que o filme foi feito). A caixa teria explodido mais cedo ou mais tarde de qualquer maneira, mas é difícil evitar a conclusão de que Hammer estaria menos em risco se tivesse resistido à tentação de encontrar e abrir a caixa implausível.

A natureza estranha, irresistível e imprevisível da caixa de Pandora inspirou músicos, artistas e cineastas. Sem a menor dúvida, a melhor canção intitulada "Pandora's Box" é a do álbum de Donna Summer *Love to Love You Baby*, de 1975: "Promises are made to be broken", canta Summer. "That's all I ever learned from loving you/And when you opened up your love to me/You opened up Pandora's box".* A banda Orchestral Manoeuvres in the Dark lançou uma canção diferente com o mesmo título em 1991, com um videoclipe cheio de trechos de Louise Brooks no filme mudo alemão *A Caixa de Pandora* (*Die Büchse der Pandora*, 1929), de G. W. Pabst. Pandora não é mencionada pelo nome na canção (embora haja referência a uma "criação perigosa" que poderia ser facilmente lida como hesiódica pelos entusiastas do classicismo).

---

* Em uma tradução literal: As promessas existem para ser quebradas/Isso é tudo que aprendi amando você/E quando abriu seu amor para mim/Você abriu a caixa de Pandora. (N. da T.)

No mesmo ano, o Aerosmith também lançou uma coletânea, *Pandora's Box*, cuja faixa-título remonta a 1974. Uma entrevista sugere que a letra tenha sido inspirada no tema da liberação feminina, mas, para não iniciados, isso soa mais como uma paixonite de Steven Tyler por uma mulher chamada Pandora cuja caixa, em vez de metáfora, é eufemismo. Embora talvez eu esteja sendo injusta e simplesmente não haja nada que rime com "proud" a não ser "well-endowed".*

Mesmo quando não é explicitamente nomeado como exemplo da caixa de Pandora, reconhecemos o tropo quando o ouvimos ou vemos. Em 1994, milhões de cinéfilos assistiram o sucesso *cult Pulp Fiction*, de Quentin Tarantino, que arrecadou mais de US$ 200 milhões, o que é incomum para um filme que também ganha a Palma de Ouro em Cannes. O filme tem muitos momentos icônicos, e não menos importante é a pasta, que funciona como um *gimmick*, um artifício que prende a atenção e mantém o enredo em movimento: nunca sabemos por que os personagens a querem, mas nosso desejo de saber o que ela contém só faz aumentar com as reações que presenciamos no filme. A pasta é um artifício tão valorizado por personagens em que acreditamos que, por isso, acreditamos que deve ser valiosa. No entanto, nunca descobrimos por quê. Como em *A Morte num Beijo*, só sabemos que, quando é aberta, a caixa contém algo que emite luz. Os fãs especularam sobre o que isso poderia ser, mas nem o filme nem seu roteirista-diretor nunca nos dão essa resposta. Em 1995, Samuel L. Jackson disse à revista *Playboy* que havia perguntado a Tarantino o que a pasta poderia conter e ouviu apenas: "O que você quiser que seja".[22]

E esse, certamente, é o verdadeiro segredo escondido no jarro de Pandora. É também uma excelente descrição da própria Pandora. No início deste capítulo, citei a descrição paradoxista que dela faz Hesíodo na *Teogonia*: *kalon kakon*[23], "um belo mal", que Zeus dá aos mortais

---

* Em uma possível tradução literal: "convencidas" e "bem servidas". (N. da T.)

como penalidade pelo fogo que Prometeu havia roubado para nós. A frase é geralmente traduzida dessa maneira (uma "boa desgraça" é como ela é descrita na edição da Oxford World's Classics). Mas ambas as palavras são adjetivos, e ambas podem ter um significado moral ou físico: *kalos* pode ser bom, belo, bonito e também moralmente bom, nobre ou virtuoso. *Kakos*, igualmente, pode ser ruim ou mau e também inepto, feio, infeliz. Poderíamos traduzir o termo ao contrário: em vez de ser um belo mal, Pandora poderia ser uma feia boa. Porém nunca o traduzimos assim, pois há muitas outras evidências em favor da versão tradicional: todos os deuses conferem a Pandora qualidades adoráveis, tão desejáveis que ela deve ser bonita. E, de qualquer maneira, Zeus exige que sua criação seja *ant' agathoio*, em troca da coisa boa (o fogo). A palavra *agathos* realmente é inequívoca: sempre significa algo dese-jável ou bom. Mas a palavra *anti* é um pouco mais fluida. Ela pode significar ante a, diante de, em troca de, por causa de. Os tradutores sempre presumiram que Pandora é bonita, mas má, porque Zeus exige vingança pelo fogo que os mortais ganharam ilicitamente. Mas a palavra *kakon* não precisa ter uma dimensão moral: poderíamos traduzi-la com igual precisão para implicar uma perda, uma lesão, um revés. Algo ruim para nós, mas não contra nós por si mesmo. Em outras palavras, Zeus pode desejar-nos mal, mas isso não significa que a pró-pria Pandora seja má: ela é tão má quanto o raio que ele lança contra aqueles que o desafiam. O raio é neutro, não é bom nem mau, por mais medo que possa inspirar-nos. Talvez possamos aceitar que Pandora também seja assim, a menos que optemos por vê-la de outro modo.

JOCASTA

No século IV a.C., o poeta cômico Antífanes fez uma observação contundente acerca da relativa dificuldade de escrever comédia em relação a escrever tragédia.[1] Para isso, ele usou uma de suas personagens para explicar que os autores de comédia têm que inventar suas tramas, enquanto a um autor trágico basta mencionar Édipo que o público já sabe todo o resto: que seu pai era Laio e que sua mãe era Jocasta, quem eram suas filhas, o que ele ainda faria, o que já tinha feito.

Antífanes estava e ainda está certo? Será que hoje todo mundo sabe quem era Édipo? E o que mais sabemos sobre ele, além dos galhos mais expostos de sua (notoriamente complexa) árvore genealógica? E, igualmente relevante, o que sabemos sobre sua mãe, Jocasta, que compartilha de sua queda? E como sua personagem muda nas diferentes versões das histórias contadas sobre a casa real de Tebas, um dos mais conhecidos de todos os mitos gregos? Sua notoriedade moderna se deve pelo menos em parte a Freud, que, em seu famoso complexo de Édipo, postulou que todos os meninos passam por uma fase em que querem matar o pai e fazer sexo com a mãe.

Apenas sete peças de Sófocles chegaram aos dias atuais, das quais a mais famosa era e continua sendo Édipo-Rei. Embora seu título em grego seja *Oedipus Tyrannos*, por razões que desafiam o bom senso, ela é rotineiramente referida hoje como *Oedipus Rex*, apesar do fato de nenhuma de suas personagens ser romana (*rex* é a palavra que designa "rei" em latim) e de isso levar qualquer pessoa normal a pensar em dinossauros, que não figuram entre as personagens. Cerca de um século depois de sua produção, Aristóteles discorreria favoravelmente a respeito da peça em sua *Poética*, o que implica que ela ainda era regularmente encenada e seria bem conhecida por seu público. Ele a considerava a tragédia perfeita.

Surpreendentemente, dada a sua perene popularidade, *Oedipus Tyrannos* (Édipo Rei) ficou em segundo lugar na competição quando foi encenada pela primeira vez (talvez em 429 a.C.). Sófocles perdeu para Filocles, sobrinho de Ésquilo. Estudiosos antigos e modernos têm usado esse fato para provar a terrível estupidez dos juízes quando se trata de fazer a escolha certa em concursos que envolvem a criatividade. Os mais generosos podem pensar que talvez Filocles não fosse um dramaturgo assim tão mau, já que conseguiu produzir alguma coisa que vencesse Édipo. Só que seus contemporâneos certamente não pensaram nada disso: Aristófanes, o comediante, afirmou que a obra de Filocles deixava um gosto ruim na boca.[2]

A história de Édipo tem uma qualidade arquetípica, quase elementar. Mas há muito menos certeza do que pensamos quanto ao que realmente acontece nessa história. Vamos começar com Sófocles, já que é mais provável que seja sua a versão hoje conhecida, e analisar o enredo mais detidamente. A história de Édipo abrange talvez vinte anos e vários locais distintos (Corinto, Delfos, uma encruzilhada nos arredores de Delfos, o monte Citerão e Tebas). Entretanto, a ação transcorre em um único dia e em um único local, fora dos portões da casa real de Tebas (uma cidade-Estado na Beócia, no centro da Grécia). Injetar tanta história em um só lugar e um só momento é uma conquista absolutamente espantosa (para não falar da beleza do verso e do ritmo hipnótico da trama), especialmente quando se considera que *Édipo Rei* tem apenas 1.530 linhas de extensão: você pode facilmente assisti-la na metade do tempo que levaria para assistir *Hamlet* ou *Rei Lear*.

A peça começa com Édipo, rei de Tebas, oferecendo-se para fazer o que for preciso para libertar seus concidadãos da praga que assola a cidade. Um sacerdote diz-lhe que o povo precisa de sua ajuda: como, muitos anos antes, Édipo havia libertado a cidade da Esfinge, ficara conhecido pela capacidade de resolver problemas. Mas Édipo já estava muito à frente deles: já havia enviado o irmão de sua esposa, Creonte, a Delfos para pedir conselhos ao Oráculo. Ele mal tinha terminado de explicar isso quando Creonte entra no palco para informar que Tebas se contaminara com a praga porque abrigava o assassino do monarca anterior, o rei Laio. Édipo pergunta onde Laio morreu. A caminho de Delfos, foi a resposta. Atacado e morto por ladrões. Édipo pergunta por que não caçaram os assassinos dele na época. A Esfinge nos disse que não devíamos fazê-lo, responde o cunhado. Certo, diz Édipo, eu solucionarei esse crime, mesmo que não estivesse aqui naquele momento.

Tirésias, o vidente cego, entra e diz a Édipo que seria melhor deixar as coisas como estavam, implicando que ele próprio – Édipo – era o homem a quem procurava o assassino de Laio. Édipo fica lívido e pergunta: estás conspirando com Creonte para que ele suba ao trono? Não te lembras de que fui eu quem resolveu o enigma da Esfinge? Queres mesmo tentar derrubar-me? Tirésias adverte Édipo de que acabará por arrepender-se dessas palavras e parte, murmurando entre dentes a terrível verdade sobre a paternidade de Édipo. Em seguida, há uma discussão entre Édipo e Creonte, que fica compreensivelmente irritado ao descobrir que fora acusado de traição. Foi ideia tua pedir ajuda a Tirésias, diz Édipo. E agora ele afirma que sou eu o assassino. E como isso eu não sou, pois nem estava aqui, deveis estar conspirando contra mim. Não, responde Creonte. Não quero ser rei, muito obrigado. Já disponho de suficiente poder como teu cunhado.

E então, finalmente, quase na metade da peça, entra Jocasta. Ela intervém entre o marido – Édipo – e o irmão – Creonte – dizendo a Édipo que está errado em suspeitar de Creonte. Está bem, diz Édipo. Ele provavelmente me destruirá, mas deixa-o fazer o que bem entender. Por que estás com tanta raiva?, pergunta Jocasta. Tirésias disse que matei teu primeiro marido, Laio, responde Édipo. O que sabem os profetas?, replica ela. Um oráculo disse a Laio que ele seria morto pelo próprio filho, e isso não foi o que ocorreu. Ele foi morto por estranhos, bandidos, em um lugar onde três estradas se cruzam. E o filho dele, o nosso filho, foi abandonado à morte na montanha anos antes, quando tinha apenas três dias de idade.

Espera, diz Édipo. Disseste um lugar onde três estradas se cruzam? Como era ele, Laio? Ele se parecia um pouco contigo, diz Jocasta. Tens certeza de que ele foi atacado por bandidos?, pergunta Édipo. Alguém informou se houve algum sobrevivente? Manda buscá-lo. Jocasta pergunta-lhe por que está assustado. Bem, responde Édipo, tu sabes que cresci em Corinto. Uma vez, um bêbado me disse num banquete que eu era adotado. Então fui a Delfos e consultei o Oráculo, que me disse que eu mataria meu pai e faria sexo com minha mãe, produzindo filhos de um incesto. Para evitar tão terrível destino, decidi nunca mais retornar a Corinto. E, ao sair de Delfos, conheci um velho mal-educado num lugar onde três estradas se cruzam, tivemos uma discussão e eu o matei (a propósito, foi ele quem a começou). Matei também os homens que o acompanhavam. E agora temo que tenha sido Laio, que ele e eu sejamos parentes e que tenha feito algo hediondo. Mas essa testemunha que procuramos na época aparentemente declarou que a comitiva havia sido atacada por um grupo de homens e, nesse caso, não fui eu e tudo ficará bem.

Lembro-me da volta da testemunha a Tebas, diz Jocasta. O homem disse claramente "bandidos", não um bandido; não te preocupes. E, de qualquer forma, profecias não significam nada:[3] meu filho foi morto ainda bebê, antes de ter a chance de matar Laio, não te lembras? É verdade, diz Édipo. Mas, de qualquer maneira, faz vir a mim o homem. Jocasta deixa o palco e, ao retornar, reza para Apolo. É uma mudança de atitude, já que, pouco antes, ela dizia ao marido que as profecias dos oráculos não tinham nenhum sentido.

De repente, chega de Corinto um mensageiro para dizer a Édipo que Pólibo, o rei de Corinto, que Édipo crê ser seu pai, está morto. Jocasta e Édipo ficam encantados: se Pólibo morreu, então não foi Édipo o responsável por sua morte. Eu te disse que não te preocupasses; tudo se resume ao acaso, diz Jocasta. Não mataste teu pai nem te casarás com tua mãe. Muitos homens sonham em dormir com as mães; isso nada quer dizer.[4] E, pelo menos, sem dúvida está claro que tu não mataste teu pai.

Mas então o mensageiro revela que Édipo fora mesmo adotado. E não tinha necessidade de sair de Corinto, afinal. O mensageiro entregou Édipo a Pólibo e Mérope quando ele era apenas um bebê, com os pés amarrados, e daí vem seu nome: *Oedipus*, em grego, significa "pé inchado". Onde me encontraste?, pergunta Édipo, horrorizado. Com um pastor tebano, é a resposta. Acontece que esse pastor é o mesmo homem que testemunhou o ataque a Laio e sobreviveu para narrá-lo. Num instante, Jocasta entende a verdade e implora a Édipo que pare de perseguir o mistério do assassinato de Laio e o de quem ele próprio é. Édipo recusa-se a ouvi-la; ela corre para o palácio, dizendo que o único nome que pode chamar-lhe é "desgraçado".[5]

O pastor finalmente chega e, com relutância, confirma a história do mensageiro. Édipo então vê o que Jocasta já adivinhou: eles não são só mulher e marido, mas mãe e filho. Ele vai para o palácio, mas é claro que não podemos segui-lo. Devemos esperar até que um servo do palácio corra para avisar que a rainha está morta e que o fez pela própria mão. Em uma das sequências mais memoráveis de todo o teatro, o servo então nos conta que Édipo encontrou a esposa enforcada, pegou o pino da fíbula de suas vestes e com ele vazou os próprios olhos. No momento em que viu quem realmente era, ele não conseguiu suportar ver mais nada: a cegueira era a única resposta possível. A pedido seu, Creonte o bane da cidade (e dos filhos) e assume o trono.

A peça continua em ritmo vertiginoso. As revelações caem sobre Édipo com tamanha rapidez que mal temos tempo para recuperar o fôlego. No breve espaço de um dia, ele passa de rei, marido, pai e filho a viúvo, assassino, banido e exilado. Uma desgraça igualmente arrasadora abate-se sobre Jocasta e, mesmo assim, quase nos esquecemos dela. Mas seu destino é pelo menos tão terrível quanto o do filho ou talvez mais: para começar, ela tinha menos informações que ele, de modo que não teve tempo de preparar-se psicologicamente para nada. Quando Jocasta relata a Édipo a profecia que Laio ouvira[6] tantos anos antes, suas palavras são bastante claras: o deus disse que Laio seria morto pelo filho de ambos. Até onde sabe, como explica ela mesma, seu marido foi morto por ladrões e seu filho não estava entre eles, pois morrera aos três dias de idade, com os pés presos, abandonado em algum lugar remoto na montanha. Ela descreve a perda de seu bebê tão objetivamente e com tanta rapidez que é fácil imaginar que essa perda não é muito mais que um ponto do enredo, que não foi uma provação especialmente angustiante. No mundo antigo, o abandono infantil não era raro e a mortalidade infantil era extremamente alta: na época em que Sófocles escreveu essas cenas, talvez até um terço dos bebês não chegasse à idade adulta. Mas qual de nós lamentaria menos a perda de um filho porque os filhos dos outros também morriam? Por uma necessidade temporal dessa versão do mito, Jocasta deve ter sido uma noiva bem mais jovem que Laio, já que ainda pudera ter quatro filhos com Édipo. Se ela tivesse 16 anos quando Édipo nasceu e ele, 16 anos quando chegasse a Tebas depois de vencer a Esfinge, Jocasta teria 32 anos quando os dois se casaram, o que parece encaixar-se razoavelmente bem na linha do tempo. Então, quando ela e Édipo se casaram, ela havia vivido metade da vida sabendo que tivera um filho saudável e que ele fora levado, mutilado e abandonado numa montanha para morrer. Poucas torturas podem ser mais cruéis.

E, como Laio insistira em que seu filho fosse morto, ela sabia que não haveria chance de ter outro (em algumas versões do mito, que veremos a seguir com mais detalhes, Laio só a engravida porque havia bebido irremediavelmente e fora arrebatado pela luxúria. Será que ela já sabia durante a gravidez que o bebê seria morto quando nascesse? Ou será que Laio a teria deixado ficar com a criança se tivesse dado à luz uma menina? A profecia especificava que seria seu filho[7] quem o mataria). Há anos de tristeza por trás dessa breve fala de Jocasta. Não é à toa que diz a Édipo que não dê ouvidos a profecias: qual foi o bem que já haviam feito a ela? E, depois de tudo que sofrera, Laio acabou sendo morto por bandidos, como poderia acontecer com qualquer viajante desafortunado.

Mas comparemos o que ela sabe com o que Édipo sabe dos oráculos envolvidos na história. Disseram-lhe uma coisa: que Laio seria morto pelo próprio filho, pelo filho deles. Ela acha que isso é impossível porque seu filho morrera, mas mesmo que por algum milagre tivesse acontecido, nisso consiste toda a informação que ela teve, e essa informação desde então perdeu sua importância. Édipo, entretanto, tem muito mais com que trabalhar. Primeiro, há o bêbado do banquete, que lhe diz que ele fora adotado. Ele questiona os pais, mas estes negam. Apesar disso, ele duvida e decide ir a Delfos para consultar o Oráculo. Apolo não responde à pergunta sobre a adoção, mas diz-lhe algo ainda mais terrível: que está predestinado a matar o pai e a casar-se com a mãe. Pode-se legitimamente sugerir que, se existe alguma previsão de que você vai matar seu pai e casar-se com sua mãe, e se você tivesse ouvido (em outra ocasião) que foi adotado, bem valeria a pena evitar matar qualquer homem que tivesse idade para ser seu pai e evitar casar-se com qualquer mulher que pudesse razoavelmente ser sua mãe. Que ele não o tenha feito e que não nos sintamos obrigados a gritar-lhe isso durante as montagens de *Édipo Rei* apenas atestam a maestria de Sófocles e o ritmo implacável de uma peça que permite que Édipo se aproxime rapidamente da percepção de seus crimes e, ao mesmo tempo, de algum modo consiga também empurrar a verdade para um lugar inalcançável durante o que parece ser uma eternidade. No entanto, ele entrou no casamento sabendo muito mais do que Jocasta teria condições de saber sobre seu potencial horror. Portanto, em algum nível consciente ou subconsciente, ele certamente fica menos chocado que ela diante de seu crime horrível, já que ela só tem ciência de sua possibilidade no mesmo dia em que descobre sua verdade.

E quando esse dia de acerto de contas finalmente chega, a celebrada esperteza de Édipo está no centro da peça. O coro implora-lhe que suspenda a praga a fim de desvendar o crime que matou Laio, pois sua inteligência é notória. No início da peça, tanto o sacerdote quanto o próprio Édipo mencionam o brilhantismo com que este resolvera o enigma da Esfinge. Não obstante, muito antes de Édipo, é Jocasta quem percebe a verdade da condição de ambos: mulher e marido, mãe e filho. Ela é a mais inteligente das pessoas na sala, e nós mal notamos isso porque estamos ocupados demais em concentrar-nos em Édipo. Ela tem tempo para recolher-se ao palácio, tomar a decisão de tirar a própria vida e executá-la, tudo antes que ele descubra o que ela imediatamente percebe.

E, quando se enforca, Jocasta faz uma declaração explícita. No mito grego, o enforcamento é geralmente o método de suicídio empregado por garotas virgens (é o método que Antígona, filha de Jocasta e Édipo, empregará na *Antígona* de Sófocles, por exemplo). Então, quando se enforca, Jocasta não está apenas encerrando o que percebe como uma vida e um casamento amaldiçoados. Ela também está desejando voltar ao tempo anterior à concepção de Édipo, ao tempo em que nunca fora casada, nunca tivera um filho, nunca fizera sexo.

Por que tem sido tão fácil para o público ignorar o terrível destino que se abate sobre Jocasta? Certamente, somos estimulados a focar em Édipo: ele tem cinco vezes mais falas que qualquer outra personagem da peça. E a personagem que tem o segundo maior número de linhas não é Jocasta, é Creonte. Nas 1.530 linhas da peça, Jocasta tem pouco mais de 120: nem mesmo um décimo do total. Então, talvez seja inevitável que a situação de Édipo provoque em nós uma reação maior. Além disso, ele ainda está vivo no final da peça. Seu rosto (ou máscara teatral, como teria sido na Atenas do século V a.C.) provoca terror pelo sofrimento e pelas órbitas enegrecidas. Como o enforcamento de Jocasta ocorre fora do palco, então não somos obrigados a enfrentar da mesma maneira o horror do que ocorreu com ela.

Esse estranho destino de Jocasta – o de ser esquecida enquanto ainda está sendo castigada pelo mesmo destino que se abate sobre seu filho – parece segui-la ao longo da história. Mas não foi assim que sua história começou. Em sua primeira encarnação, nós a encontramos quando ela já está morta. No Livro Onze da *Odisseia* de Homero, Odisseu visita o Submundo. Ele precisa consultar o já falecido Tirésias sobre a melhor rota de volta para casa e, durante sua permanência lá, ele assiste a um desfile de mortos famosos. Entre eles, está a mãe de Édipo, *kalēn Epikastēn*, a bela Epicasta.[8] Ela cometeu um grave ato de ignorância, diz-nos Homero: casou-se com o filho. Homero só precisou de dez curtas falas para explicar toda a história: Édipo matou o pai e casou-se com ela. Os deuses imediatamente deram essas coisas a conhecer aos homens. Édipo viveu em Tebas entre os cadmeanos (forma poética de designar os tebanos: Tebas foi fundada por Cadmo) e sofreu muito nas mãos dos deuses. Ela desceu ao Hades quando, oprimida pela dor, prendeu um laço ao alto teto, deixando para trás muitas tristezas para o filho.

As diferenças entre essa versão mais antiga do mito e a versão de Sófocles são importantes. Em primeiro lugar, Jocasta tem outro nome: Epicasta não é uma variante ortográfica. Porém se trata da mesma mulher, como podemos ver pela descrição do que lhe acontecera. Mas aí a história se desvia da versão que conhecemos: os deuses divulgam as coisas *aphar*, "imediatamente".[9] Na versão do mito contada por Sófocles, Édipo e Jocasta têm quatro filhos antes da revelação do incesto. O Oráculo dissera que Édipo produziria descendentes incestuosos quando, muitos anos antes, ele foi consultar Apolo em Delfos. Mas isso obviamente não faz parte da história que Homero está contando: aqui, a revelação acontece assim que Édipo e Epicasta se casam. Também não há menção à cegueira nem ao exílio de Édipo: ele continua vivendo entre os cadmeanos. Como em Sófocles, Epicasta se enforca e deixa Édipo mergulhado em tristeza. Por mais breve que seja, a história é contada a partir de ambas as perspectivas em quantidades mais ou menos iguais, pois começa e termina com Epicasta.

A questão acerca de Édipo e Jocasta/Epicasta terem filhos tem provocado debate há milênios. Pausânias, em sua *Descrição da Grécia*, não acredita que Édipo e Jocasta tenham tido filhos juntos, citando o trecho de Homero acima mencionado para apoiar seu argumento.[10] Em vez disso, diz ele, a mãe dos filhos de Édipo era uma mulher chamada Eurigânia, filha de Hiperfante. Isso é bem esclarecido, acrescenta Pausânias, pelo autor da *Edipodia*. Infelizmente para nós que gostaríamos de saber mais sobre essa versão dos acontecimentos, a *Edipodia* – um poema épico sobre Édipo escrito na mesma época em que foram compostas a *Ilíada* e a *Odisseia* – não sobrevive. Entretanto, ainda assim, podemos vislumbrar por meio de Pausânias (o qual, tendo vivido no século II d.C., presumivelmente teria podido passar a mão numa cópia) que Édipo e Jocasta se casam, têm a revelação imediata – ou quase imediata – de sua relação incestuosa e, depois, Édipo se casa novamente e tem filhos com uma segunda mulher.

Se a história muda, como acontece no caso de Homero e Sófocles, quais são os elementos que permanecem intactos nas versões de ambos? Filho mata pai, mãe e filho se casam, a verdadeira natureza de seu relacionamento se torna conhecida, mãe se enforca. Mas mesmo esses detalhes não se sustentam em todas as versões do mito. Em 409 a.C., quando aborda a história de Jocasta em *Phoinissai*, *As Fenícias*, Eurípides nos apresenta mais uma variante. A peça, ambientada algum tempo após a revelação de que Jocasta e Édipo são mãe e filho, começa com uma longa fala de Jocasta. Assim, desde o início, podemos ver uma diferença crucial entre a versão de Eurípides e as versões que se sobrepõem em Sófocles e Homero: em Eurípides, Jocasta não morre quando a verdade sobre seu casamento vem à tona. Ela não se enforca e continua a viver no palácio real de Tebas. Seus filhos, Polinice e Etéocles, são herdeiros do trono e reagem à desgraça e à cegueira autoinfligida de Édipo trancando-o no palácio como prisioneiro para que todos o esquecessem. Sua mãe, por outro lado, continuou sendo considerada um membro valioso da família real. *As Fenícias* foi produzida cerca de vinte anos depois da encenação de *Édipo Rei* nas Festas Dionisíacas e, portanto, o monólogo de abertura de Jocasta serve a uma dupla função: ele define a cena da peça que estamos prestes a assistir, mas também nos surpreende e nos induz a reconhecer que a história que estamos assistindo agora não é bem o que pensávamos que seria (algo que Eurípides transformou num hábito, como veremos mais tarde com *Medeia*).

Jocasta começa contando-nos a história para que saibamos onde estamos pisando agora. Ela começa com Laio: como os dois não tinham filhos, explica ela, ele foi consultar o Oráculo de Delfos. Apolo foi bastante claro e específico sobre as perspectivas de paternidade de Laio: tende um filho e ele vos matará, e em toda a vossa casa haverá derramamento de sangue.[11] Conselhos nada ambíguos, mas Laio os ignorou quando estava bêbado. Percebendo seu erro, arranjou para que a criança fosse abandonada nas montanhas, mas servos de Pólibo, rei de Corinto, encontraram o bebê e o entregaram à rainha, que fez o rei acreditar que aquela criança era dela.

É interessante observar que nessa fala há muito mais foco nos sentimentos femininos que em qualquer das versões anteriores que temos. Eurípides era um extraordinário escritor de mulheres. Os papéis femininos que escreveu superam em quantidade e qualidade os de quase qualquer outro dramaturgo que já viveu, o que é ainda mais notável quando lembramos que os atores que interpretam papéis femininos no teatro ateniense teriam sido jovens do sexo masculino e que o público pode muito bem ter sido inteiramente masculino também, ao menos nas Dionisíacas, quando essas peças foram encenadas pela primeira vez. Não é só o fato de que, em suas peças, as mulheres tenham agência e tomem decisões que influem no desenrolar da trama; Eurípides também as escreve com uma visão rara de áreas que simplesmente não têm igual peso na vida dos homens. A história de Édipo que Sófocles nos apresenta pode ser lida quase como uma parábola da ansiedade masculina (isso, certamente, é parte do fascínio que ela exercia sobre Freud, que gostava de teorizar sobre os homens por considerar as mulheres um verdadeiro quebra-cabeça). Laio teme ser deposto pelo filho (o medo da castração metafórica ou literal nas mãos dos filhos é um tema que perpassa toda a mitologia grega, como vimos no último capítulo, com Urano, Cronos e Zeus).

A perspectiva de não ter um herdeiro do sexo masculino é aterrorizante para Pólibo e, por isso, ele se dispõe a tomar como seu um bebê abandonado e a chamá-lo de filho. O segredo que ele e Mérope guardam em relação a essa adoção é parte do problema: se tivessem sido honestos com Édipo sobre suas origens, talvez ele nunca tivesse deixado Corinto para consultar o Oráculo nem cumprido seu terrível destino. A paranoia e o pavio curto de Édipo são revelados no início da peça: Creonte e Tirésias não estão conspirando contra ele, como inicialmente ele pensou, mas seu medo de que ambos tentem miná-lo é genuíno e debilitante. Podemos facilmente acreditar que Édipo foi provocado a uma fúria letal pela péssima capacidade de condução demonstrada por Laio quando se encontraram na encruzilhada (*Édipo Rei* deve ser o exemplo mais antigo de tragédia causada pela raiva no trânsito).

Na versão de Sófocles, em cada fase de sua história, Édipo tenta evitar um destino que atos de outros homens, bem-intencionados ou não, vão tornando cada vez mais próximo: Laio, que é o pai e não consegue matá-lo; o pastor, que não o mata; o mensageiro coríntio, que o salva; o bêbado, que diz a Édipo que ele foi adotado; Pólibo, que mente sobre a adoção; novamente Laio, que o antagoniza e o agride; Tirésias, que sempre soube a verdade, mas se recusara a divulgá-la. E, permeando tudo, uma ansiedade que prevalecia em todo o mundo antigo, como podemos ver a partir das leis que restringem o comportamento e o movimento das mulheres: quem é o pai deste filho? À exceção da mãe, ninguém pode saber ao certo.

E ninguém pensa em perguntar à mãe como é que ela se sente, até que surge Eurípides e dá a Jocasta o monólogo de abertura de *As Fenícias*. E a crueza de seu sofrimento é quase tangível, mesmo tantos anos após os acontecimentos. Laio fez-lhe um filho enquanto estava bêbado e, quando percebeu que havia ignorado o conselho de Apolo, furou os tornozelos do bebê com um pino de metal e o entregou aos criados para que o abandonassem na montanha. Essas são as informações de que precisamos para entender a história (praticamente, é só isso que Sófocles nos dá). Mas Eurípides dá mais a Jocasta. Os pastores não entregam seu filho a Pólibo, o rei. Em vez disso, diz ela, eles levam o bebê à rainha (Eurípides não diz o nome de Mérope, mas vamos chamá-la assim) e ela o apresenta como seu filho. Só esse pequeno detalhe nos dá uma enorme percepção da vida de Mérope. Ela e o marido vêm claramente tentando em vão engravidar: ela quer um bebê, e quer que esse bebê que lhe havia sido entregue seja considerado seu próprio filho. Presumivelmente, ela e Pólibo fazem sexo, já que ele acredita que Édipo é seu filho, mas não têm proximidade suficiente para que ele se surpreenda quando ela afirma ter dado à luz sem saber que estava grávida. Não há só uma lacuna física entre eles (seriam muito poucos homens os que não estranhariam se uma mulher cuja barriga nunca tivesse parecido a de uma grávida de nove meses de repente surgisse com um filho recém-nascido, principalmente se fossem casados com essa mulher), há também uma lacuna emocional: embora aparentemente ambos quisessem um filho, Mérope só poderia tê-lo se mentisse para Pólibo. Presumivelmente, ao contrário do que mostra a versão de Sófocles, ele não queria adoções.

E há as palavras usadas por Jocasta para descrever o ocorrido: ela amamentou o filho que as dores do meu parto produziram.[12] A dimensão física das duas mulheres – do corpo de Jocasta contorcendo-se de dor, do corpo de Mérope produzindo leite para um bebê que ela não havia parido – é apresentada de uma maneira arrasadora. A terrível perda de Jocasta, a angústia de ser privada do filho recém-nascido, não é esquecida, mesmo décadas depois. Pois como poderia ter sido? E como podemos culpar Mérope do que quer que seja quando seu corpo clamava pelo bebê que inesperadamente lhe cai no colo? Os servos coríntios sabem do desespero de Mérope? É por isso que levam a criança para ela e não para Pólibo?

Jocasta descreve rapidamente o episódio da morte de Laio. Por que desenterrar isso?, pergunta ela. *Pais patera kainei*: "filho mata pai".[13] Daí, ela passa a explicar que Creonte, seu irmão, estava tão ansioso por livrar-se da Esfinge (que se postara nas imediações de Tebas e estava causando muitos transtornos aos habitantes da cidade) que havia oferecido Jocasta em casamento a quem resolvesse o enigma proposto pelo monstro alado. Não há problema em fazer esse tipo de oferta no escuro, mas você certamente se expõe ao risco de ter que casar sua irmã com um homem muito mais jovem (e, pelo que estão dizendo, parente). Creonte é outro nome da lista de homens que, por boas e más razões, causaram a Jocasta e a Édipo um sofrimento incalculável.

Mas há mais dois nomes que serão adicionados a essa lista na versão euripideana da história de Jocasta: Polinice e Etéocles, os filhos que ela dera a Édipo. Assim que atingem idade suficiente, envergonhados pelos crimes do pai, decidem prendê-lo em seu próprio palácio. Furioso com isso, Édipo lança sobre os dois a mais diabólica das maldições: voltar-se um contra o outro. No intuito de evitá-la (ao que tudo indica, esses filhos não aprenderam nada com as tentativas do pai de escapar ao próprio destino), os jovens decidem que Polinice deve exilar-se voluntariamente por um ano enquanto Etéocles assume o trono. Ao fim de um ano, os dois trocariam as posições.

Os dois não, é claro. Etéocles recusa-se a ceder o trono a Polinice, que declara guerra a sua própria cidade (esse também é o enredo da peça *Sete Contra Tebas*, de Ésquilo. Como Tebas tem sete portões a defender, marcham contra ela sete heróis). Na tentativa de resolver o impasse, Jocasta intercede para convencer os filhos a reunir-se para conversar antes que a guerra cause a destruição da cidade. Ela conclui sua fala inicial implorando a Zeus que intervenha para que os jovens façam as pazes.

Mas Zeus não lhe ouve a prece, e as negociações entre Polinice e Etéocles entram em colapso. Jocasta finalmente dá vazão ao desespero que sente, dizendo: Dei à luz muitas tristezas.[14] O duplo significado é evidente. Na tentativa de argumentar com os filhos em guerra, Jocasta leva consigo a filha Antígona, mas as duas chegam tarde demais. Os irmãos se matam num combate homem a homem, Jocasta toma da espada que está no chão entre ambos e a enfia na própria garganta.

A versão de Jocasta criada por Eurípides tem muito mais a dizer que a de Sófocles (e, na versão de Homero, ninguém fala nada). E também tem muito mais o que fazer, pois não morre no momento em que sua relação de parentesco com Édipo se torna conhecida e também porque, como Édipo permanece em Tebas, mas a portas fechadas, adquire um papel político. Ela negocia com os filhos como uma diplomata de alto nível. E seu papel de mãe não é a única carta com que joga: ela implora a Etéocles que pense, por exemplo, no que vai acontecer com as jovens de Tebas se a cidade perder a guerra que ele e Polinice estão determinados a empreender. E quando não consegue salvar os filhos, ela tira a própria vida de uma maneira masculina: morre no campo de batalha usando a espada que recolhe entre os corpos dos dois. Essa Jocasta é uma mulher muito diferente da que pensávamos conhecer.

E Eurípides não é o único que apresenta Jocasta sob essa luz. É quase certo que ele e Sófocles tenham conhecido uma obra do poeta lírico Estesícoro que se concentrava em uma parte diferente da história tebana. Ao que tudo indicava, esse poema não teria sobrevivido até que um incrível (e relativamente recente) golpe de sorte mostrou o contrário. Na virada do século XX, egiptólogos de toda a Europa dedicavam-se à mania de colecionar relíquias retiradas do Egito. Howard Carter talvez seja o mais conhecido deles no Reino Unido, porém, na França, Pierre Jouguet e Gustave Lefebvre estavam empilhando suas descobertas em um novo instituto de egiptologia na Universidade de Lille. Entre os objetos que eles levaram estava uma múmia, embalada em seu sarcófago com tiras de papiro para evitar danos. Compreensivelmente, todo o interesse se voltava para a múmia, não para o material da embalagem. Por isso, só em 1974 foi que as tiras de papiro foram examinadas e lidas. Elas estavam cobertas de escritos em grego, entre os quais alguns poemas. E entre esses poemas estavam 120 linhas que os estudiosos identificaram como sendo uma dramatização da história tebana feita por Estesícoro de Hímera, poeta lírico que viveu cerca de cento e cinquenta anos antes de Sófocles escrever *Édipo Rei*.[15] E, o que é ainda mais emocionante, são linhas que parecem ser a voz de Jocasta. Nada mais apropriado que ela tenha ficado mais de setenta anos oculta e à vista de todos até que alguém notasse que ela estava ali.

Essa Jocasta está, como vimos com Eurípides, esperando que as profecias proferidas não se realizem. Além disso, a trama parece muito mais próxima da de Eurípides que da de Sófocles: Jocasta está viva depois da descoberta de que seu casamento era incestuoso, e seus filhos estão em guerra um contra o outro pelo trono de Tebas. Se as profecias se tornarem realidade, reza ela, peço a morte antes que meus filhos cumpram seu destino sombrio. E até propõe uma solução diplomática para o problema de Etéocles e Polinice: um deve permanecer no trono e o outro, receber todo o ouro e todas as posses de Édipo e, rico, partir em exílio.[16]

Há duas coisas a mencionar a esse respeito: a primeira é que, em cada versão de sua história, Jocasta se torna uma personagem mais complexa, mais arredondada a cada palavra que diz. Em *Édipo Rei*, temos o parco retrato de uma mulher cuja vida é inteiramente ditada por decisões de homens. Em *As Fenícias*, finalmente a ouvimos falar sobre o que isso significa e como a faz sentir-se. E aqui, no fragmento anterior do Estesícoro de Lille, temos uma forte líder política negociando com partes que estão em guerra e que, por acaso, são seus filhos. Essa versão (juntamente com os muitos ecos de Eurípides) informa a versão semelhante de Jocasta que encontramos em *A Tebaida*, poema épico escrito em latim por Estácio com base em vários modelos gregos no fim do século I d.C.

A segunda coisa que podemos observar é o quanto isso parece influir no sentido de tornar Édipo irrelevante. A personagem que ocupava o centro do palco em Sófocles simplesmente não importa nessa fala que lhe atribui Estesícoro mencionada pouco antes. Na ausência de Édipo, sua riqueza e seu trono estão sendo divididos entre seus filhos na esperança de evitar uma guerra. Jocasta parece não considerar os sentimentos nem as opiniões dele: pelo poder que detém como membro da realeza e pela emergência política e militar, ela não precisa fazer isso. Talvez também seja por essa razão que Édipo não aparece em *As Fenícias* até 200 linhas antes do fim. Quando as mulheres ocupam o espaço, sobra menos dele para os homens. Mas significa que temos uma história inteira em vez de metade dela. Não é preciso dizer que nossa compreensão da história de Édipo se enriquece quando conhecemos a história de Jocasta e vice-versa.

Mas é bem difícil encontrar Jocasta. Sua invisibilidade só aumenta com sua ausência nas artes visuais, onde poderíamos esperar encontrar esculturas ou pinturas em jarros de uma das mães mais notórias da mitologia. Na verdade, nenhuma imagem de Jocasta sobrevive ao mundo antigo. Há apenas um jarro que os estudiosos até procuraram associar a uma cena de *Édipo Rei*. A peça foi tão celebrada entre os séculos V e IV a.C. que parece impossível que os pintores de jarros não quisessem reproduzir suas cenas. No entanto, não temos sequer uma copa ou um jarro de cerâmica que nos apresente uma imagem inequívoca da obra-prima de Sófocles. A representação mais comum de Édipo, aquela que serviu de inspiração aos pintores ao longo da história, é a de sua vida anterior aos eventos da peça, quando ele está respondendo ao enigma da Esfinge. Um belo jarro exposto nos Museus do Vaticano, de cerca de 470 a.C., mostra esta cena:[17] Édipo senta-se pensativo, queixo apoiado na mão, pernas cruzadas, chapéu de ponta protegendo do sol seu cérebro ocupado. À sua frente, num pequeno pedestal, senta-se a Esfinge, cauda enrolada para trás, asas aprumadas. Ela olha de cima para Édipo, esperando sua resposta. Em algumas versões do mito, quando finalmente recebe a resposta, ela se lança do alto de um penhasco. Édipo, como podemos notar, é um homem perigoso quando se trata de jogos.

Então, já que não temos imagens inequívocas de Jocasta, que tal uma ambígua? Há fragmentos de uma grande cratera no Museu Arqueológico de Siracusa, na Sicília,[18] que mostram um homem de semblante tenso, barba e cabelos escuros e, atrás dele, uma mulher que segura seu manto até a altura do rosto. Sua expressão é profundamente séria. Eles devem ser os pais das duas crianças pequenas de cachos escuros e longas túnicas que estão a seu lado, uma na frente do pai; a outra, ao lado da mãe. Os adultos parecem receber informações dadas por um homem de cabelos brancos à nossa esquerda e, quaisquer que sejam essas informações, aparentemente não são boas. Atrás da mulher com o manto há uma coluna e, por trás dela, há uma segunda mulher, voltada para o lado oposto. Sua mão, com os dedos abertos, está no rosto: será que ela está escondida para espiar a cena principal?

Especialistas na interpretação de cenas de jarros sugeriram que essa cena é da peça de Sófocles: representa o momento em que o mensageiro coríntio revela que Édipo foi adotado e Jocasta percebe a terrível verdade, uma verdade que seu marido logo descobrirá. Seu manto levantado para cobrir o rosto nos dá um choque visual, lembrando-nos do tecido que em breve ela amarrará em torno do pescoço. As fíbulas que prendem as dobras do manto são o que Édipo usará para furar os olhos. As duas crianças são Antígona e Ismena, filhas do casal, que não estão presentes na cena do mensageiro em Sófocles, mas aparecem no final da peça para despedir-se do pai. Talvez o pintor tenha incluído esse elemento da cena posterior no jarro para elevar o nível de *páthos*.

Mas nada dessa leitura engenhosa nos diz quem pode ser a outra mulher, a que ouve a conversa. Além de Jocasta e as crianças, não há outras personagens femininas na peça de Sófocles. E as crianças são mesmo meninas? Presume-se que a pintura do jarro represente Édipo e Jocasta porque suas duas filhas são as garotas de quem provavelmente nos lembramos quando pensamos em jovens irmãs na mitologia grega. O resto da cena – homem mais velho, homem mais jovem e mulher, outra mulher nas proximidades – é bastante inespecífico. Mas, se na verdade as meninas fossem meninos, como propõe a profesora Edith Hall,[19] a cena poderia ser de outra peça. Já estamos pressupondo que as crianças são meninas porque esperamos que só as meninas tenham túnicas e cabelos longos? Isso soa plausível até Hall apontar a semelhança com a pintura de uma cena de *Alceste* de Eurípides em um jarro.[20] Alceste tem um filho e uma filha, e o filho parece estar usando uma túnica longa, como o das crianças do jarro de Siracusa. Então, talvez o casal representado nesse jarro seja Édipo e Jocasta, mas pode muito bem ser outro.

Jocasta tem sido igualmente mal servida por artistas posteriores. Édipo é mostrado com frequência resolvendo o enigma da Esfinge (que é em si uma imagem incomum: quantas vezes se vê uma pintura cuja melhor descrição seria "Homem Pensando em Resposta a Pergunta Aleatória"?), mas raramente ao lado de sua mulher. Há duas interessantes pinturas francesas do século XIX, uma de Alexandre Cabanel e a outra, de Édouard Toudouze. *Édipo Separando-se de Jocasta* (*Oedipus Separating from Jocasta*, 1843),[21] a de Cabanel, mostra Édipo abraçando uma das filhas, presumivelmente Antígona. A outra, Ismena, segura o corpo da mãe quando esta perde a consciência. Uma velha – envolta num manto verde, seu rosto uma máscara de horror – está atrás de Ismena e a ajuda a sustentar o peso de Jocasta. Jocasta está caindo para trás do marido: só as pontas dos dedos de sua mão esquerda tocam de leve a mão de Édipo enquanto ela cai.

Vinte e oito anos depois, Édouard Toudouze[22] pintou uma versão da cena que vimos em *As Fenícias*, de Eurípides. Édipo senta-se numa escada segurando a mão branca da esposa vestida de negro, morta a seus pés. A seu lado no degrau, está seu velho elmo de batalha: decorado com uma esfinge, celebra sua grande vitória sobre o monstro. Uma Antígona de cabelos cor de fogo conforta o pai enquanto fita a pobre mãe. Os corpos dos dois irmãos de Antígona, Polinice e Etéocles, estão no chão, atrás dela, unidos na morte como não puderam ser na vida. A presença de Édipo obscurece todas as demais personagens, vivas ou mortas. Até seus nomes se perdem: a pintura se chama *O Adeus de Édipo aos Cadáveres de sua Esposa e Filhos* (Farewell of Oedipus to the Corpses of his Wife and Sons, 1871).

Isso nos dá alguma pista do lugar para onde Jocasta vai quando desaparece? A fixação em Édipo consome toda a luz e todo o ar do resto do ciclo tebano. Isso é exemplificado pela resposta de Freud a Sófocles: é Édipo quem fica com o complexo. As demais personagens da família imediata de Édipo nunca parecem plenamente formadas porque, em praticamente todas as versões do mito, elas e suas histórias são diferentes. Além disso, por sermos um público moderno, talvez para nós seja mais simples preferir a certeza de Édipo: sempre matando o pai e casando-se com a mãe, não importa o que mais aconteça. Em algumas versões da saga tebana, Polinice é o agressor e Etéocles, a vítima; mas algumas vezes é o contrário. Em sua versão de *Antígona*, Sófocles a apresenta como a irmã mais velha, noiva de um primo, Hémon, mas forçada a suicidar-se pelo cruel regime de seu tio Creonte. No entanto, nos fragmentos que temos da versão euripideana de *Antígona*, ela sobrevive à ira do tio, casa-se com Hémon e com ele tem um filho. Em *As Fenícias*, Eurípides mostra as coisas de modo diferente: Hémon não sobrevive para casar-se com Antígona. E quando retomou a história de Antígona em 1944, o dramaturgo francês Jean Anouilh inverteu a ordem de nascimento de Ismena e Antígona: o fervor religioso apropriado, porém excessivo, de um irmão mais velho na Atenas do século V a.C. torna-se o comportamento de um irmão mais novo rebelde durante a Segunda Guerra Mundial. À medida que fomos mudando, essas personagens também mudaram, como se para não destoar de nós.

Podemos descobrir mais sobre Jocasta, descascando camadas uma por uma para ver o que podem revelar, mas para isso teremos que nos esforçar muito. Na obra de poetas e dramaturgos, ela muda para que nunca possamos entendê-la, essa mulher que se casa com o filho e dá ou não fim à própria vida, tem ou não mais quatro filhos, torna-se ou não um poder político e diplomático por mérito próprio, suicida-se ou não quando seus filhos matam-se um ao outro. E, nas artes visuais, ela praticamente desaparece de vista. Suspeito que não a vejamos refletida em pinturas porque Jocasta cometeu o supremo pecado contra a arte: ela é uma mulher mais velha. E, embora os pintores jamais se cansem de nos mostrar adolescentes e mulheres na casa dos 20 anos, eles tendem a interessar-se muito menos em nos mostrar uma mulher de 40 ou 50 anos.

Há um perigo a mais em Jocasta, talvez, que é o fato de ela ser uma mulher cujo poder não entendemos bem. Em parte, isso acontece porque esse poder muda, e ela muda junto com ele. Em *As Fenícias*, ela é uma figura importante da realeza, mas em seu passado, que ela nos conta no início da peça – teve um bebê que lhe foi roubado, foi dada em casamento, por capricho do irmão, a quem resolvesse o enigma da Esfinge –, ela era pouco mais que um bem móvel. Então como é que ela e Édipo se casam, apesar de ele ter sido advertido a respeito de um relacionamento sexual com a própria mãe? Podemos concluir que ela exerce uma atração feroz sobre ele? Essa ideia provocou risinhos até no mundo antigo: na comédia *As Rãs*, Aristófanes faz o dramaturgo trágico Ésquilo dizer que Édipo foi o homem mais azarado que já viveu na face da terra:[23] abandonado ao relento, com dois pés inchados e, depois, ainda se casa com uma mulher de idade suficiente para ser sua mãe. Bem essa ideia.

Talvez Édipo não seja atraído por Jocasta e queira apenas casar-se no reino de Tebas (embora já seja filho e herdeiro do rei de Corinto, de modo que dificilmente lhe faltaria *status* antes de conhecer Jocasta). Porém, na maioria das versões de sua história, eles têm quatro filhos: esse não é um casamento de conveniência, mas sim de amor e talvez mesmo de luxúria. Sabemos que a outra opção – um casamento em que há distanciamento e falta sexo – é perfeitamente possível (o marido de Mérope, Pólibo, nem se dá conta de que sua mulher tinha adotado um filho, em vez de o ter parido). Mas isso não acontece com Édipo e Jocasta e, por isso, ela é a coisa mais rara e perigosa que existe: uma mulher que não se torna invisível para os homens nem mesmo à medida que envelhece. Como lidamos com uma mulher como essa? Muitas vezes, a resposta tem sido ignorá-la.

E assim se define Jocasta, embora alguns escritores e artistas tenham optado por não a enxergar. Ela é uma mulher que tem potência sexual e se transforma, da passividade total em sua juventude nas mãos de Laio, em algo muito mais complexo, muito mais difícil de categorizar, à medida que envelhece. Não foi à toa que só um poeta com a genialidade de Eurípides conseguiu pôr-lhe palavras na boca.

HELENA

Helena de Troia, Helena de Esparta. Não importa qual a cidade a que a associemos, ela é uma ameaça e uma promessa: Helena da Alegria, Helena do Massacre, como a chama Príamo, em *The Last Days of Troy*, de Simon Armitage. Ela é o rosto que "lançou ao mar mil navios/E queimou as altíssimas torres de Ílion", como Marlowe faz o dr. Fausto descrevê-la. "Doce Helena", continua ele, "faça-me imortal com um beijo". Essa versão de Helena não responde a Fausto. Na verdade, ela nada diz. Uma linda mulher que os homens acham ainda mais sedutora por ser essencialmente muda? Eu sei, sempre acho que o choque me matará também.

Não foi Marlowe quem cunhou a ideia de mil navios: a frase aparece em *Agamenon* de Ésquilo e várias vezes nas peças de Eurípides.[1] Em sua *Andrômaca*, por exemplo, a protagonista descreve a Grécia como *chilionaus*, "detentora de mil navios". O número tornou-se parte integrante do mito de Helena (embora a *Ilíada* de Homero liste mais de mil: quase 1.200 navios, na verdade). O nome de Helena tem sido usado, inclusive, como unidade de medição irônica: se uma Helena é tão bela que é capaz de lançar ao mar mil navios, então uma mili-helena é a unidade de beleza necessária para lançar um único navio. Isaac Asimov alegava ter cunhado o termo.[2]

Mas todas aquelas naves, toda aquela destruição, tudo por causa de uma mulher? Seria Helena intrinsecamente catastrófica? Ou será que foi o pivô de uma matéria de capa conveniente? Isso é certamente o que Eurípides permite-lhe que diga em *As Troianas*: a defesa de Helena é quase tão antiga quanto as acusações que pesam contra ela. Mas se quisermos entender Helena, talvez devêssemos começar do início – que, nesse caso, um tanto surpreendentemente, é um ovo.

Quase tudo que diz respeito a Helena é contestável, a começar pela paternidade. Ela é criada como filha de Tíndaro, rei de Esparta, e de sua esposa, Leda. Mas a maioria das fontes, pelo menos de Homero em diante, a chama de filha de Zeus.[3] Na peça *Helena* de Eurípides, a personagem refere-se a Tíndaro como seu pai, mas explica que há uma história segundo a qual Zeus tomou a forma de um cisne em fuga de uma águia e usou esse estratagema para entrar na cama de Leda. Isso levanta uma série de questões, mesmo para os que já estão acostumados às peculiaridades e esquisitices do mito grego. Leda é mais suscetível a um cisne sedutor que a um homem sedutor? Essa é uma categoria de nicho em pornografia. Ou talvez não, pois ao longo da história a imagem de Leda e seu admirador emplumado tem tido enorme popularidade nas artes visuais. Tintoretto, Leonardo da Vinci e Michelangelo pintaram versões desse episódio, embora apenas cópias dos dois últimos tenham chegado a nós. O cisne de Tintoretto parece particularmente satisfeito consigo mesmo enquanto Leda tenta em vão esconder sua visão de uma criada. Ela coloca uma mão na asa do cisne, como se pudesse fazer o resto do corpo dele parecer uma espécie de almofada elaborada. A Leda de Leonardo olha para os quatro bebês (um deles é Helena) que acabaram de sair das cascas dos ovos que eclodiram a seus pés e, por sua expressão, parece que agora ela está bastante arrependida de todo esse *affair* das plumas. Apenas Michelangelo dá à cena uma intimidade que parece dotada de uma carga sexual real: o pescoço do cisne emerge entre as coxas de Leda, que o tomam como num abraço, e os dois olham um para o outro amorosamente, boca a bico.

Um belo afresco da mesma cena foi descoberto em 2018 em Pompeia, na Via del Vesuvio. Na verdade, a história se popularizou tanto entre os romanos, que eles a usaram até para decorar lâmpadas produzidas em massa. O afresco pompeiano mostra um cisne sorrateiro aninhado ao lado de uma Leda bastante preocupada, com os olhos castanhos arregalados. Seu pé palmípede está equilibrado na coxa nua de Leda, e os arqueólogos acreditam que a imagem teria decorado a parede de uma alcova. Bem, se não lá, onde mais?

Entretanto, nem a própria Helena parece totalmente convencida da história de seu nascimento: ele enganou Leda, minha mãe, e a levou para a cama, diz ela, se é que essa história é verdadeira.[4] Mas então o que ela diz em seguida faz a coisa toda parecer totalmente sem importância: "Meu nome é Helena". Ovo, cisne, acreditem no que quiserem sobre seus pais: ela é Helena, e todos vocês sabem quem ela é. Porém, em uma das versões da história, Leda desempenha um papel diferente. Em *Cípria*, o poema épico perdido, somos informados pelo Pseudo-Apolodoro (estudioso ateniense que escreve sobre o poema no século II a.C.) que Helena era filha de Zeus e da deusa Nêmesis.[5] Nêmesis metamorfoseou-se numa gansa para escapar da perspectiva de sexo iminente e indesejado com Zeus. Por causa disso, Zeus transformou-se num cisne e fez sexo com ela de qualquer maneira. Nêmesis abandonou o ovo que continha a embrionária Helena. Um pastor o encontrou e deu-o a Leda, que o manteve numa caixa até sua eclosão. Quando Helena nasceu, Leda a criou como filha. Na peça de Eurípides, Helena diz que sempre foi considerada *teras*, termo que pode ser traduzido como aberração, portento ou monstro.[6]

Seja qual for a versão que preferirmos desse mito, aparentemente Zeus concebeu Helena metamorfoseado em cisne, e aparentemente Helena nasceu de um ovo. Ela é então criada em Esparta por Tíndaro e

Leda, rei e rainha da cidade. Helena é uma entre vários irmãos, talvez todos nascidos de ovos (como mostra a pintura de Leonardo). Sua irmã mais notória era Clitemnestra (as duas irmãs se casariam com dois irmãos: Menelau e Agamenon). E seus irmãos mais famosos eram Castor e Polideuces, cuja paternidade exata é tão contestada quanto a de Helena: ambos podem ser filhos de Tíndaro, ambos podem ser filhos de Zeus ou só um deles é filho de Zeus (Polideuces, mais conhecido por seu nome latino, Pólux). Eles costumam ser referidos em textos gregos como os Dióscuros, filhos de Zeus.

Se o nascimento de Helena é um tanto estranho, é sua infância – quando ela é sequestrada – o que mais perturba o público moderno. Teseu, famoso por ter assassinado o minotauro em seu labirinto, não é mais um jovem herói, mas sim um homem de cerca de 50 anos de idade quando Helena ainda é uma criança.[7] Após a morte de suas respectivas esposas, Teseu e seu amigo Pirítoo resolvem casar-se com filhas de Zeus. Pirítoo quer tentar sequestrar Perséfone do Reino de Hades, algo que podemos caracterizar como um esforço desnecessariamente arriscado. Teseu decide fazer de Helena sua esposa. Ela tem 7 anos de idade quando Teseu a sequestra. Mesmo os autores antigos, cujas ideias acerca de decoro sexual nem sempre coincidem com as nossas, mostram-se melindrados com isso. Plutarco[8] conta-nos que a maioria dos escritores precedentes contaram a história dessa maneira: Teseu e Pirítoo arrebataram Helena do templo de Ártemis em Esparta (há um *páthos* extra nesse detalhe: a menina dançava para celebrar Ártemis, a deusa virgem, quando foi sequestrada). Quando já estavam longe, os dois resolvem tirar a sorte para ver quem ganharia Helena como mulher. Teseu, o ganhador, deixa Helena sob a custódia de outro amigo nos arredores de Atenas, com instruções para manter toda a situação em segredo.

Então os Dióscuros, irmãos de Helena, exigiram a Atenas sua devolução. Como o povo de Atenas não podia devolvê-la porque não sabia onde ela tinha sido escondida, os irmãos de Helena declararam guerra a Atenas. A batalha foi feroz, mas os irmãos e seu exército saíram vitoriosos. Assim, além de levar Helena de volta para Esparta, eles também escravizaram Etra, a mãe de Teseu, a quem ele deixara como companhia para a menina. As mulheres da vida de Teseu raramente prosperam: suas amantes, das quais Ariadne é a mais famosa, são abandonadas, Fedra, sua mulher, tira a própria vida, sua mãe é escravizada em retaliação a seus atos.

O historiador grego Diodoro Sículus escreve no século I a.C. que, apesar de ter 10 anos na época de seu sequestro, [9] Helena superava qualquer outra em beleza. Adicionar três anos à idade de Helena não torna a história mais palatável, pelo menos para nós. A ideia de que uma criança seja mais bonita que todas as outras meninas ou mulheres e de que isso seja uma razão válida para sequestrá-la é profundamente repugnante até porque, em algumas versões dessa história, Helena deu à luz a filha de Teseu[10] antes de ser resgatada e levada de volta para sua casa. Mas os historiadores antigos que relatam essa história também parecem considerá-la muito desagradável, a julgar por suas canhestras tentativas de justificá-la (por exemplo, enfatizando sua grande beleza).

Então aparentemente, mesmo ainda criança, Helena provocou uma guerra. Mas a maioria de nós sentiria que essa é uma caracterização injusta dos eventos descritos acima. Porém é mesmo certo que nenhum de nós chegaria ao ponto de culpar uma criança por seu próprio sequestro? Na verdade, é graças ao comportamento de Teseu e Pirítoo – dispostos a roubar até crianças para transformá-las em suas mulheres sem pensar nas consequências – e à reação de Castor e Polideuces que ocorre o derramamento de sangue. Helena não passa de um belo peão.

E a segunda guerra causada por Helena? A Guerra de Troia é uma das maiores histórias da literatura, uma saga épica que molda a narrativa no mundo ocidental há mais de doi mil e quinhentos anos. De uma forma ou de outra, dois de nossos primeiros textos contam a história desse conflito: a *Ilíada* de Homero se passa no último ano da guerra (o décimo); sua *Odisseia*, nos anos seguintes. E quem os gregos e os troianos culpam pela catastrófica perda de vidas de ambos os lados? Helena, é claro. Em *As Troianas*, de Eurípides, Hécuba, a rainha de Troia, finalmente encontra Menelau, o marido grego de Helena que travou uma guerra de dez anos para seu retorno. As primeiras palavras que ela dirige a esse homem que lhe custou tudo – seu marido, seus filhos, sua cidade – são brutais: eu te agradeço, Menelau, se matares tua esposa. Evita vê-la, pois ela te deixará cheio de saudade. Ela captura os olhares dos homens, destrói suas cidades, queima suas casas; tamanho é seu poder mágico. Eu a conheço, e tu a conheces, assim como todos os que sofreram.[11]

É uma apresentação e tanto da mulher que está prestes a subir ao palco. Antes da resposta de Helena, vamos voltar ao início da guerra. Na verdade, vamos retroceder até o início da guerra, ou mesmo a um pouco antes disso, para ver até que ponto se justifica a fúria de Hécuba. O que convenceu todos aqueles gregos a partir para Troia e lutar pelo retorno da esposa de um homem que, de outro modo, muitos deles nunca teriam conhecido? E como foi que Helena acabou casada com Menelau?

Tíndaro, o padrasto de Helena, tem um papel ostensivamente menor em sua história. Mas se quisermos atribuir a um único mortal a culpa por deflagrar a Guerra de Troia, poderemos legitimamente dizer que essa culpa cabe a ele. Diante de uma flotilha de pretendentes à mão de sua bela enteada, ele ficou nervoso ao ver-se incumbido de escolher um deles em detrimento de todos os demais. Reis de toda a Grécia – pessoalmente ou por mensageiro, dependendo da versão da história que lermos – apresentaram suas propostas a Helena quando esta atingiu idade nupcial. Todas elas foram acompanhadas de presentes, o que deve ter embotado um pouco o cansaço do administrador do noivado. Mas Tíndaro via os riscos envolvidos: independentemente de qual fosse o seu escolhido para noivo sortudo, ele acabaria criando muito mais inimigos que amigos. E, dadas as disparidades de poder entre os pretendentes (alguns eram mais capazes de comandar grandes exércitos, outros nem tanto), como escolher um sem que vários outros candidatos poderosos declarassem guerra ou raptassem Helena? Como vimos, isso não era uma preocupação boba: heróis como Teseu e Pirítoo poderiam muito bem resolver que tinham direito à mão da mulher mais bela do mundo.

Então Tíndaro saiu-se com um plano: para serem considerados candidatos qualificados para potencial marido de Helena, os pretendentes teriam que fazer um juramento (pessoalmente, se tivessem ido a Esparta para apresentar-se, ou em casa, tomado em confiança, se estivem conduzindo os trâmites a distância). Essa história não é mencionada por Homero nem na *Ilíada* nem na *Odisseia*, mas quase certamente foi relatada por Estesícoro em meados do século VI d.C. Além disso, escritores posteriores como o Pseudo-Apolodoro também se referem a ela, com números e nomes variáveis de pretendentes.[12] Cada um teve que jurar que, mesmo que sua candidatura a marido de Helena não fosse bem-sucedida, concordava em lutar por seu retorno seguro para o marido, independentemente de quem fosse ele, em caso de sequestro da jovem por outro homem.

Apesar da simplicidade, o plano teve uma eficácia impressionante. Todas as alegações rivais, todos os ciúmes potenciais cancelados de um só golpe: o preço da chance de casar-se com Helena era defender o homem que se casasse com Helena. O Pseudo-Apolodoro também nos diz que foi Odisseu quem teve a ideia desse juramento, que traz a insígnia de um esquema digno de uma odisseia: simples, brilhante, mas com um problemão no fim. Depois que todos concordaram com essa condição, ou Tíndaro escolheu Menelau ou, segundo Eurípides e outros autores,[13] Helena escolheu seu noivo. E se alguns dos pretendentes ficassem frustrados, pelo menos poderiam contentar-se por estar evitando uma guerra semelhante à iniciada por Teseu com os Dióscuros: nenhum herói grego seria tolo a ponto de enfrentar o poder coletivo de todos os outros líderes gregos. A única coisa que não ocorreu a ninguém, nem mesmo ao esperto Odisseu, foi que Helena poderia ser tirada de casa por um homem que não tivesse feito o juramento e que tampouco fosse grego.

Páris, ou Alexandre (para dar-lhe o nome que preferem alguns escritores gregos), era um príncipe troiano. Filho de Príamo e Hécuba, reis de Troia, ele seduziu ou sequestrou Helena em sua casa em Esparta, novamente dependendo da versão do mito que você preferir. Na *Ilíada*, Homero faz Helena lastimar-se por ter fugido com Páris,[14] dizendo que preferia ter-se afogado no mar antes de ir com ele para Troia. Ela deseja que Páris tivesse sido uma pessoa melhor, mas é para si mesma que deseja a morte. E culpa os dois pela situação de Troia, mas refere-se primeiro a si mesma: "Graças a mim e a Alexandre [...]". E essa versão da história – príncipe bonitão conhece a bela rainha, que abandona o marido para fugir com ele – fornece a munição que Hécuba precisa para fazer sua virulenta avaliação do caráter de Helena em *As Troianas*. Na verdade, essa versão deu a inúmeros escritores a oportunidade de culpar Helena pela guerra: afinal, dela é o rosto que lançou ao mar mil navios. Aparentemente, o rostinho bonito de Páris não justifica sequer uma menção.

Mas quando faz Helena subir ao palco, logo depois que Hécuba exige a Menelau que a mate, Eurípides apresenta as coisas de maneira bem diferente: sua Helena não está nem de longe disposta a aceitar a única e tampouco a maior responsabilidade pela guerra. O que está em julgamento é sua vida, embora um tanto *a posteriori*; todo o exército grego já decidiu que ela merece morrer: "Eles entregaram-te a mim para que eu te mate", diz-lhe Menelau.[15] Então Helena diz o que reconhecemos como a fala da defesa a que ela nem tivera direito, pois sua sentença de morte havia sido lavrada à revelia. A escrita dessa fala é algo deslumbrante: uma defesa legal em verso que faz o público pensar se Eurípides não deveria ter-se dedicado ao direito no intervalo entre as temporadas teatrais.

Helena começa afirmando que, tendo em vista que Menelau a vê como uma inimiga, por melhor que seja o que ela tenha a dizer, sem dúvida ele não responderá.[16] Portanto, ela responderá às acusações que suspeita que seu marido lhe atribuirá e, em seguida, fará algumas contra-acusações. Ela parte imediatamente para a ofensiva. Em primeiro lugar, diz, Hécuba é culpada pela guerra porque foi ela quem deu à luz Páris. Príamo teve um sonho profético com Páris quando este nasceu e, apesar disso, não o matou. Como já vimos com Édipo, isso pode soar irracional para nós, mas o mundo do mito na Idade do Bronze está cheio de filhos mortos pelos pais por razões as mais variadas. Mesmo no século V a.C., quando a peça de Eurípides foi encenada, o abandono de filhos indesejados ao relento era comum. Embora, aos ouvidos modernos, o argumento "Você ignorou uma profecia sobre seu filho e não o matou" possa não se prestar muito a tentativas de quebrar o gelo, é razoável suspeitar que o público de Eurípides poderia ter sido mais ambivalente. E, de fato, a questão é concreta e matemática para Hécuba: se ela e Príamo tivessem matado Páris quando ainda bebê, seus muitos outros filhos poderiam não ter morrido na guerra que ele começou. Não é apenas uma questão de preferir a vida de seu filho à vida de todos os outros cidadãos troianos. Trata-se de escolher a vida de um filho (agora, de qualquer modo, perdida ao fim da guerra) à vida de muitos de seus demais filhos. Na cena que Eurípides coloca pouco antes desta, Hécuba vira como levaram seu neto, Astíanax (filho de seu filho Heitor com Andrômaca), para morrer nas mãos dos gregos, pois estes não queriam que ele crescesse para vingar o falecido pai, o maior de todos os guerreiros troianos. As ramificações da escolha de Hécuba são penosamente reais e recentes, tanto para ela quanto para o público que assiste a peça.

Helena então se volta para a causa divina da Guerra de Troia, que novamente atribui a responsabilidade a Páris e a Afrodite, a deusa que o ajuda. Ela descreve o julgamento ao qual Páris fora convidado para decidir qual dentre três deusas – Afrodite, Atena e Hera – era a mais linda e, portanto, receberia o prêmio: o pomo de ouro, uma maçã dourada com a inscrição "À Mais Bela" (essa causa da guerra mal é mencionada por Homero e, mesmo assim, só no último livro da *Ilíada*).[17] Helena menciona que todas as deusas tentaram suborná-lo para obter o resultado que cada uma desejava: Atena ofereceu-lhe o poder de destruir os gregos na guerra, Hera ofereceu-lhe um reino que abrangia a Ásia e a Europa. Mas Afrodite, diz Helena, elogiando minha aparência, ofereceu-me a ele caso dissesse que ela era a mais bela. Ou seja, Páris foi responsável por escolher quem escolheu, as deusas foram responsáveis por suborná-lo e Afrodite foi quem ofereceu Helena a Páris sem pensar em mais nada (muitas vezes em suas peças, Eurípides retrata os deuses como pirralhos inconsequentes). Helena é dano colateral. Na verdade, ela vai mais longe, sugerindo que, se Páris tivesse preferido uma das outras duas deusas, Menelau poderia muito bem ter sido derrotado por um exército bárbaro ou governado por um rei bárbaro, a saber, Páris. A Grécia teve sorte, diz Helena. Eu fui destruída. Vendida por minha beleza. Tu me censuras; deverias pôr uma coroa em minha cabeça.[18]

Agora, continua Helena, é hora de considerar a acusação principal. Neste ponto, parece no mínimo justo dizer que nenhuma versão de Menelau, em qualquer das narrativas de sua história, tem capacidade intelectual para argumentar com uma mulher de tamanha esperteza. Isso, talvez Odisseu tivesse, mas não Menelau. Eurípides adorava escrever sobre mulheres inteligentes, ele sempre fez isso, e essa é uma das mil coisas maravilhosas que existem nele.

Então por que Helena fugiu de seu lar conjugal com Páris? Mais uma vez, ela aponta Afrodite como a causa: quem acompanhava Páris não era um deus menor, diz ela. Os gregos muitas vezes empregavam litotes – eufemismos intencionais – em seus discursos jurídicos. E, aqui, Helena utiliza essa figura de linguagem com perfeição: Afrodite é uma das deusas mais poderosas que existem; portanto, ao descrevê-la como uma deusa que "não era menor", lembra-nos quanto Afrodite é temível. E Menelau também não escapa da culpa: O kakiste, tu és o pior de todos, diz Helena. Deixaste-o [a Páris] em tua casa em Esparta enquanto tu mesmo partias para Creta.[19] Esse é outro ponto que teria calado fundo no público da peça na época, século V a.C. As esposas atenienses (certamente as esposas de atenienses ricos) jamais seriam deixadas em casa a sós com um estranho. As leis atenienses deixavam transparecer um medo quase neurótico dos homens de que outro pudesse de algum modo engravidar suas esposas. Embora esse argumento de Helena possa não ter muito peso junto a públicos modernos, certamente teria junto ao público de Eurípides. Um cidadão respeitável não deixaria a esposa sozinha na companhia de qualquer outro homem que não fosse irmão ou pai dela.

Por fim, Helena aborda a própria fraqueza por apaixonar-se por Páris: O que me levou a trair minha pátria por um estranho?, pergunta ela. Bem, nem Zeus consegue resistir a Afrodite: ele tem poder sobre todos os demais deuses, mas é dela um escravo. Por isso, tu deves fazer-me certas concessões.[20] E essa é certamente a impressão de Afrodite que nos dá a maioria das fontes: se ela é irresistível para os deuses, quanto mais para os mortais (ou semideuses).

Uma última acusação a responder, diz Helena: por que não voltei para ti, Menelau, depois que Páris morreu? Bem, eu tentei. Fui pega pollakis, "muitas vezes", tentando fugir de Troia e voltar para ti. Fui levada bia, "à força", para ser tomada como esposa por Deífobo. O uso de bia é inequívoco: Helena ficara presa a um casamento forçado desde a morte de Páris. Mais uma vez, ela se descreve nesse último relacionamento: pikrōs edouleus, "amargamente escravizada".

Nossa visão de Helena não mudou com essas falas extraordinárias? A mulher que é muda no Dr. Fausto de Marlowe é tão inteligente e articulada quanto bonita em As Troianas de Eurípides. O catálogo de delitos imputados a ela é notável. Talvez não concordemos com sua interpretação de todos os eventos (Hécuba certamente não: ela responde à defesa de Helena, uma vez que está claramente muito mais equipada que Menelau para uma disputa de inteligência). Mas os argumentos de Helena são convincentes: Afrodite realmente é tão poderosa como ela a descreve, Menelau realmente a abandonou com Páris. Hécuba não responde ao argumento de Helena sobre suas repetidas tentativas de fuga; em vez disso, pergunta por que Helena não se matou, como deveria ter feito (ela não sugere que Páris poderia ter feito o mesmo, por vergonha de ter promovido a declaração de uma guerra contra sua casa e sua família. Ou, até mesmo, que ela e Príamo poderiam ter feito isso, já que haviam deixado de tomar uma providência com base na profecia que lhes avisara que, se Páris continuasse vivo, acabaria destruindo a cidade). Para Hécuba, a gota-d'água foi Helena ter surgido – após a queda de Troia, quando todos usavam trapos – muito bem-vestida.[21]

Ao final desse extraordinário debate, Menelau declara-se de acordo com Hécuba. E, apesar disso, em vez de matar Helena, ordena que seus homens a ponham em seu navio com destino a Esparta. O público de Eurípides (que certamente teria conhecido o papel de Helena na *Odisseia*, que abordaremos em breve) sabe o que Hécuba imediatamente percebe: não há como Menelau matar Helena depois que chegarem ao destino.

Há uma pergunta interessante levantada pela fala de Helena que ela não chega a fazer: por que Páris foi escolhido para ser o juiz entre as deusas? E ninguém se importou com as consequências catastróficas de sua decisão? Páris foi simplesmente incumbido da tarefa de decidir qual das deusas deveria levar para casa o cobiçado troféu: uma maçã dourada, com a inscrição *tē kallistē*, "à mais bela". O pomo foi lançado entre as deusas no casamento de Tétis, a ninfa do mar que viria a ser a mãe de Aquiles. Todos especularam a quem se destinaria, mas nunca se perguntaram quem o deixara cair. Se tivessem feito isso, poderiam ter descoberto que foi Éris, a deusa da luta e da discórdia. Em outras palavras, o objetivo da maçã era criar um problema, e foi isso o que aconteceu.

Então, como Páris se vê na ingrata posição de juiz? É inconcebível que ele possa escolher uma deusa em detrimento das outras duas e, com isso, não ganhar um par de inimigas poderosíssimas. Quem concordaria em incumbir-se de uma tarefa tão pouco invejável? A resposta é que Zeus decide que Páris deve fazer a escolha (nada bobo, ele: Zeus teria que escolher entre sua esposa e irmã Hera, sua filha Atena e a deusa que sempre pode causar-lhe transtornos: Afrodite. Não é à toa que manda Hermes incumbir algum pobre mortal do caso). E a partir do momento que Páris faz sua escolha, Troia corre perigo. Ao longo de toda a mitologia grega, Hera é especialmente implacável diante de qualquer deslize (como geralmente descobrem pagando caro as mulheres seduzidas por Zeus).

O que nos leva de volta à pergunta original: por que os deuses delegam a decisão especificamente a Páris? Porque querem que Troia tenha inimigos poderosos ou (se Helena estava certa em sua previsão do que teria acontecido com Menelau e os gregos se Páris tivesse escolhido Hera ou Atena como destinatária do pomo) se torne uma ameaça poderosa para os gregos. Os deuses criaram intencional e deliberadamente um problema entre os gregos e os troianos e, para isso, usaram Páris e Helena.

Se continuarmos acompanhando a causalidade da guerra retrospectivamente, passo a passo, ao fim nos encontraremos aqui: a guerra é causada pelo fato de Páris tirar Helena de Menelau, mas Helena é prometida a Páris por Afrodite em troca do pomo de ouro, e a maçã é posta entre as deusas por Éris, e onde ela a obtém? No poema épico perdido *Cípria*, dizem-nos que Têmis (a deusa da Ordem) e Zeus planejaram entre si a Guerra de Troia. Um antigo comentarista da *Ilíada* nos conta a possível razão disso: a terra estaria gemendo sob o peso de tanta gente. Zeus havia instigado uma guerra anterior (as guerras tebanas, que, como vimos, arruinaram a vida de Jocasta). Nos anos seguintes, o número de mortais continuou a aumentar.

Era preciso que houvesse outra guerra. A metáfora é forte, e é interessante que a ideia de que a terra estaria demasiado cheia não nos tenha ocorrido quando a população global chegou aos bilhões. Na verdade, ela começou quando a terra ainda tinha apenas dezenas de milhões.[22]

Mas voltemos a Helena. Vamos mesmo atribuir a culpa a ela e a Páris, se os deuses já se haviam decidido por uma guerra? A própria Helena fez a pergunta de Menelau: o que ela deveria ter feito quando Afrodite decidiu que ela e Páris ficariam juntos? Porém, de qualquer modo, a história de fundo da guerra sugere que algo maior que a vaidade divina estava em jogo. Ainda que Helena e Páris tivessem resistido ao poder de Afrodite (algo que nem o próprio Zeus consegue gerenciar), a guerra entre o Ocidente e o Oriente, entre Grécia e Troia, teria acontecido da mesma maneira, pois os deuses já haviam decidido que isso era necessário.

E a ideia de que a guerra foi travada a despeito de Helena é uma ideia com a qual brincaram alguns autores antigos, entre os quais ninguém menos que Eurípides. Em sua peça *Helena,* ele apresenta uma versão muito diferente da história de Helena que vemos em *As Troianas. Helena* foi encenada pela primeira vez em 412 a.C.,[23] três anos depois de *As Troianas,* que tinha levantado tantas questões perturbadoras sobre a natureza da guerra e a devastação que ela causa na vida de vítimas e vitoriosos. As peças de Eurípides vêm de uma época em que Atenas estava quase sempre em guerra: a Guerra do Peloponeso, contra sua única aliada, Esparta, começou em 431 a.C. e perdurou até 404 a.C. No momento em que escreveu *As Troianas,* Eurípides e seu público já teriam ouvido muitos discursos na Assembleia, favoráveis e desfavoráveis à guerra. Se Eurípides pretendia defender a cautela militar com suas peças (que, em vez de propaganda, representam uma crítica incrivelmente sutil e sofisticada contra a guerra), a tentativa não deu certo.

Em 415 a.C., Atenas iniciou outra campanha ruinosa contra os sicilianos, que culminou no extermínio da maior parte de uma geração de homens quando se encerrou em 413 a.C. Embora Atenas tenha continuado a lutar contra Esparta por mais nove anos, depois de perdas dessa magnitude, a guerra não poderia ter vencedor.

Portanto, quando escreveu *Helena* para a estreia em 412 a.C., talvez Eurípides quisesse um tempo para não pensar em guerra. Ou talvez quisesse fazer a pergunta mais difícil de todas: e se a guerra na qual você luta se deve a uma causa injusta ou falaciosa? Porque essa é a premissa dessa peça, que é ambientada no Egito. Ela começa com Helena dizendo ao público onde está: a primeira palavra é "Nilo". Helena explica suas origens (nasceu de um ovo) e começa a recapitular a história do julgamento de Páris. Porém com uma distinção crucial: Hera estava tão irritada por ter sido privada da vitória sobre Atena e Afrodite que interferiu na recompensa de Páris. Na verdade, em vez de levar consigo a Helena de carne e osso na volta para Troia, Páris levou um *eidolon*,[24] um simulacro animado de Helena, só que feito de ar. Daí, Helena passa a articular a defesa que vimos no comentário daquele estudioso da *Ilíada*: então os planos de Zeus se somaram aos meus problemas, diz ela. Ele queria uma guerra entre os gregos e os desgraçados troianos para reduzir a pesada massa de humanos na Mãe Terra. "A mulher designada como prêmio que os troianos precisavam defender e os gregos, conquistar tinha meu nome, mas ela não era eu".[25] Mas Zeus não se esqueceu de Helena. Escondida em uma nuvem, ela foi levada por Hermes para o Egito, onde esperaria o fim da guerra no palácio de Proteu. Helena acrescenta que Proteu era o mais contido dos homens e, por isso, ela se mantivera fiel a Menelau. É um toque fantástico de Eurípides: Helena foi denunciada como prostituta, é considerada responsável por inúmeras mortes e, ainda assim, aqui está ela, vivendo no Egito, intacta nos dez anos anteriores. E nada disso valerá de alguma coisa: quando subir ao palco alguns momentos depois, Teucro, herói grego sobrevivente da Guerra de Troia, dirá que "a filha de Zeus é odiada por toda a Grécia".[26]

Eurípides foi um elemento tremendamente inovador e reforçador do mito grego, mas não inventou essa versão alternativa da história de Helena. Há fragmentos de escritores arcaicos anteriores, entre os quais o inatingível Estesícoro, que contam uma história semelhante: [27] que é um *eidolon*, uma imagem de Helena, que vai para Troia enquanto a mulher real aguarda o fim da guerra em outro lugar, geralmente o Egito. Lemos sobre a versão perdida de Estesícoro em *A República* de Platão, que nos diz que os homens lutam por prazeres e dores fantasmas "assim como Estesícoro diz que o *eidolon* de Helena foi disputado em Troia pelos ignorantes da verdade".[28] Se Platão julgava que esse era um bom exemplo para usar (em conversas de alto nível, admitidamente), então ele não pode ter sido obscuro nem conhecido apenas por quem viu a peça de Eurípides. A versão mencionada é contada especificamente por Estesícoro. Portanto, no fim do século VII ou no início do século VI a.C., existia uma narrativa alternativa que exculpava Helena e que ainda era razoavelmente bem conhecida no século IV a.C. por Platão e por aqueles para quem ele escrevia. Como poderia alguém estar aqui e em Troia?, pergunta Menelau a Helena quando Eurípides reúne marido e mulher em sua peça. Um nome pode estar em muitos lugares ao mesmo tempo, responde ela. Uma pessoa, não.[29]

Hoje, essa versão da história de Helena está praticamente esquecida: embora uma excelente adaptação feita por Frank McGuinness tenha sido montada em 2009 no Globe Theatre, em Londres, a peça de Eurípides não é encenada frequentemente. Ela foi inteiramente suplantada pela versão que conhecemos melhor, na qual Helena navega com Páris para Troia, seguida por Menelau e pelas legiões dos exércitos gregos.

Vimos, pela resposta de Hécuba a Helena em *As Troianas*, que Helena não era uma visitante muito bem recebida em Troia. Assim como é odiada pelos gregos por causar a guerra, Helena é odiada pelos troianos por trazer as forças gregas para as costas troianas. Contudo, a relação entre Helena e a família de Páris é ainda mais complicada do que inicialmente sugere a sanha homicida de Hécuba. No Livro Seis da *Ilíada*, Heitor, que é irmão de Páris, o procura para exortá-lo a parar de esconder-se dentro das muralhas da cidade para vir lutar numa guerra que, afinal, começara por causa dele. O Páris que encontramos só tem lamúrias, porém a relação entre Heitor e Helena parece respeitosa e afetuosa. A raiva que Hécuba sente de Helena depois que Troia é destruída não é compartilhada pelo filho que sai e luta para evitar esse desfecho. Claro, poderíamos presumir que a visão que Hécuba tem de Helena é calcificada pela perda de seu amado Heitor num combate contra Aquiles, o maior dos guerreiros gregos.

Essa batalha anima a parte final da *Ilíada*: Heitor mata Pátroclo, o melhor amigo de Aquiles, e tira-lhe a armadura; Aquiles é tomado por uma fúria insaciável; os dois homens lutam e Aquiles mata Heitor. Em seguida, ele profana o corpo de Heitor, amarrando o grande guerreiro pelos pés na parte traseira de seu carro e arrastando-o em torno das muralhas de Troia. Mesmo na violência da guerra, profanar um cadáver é uma coisa chocante demais para qualquer um. Garantir que os caídos sejam devidamente enterrados – independentemente de como possam ter morrido – é um dever religioso (como argumenta Antígona em relação aos irmãos mortos nas guerras tebanas: não importa que um irmão lutasse para defender Tebas e o outro a estivesse atacando. Ela tem a obrigação religiosa e familiar de enterrá-los como seus irmãos, sejam eles traidores ou heróis). Aquiles leva consigo o corpo de Heitor ao voltar para seu acampamento e o mantém insepulto. Vários dias depois, Príamo, pai de Heitor e rei de Troia, esgueira-se até o acampamento dos gregos no intuito de resgatar o filho morto. É um momento de *páthos* quase insuportável: um velho implorando de joelhos ao assassino do filho que lhe entregue seu corpo para poder enterrá-lo. Aquiles permite ao rei troiano que compre o corpo de Heitor e deixe o acampamento sem ser molestado. Os troianos finalmente conseguem prestar as honras fúnebres a seu maior defensor, e a *Ilíada* se encerra com o funeral tardio de Heitor. O poema se apoia em seus dois maiores guerreiros, um grego, o outro, troiano: a primeira linha do primeiro livro é "Canta, ó deusa, a ira de Aquiles", e a última linha do livro final é "Assim foi o funeral de Heitor, domador de cavalos".[30]

No mundo do mito da Idade do Bronze, os funerais são trabalho feminino: são as mulheres que rasgam suas roupas e sua pele, são elas que lavam os cadáveres e preparam os corpos para o enterro. Como poderíamos esperar, é Andrômaca, a esposa de Heitor, quem primeiro fala em seu funeral, lamentando sua perda para si mesma e para Astíanax, o bebê dos dois. Hécuba, a mãe de Heitor, fala em seguida. Só que então, surpreendentemente, não é nenhuma das irmãs de Heitor que fala em terceiro lugar, mas sim sua cunhada, Helena.[31] Andrômaca e Hécuba falam ambas sobre a bravura de Heitor na batalha: afinal, trata-se do funeral de um príncipe de Troia que também fora um guerreiro. Mas Helena não menciona esse lado de Heitor. Em vez disso, ela fala de forma comovente sobre sua bondade: descreve os vinte anos desde que abandonara Esparta (devemos supor que ela e Páris tenham passado dez anos juntos na viagem e depois em Troia até que os gregos aparecessem para guerrear por seu retorno, com base na cronologia de Homero) e, pela descrição, não foram anos agradáveis. Ela fala das duras palavras que ouviu dos irmãos, das irmãs, das cunhadas e da mãe de Páris (embora ressalte que Príamo sempre tenha sido gentil com ela). Mas Heitor jamais se dirigira a ela com outro sentimento que não bondade. E se outros agissem com crueldade em sua presença, ele lhes pedia que parassem. Helena chora por si mesma e por Heitor, o único homem que fora seu amigo.

Agora, é claro, podemos preferir ler isso como inteiramente conforme à Helena que vimos provocar a cólera de Hécuba em *As Troianas*: típico da narcisista Helena valorizar Heitor só pelas qualidades que demonstrava em relação a ela; lamentava-se por sua própria causa; agora que ele morrera por uma guerra que ela começara, estava triste por ter perdido um dos muitos homens que encantara (pelo menos, o pobre e velho pai de Heitor ainda está cumprindo esse papel). Mas isso seria subestimar o verdadeiro valor da fala. As lamentações gregas muitas vezes celebram os mortos baseando-se em como os vivos sofrerão para prosseguir sem eles: nesse contexto, Helena não está sendo especialmente solipsista. Todos podem falar sobre o poder militar de um homem que morreu em batalha depois de dez longos anos mantendo a largo um exército portentoso. Então por que alguém não deveria falar de sua bondade, de sua generosidade? Helena nos lembra de que Heitor era um ser humano por trás das muralhas de sua cidade tanto quanto era um guerreiro à sua frente. É uma maneira perfeita de conduzir o poema ao seu fim, quando só resta Príamo para falar ao pé do filho morto.

E Homero nos revela um desdobramento extra, talvez mais inesperado, da personagem de Helena em sua *Odisseia*. Telêmaco, filho de Odisseu, visita Esparta para tentar descobrir o que poderia ter acontecido com seu errante pai. Odisseu leva dez anos para voltar de Troia para casa, na ilha de Ítaca: uma infinidade de mulheres, ninfas, monstros, canibais, vacas e intempéries, para não mencionar uma breve visita ao Submundo, reduz consideravelmente sua média de velocidade na jornada. Telêmaco é bem recebido na casa de Menelau e Helena. O primeiro claramente não ficara menos hospitaleiro desde que Páris lhe pagara uma visita e fugira com sua esposa, embora seu escudeiro, Eteoneu, tenha desconfiado do jovem que chegara ao palácio sem se fazer anunciar. Ele entra para informar o ocorrido a Menelau, que prontamente o repreende a gritos por não ter sido mais hospitaleiro. Como, dessa vez, Menelau resolve ficar para jantar com o convidado, é possível que tenha aprendido alguma coisa.

Todos se sentam à mesa para comer e falar sobre a guerra e, em particular, sobre o heroísmo de Odisseu. Porém, enquanto falam dos guerreiros mortos em combate, Menelau se emociona e chora. Helena resolve misturar algo no vinho que estão bebendo: drogas que recebera de Polidamna, uma amiga do Egito.[32] Tais drogas (a palavra grega é *nepenthes*) provocam fortes alterações de humor e inibem a dor e a tristeza: se alguém as consumisse, não derramaria uma lágrima, nem mesmo se visse seus pais ou irmãos morrerem, ou até um filho ser morto, relata-nos Homero. Sem dizer nada a ninguém, Helena mistura as drogas ao vinho e pede a um escravo que o sirva. Não admira que Menelau não a tenha matado quando voltaram para Esparta. Teria ele sido estonteado por sua beleza ou por seus narcóticos?

Histórias de mulheres incrivelmente belas que arrastam atrás de si filas de homens que rivalizam por sua atenção são comuns no folclore e no mito. Há alguns poucos exemplos de homens perigosamente belos que são perseguidos tanto por mulheres quanto por homens, como Dorian Gray e Valmont. José, que tenta Zuleica (ou a esposa de Potifar, dependendo do texto religioso que você prefira), é outro: em uma história do Sefer ha-Yashar, também conhecido como Livro de Jasher ou Livro dos Justos,[33] Zuleica fica tão fascinada por José a ponto de prejudicar a própria saúde. Outras mulheres zombam dela por causa dessa paixão e, então, ela resolve convidar José a atravessar a sala enquanto elas estão descascando laranjas com facas. Sua beleza é tão irresistível que as mulheres acabam cortando as próprias mãos enquanto descascam as frutas. E nem percebem que isso acontecera até que Zuleica as faz olhar para baixo e ver que suas mãos estão cobertas de sangue. E ainda tem que ver essa beleza todos os dias, lembra-lhes ela.

Mas a capacidade de começar uma guerra, de destruir todo um exército, em vez de um punhado de soldados, é algo mais raro. Exige uma espécie de inefabilidade à qual Helena talvez se refira quando se declara uma aberração ou um monstro na peça epônima de Eurípides. É incrivelmente difícil encontrar a história de um homem que seja tão belo a ponto de provocar o tipo de desejo que é capaz de causar uma guerra. O folclore armênio conta a história de Ara, o Belo,[34] lendário rei da Armênia no século VIII a.C. (portanto, mais ou menos 400 anos depois que Helena fez sua viagem a Troia ou, possivelmente, ao Egito). Semíramis, rainha da Assíria, apaixona-se por Ara. Seus soldados invadem a Armênia, com ordens estritas para capturar Ara vivo. Mas ele é morto na batalha e Semíramis o põe em uma sala de seu palácio para ser lambido de volta à vida pelos deuses. Em algumas versões da história, os deuses a atendem. Em outras, Ara se perde para sempre. Mas sua história não parece ter captado a imaginação de poetas, compositores, artistas e dramaturgos da maneira que aconteceu com a de Helena. Talvez isso reflita simplesmente uma prontidão cultural para aceitar a natureza destrutiva da beleza feminina, ao passo que tendemos a não pensar assim no caso da beleza masculina. Apesar disso, na Britânia romana há também a história de Cartimândua, rainha dos Brigantes, que foi contada por Tácito. Ela abandonou seu então marido, Venúcio, e casou-se com um escudeiro, Velocato. Venúcio toma essa rejeição como qualquer um de nós faria e declara guerra à ex-esposa e seu novo marido.[35] Por fim, ele sai vitorioso, e nossas informações relativas a Cartimândua terminam aí. Mas quanto desse conflito se resume à política e quanto se resume à paixão é difícil dizer: certamente, é incomum que uma mulher abandone um rei por um humilde escudeiro. Tácito demonstra pouca generosidade em seus escritos a respeito dela, mas isso não é incomum nele (que raramente é generoso, particularmente quando se trata de mulheres em qualquer tipo de contexto político).

A história de Helena inspirou algumas releituras estranhas, desde a que tem Elizabeth Taylor pintada de prata no filme *Doutor Faustus* (*Doctor Faustus*, 1982), de Richard Burton, até a de *Os Simpsons*, que magnificamente a retrata com uma versão quase grega do penteado de Marge e um cigarro na piteira, como se fosse uma Holly Golightly, protagonista do filme *Bonequinha de Luxo* (*Breakfast at Tiffany's*, 1961), mais velha. Até Agatha Christie escreveu uma história, "O Rosto de Helen", publicada na coleção *O Misterioso Sr. Quin*. Como a maioria das histórias dessa coleção, essa é bem estranha. Quin e seu amigo Satterthwaite estão na ópera quando veem abaixo, sentada numa poltrona das primeiras filas, uma jovem cujo cabelo é puro ouro. "Uma cabeça grega", é como Satterthwaite a descreve. "Grego puro."[36] Embora impressionados com o cabelo dela, eles não conseguem ver-lhe o rosto. Satterthwaite tem certeza de que "não haverá essa correspondência; seria uma chance em mil". Quando finalmente a veem de frente, os homens se surpreendem. Ela é um exemplo de beleza absoluta, e Satterthwaite imediatamente cita a linha de Marlowe sobre o lançamento ao mar de mil navios, antes de compará-la "às Helenas, às Cleópatras, às Mary Stuarts".

Gillian West, a Helena moderna de Agatha Christie, acaba revelando-se uma mulher bonita, mas prosaica, uma cantora talentosa, mas não uma grande cantora, que se torna o objeto do afeto de dois homens. Ela fica noiva de Charlie Burns e, por isso, rejeita Philip Eastney, que parece aceitar o golpe quando, na verdade, planeja uma sinistra vingança. Philip dá a Gillian um presente de noivado que consiste em um rádio e um jarro de vidro com uma delicada esfera que aparentemente flutua em equilíbrio sobre ele. Seu plano é um tanto bizantino: ela ouvirá a ópera no rádio, uma nota alta quebrará a esfera, que também é de vidro, e um gás venenoso será lançado em sua sala de estar para acabar com ela. Infelizmente para Philip, Satterthwaite junta as peças do quebra-cabeça (o conhecimento de Philip sobre a fabricação de vidro, seu trabalho com armas químicas durante a guerra) e salva Gillian na hora H. Um gato fujão que entrara correndo no apartamento não tem tanta sorte, mas fornece uma conveniente prova póstuma da tese de Satterthwaite. Ao descobrir seu fracasso, Philip se atira no Tâmisa, o que leva o policial mais desinteressado que havia em Londres a comentar que ouvira alguma coisa cair na água e supõe que seja um suicídio, antes de dedicar-se a missões mais importantes (procurar gatos fujões antes que mais algum seja envenenado, por exemplo). "Nem sempre é culpa deles", diz a Satterthwaite o incurioso policial antes de não saltar na água para tentar salvar Philip. "Mas algumas mulheres causam muitos problemas." Satterthwaite concorda e se pergunta se Helena de Troia também era "uma mulher simpática, comum, abençoada ou amaldiçoada com um rosto maravilhoso".

A versão de Agatha Christie da história de Helena é obviamente o retrato empático de uma bela mulher cujas demais qualidades não rivalizam com sua beleza. Na verdade, não fazemos ideia de Gillian como pessoa: quando ela revela a Satterthwaite que ficou noiva de Charlie, não vislumbramos por que ela preferiu Charlie a Philip, ou o que ela poderia estar buscando em um noivo. Nem sabemos por que ela se dispõe a confiar a Satterthwaite – um homem que ela mal conhece – esses detalhes relativamente íntimos de sua vida. Depois do encontro na ópera, Satterthwaite por acaso topa com ela e Charlie em Kew Gardens. Como muitas vezes é o caminho da coincidência, esse é insatisfatório do ponto de vista narrativo: se nem ficamos sabendo se Gillian prefere cactos ou arbustos, como poderíamos dizer por que ela escolheu Charlie e não Philip?

A paixão de Helena está totalmente ausente em Gillian, uma mulher que inspira paixão por sua beleza, mas não parece capaz de sentir paixão por vontade própria. Não conseguimos imaginá-la abandonando o marido e o filho por um belo estranho, seduzindo o rei da cidade para onde foge, articulando sua inocência nem fazendo o que quer que seja, à exceção de ter muita beleza e ser salva por um homem do esquema assassino de outro.

A série original *Star Trek/Jornada nas Estrelas*, que sempre recorreu a empréstimos de gregos e romanos, repagina Helena como Elaan de Troyius, nome que soa infinitamente mais exótico. Nesse episódio de 1968, a tripulação da USS *Enterprise* está em uma missão diplomática. Dois planetas, Elas e Troyius, estão em guerra. Os conselhos dirigentes desses planetas decidiram que um casamento entre Elaan e o governante troyiano poderia garantir a paz ardentemente esperada. O Capitão Kirk e seus homens têm o trabalho de escoltar a relutante e desdenhosa Elaan a Troyius enquanto o embaixador troyiano tenta ensinar-lhe os costumes de seu novo planeta. A exotização de Elaan (interpretada por France Nuyen) nos parece desconfortável hoje, cinquenta anos depois: somos convidados a ver essa mulher como uma bela, mas incivilizada bárbara, que não hesita em recorrer à violência nem às lágrimas.

Apesar disso, ainda é uma distorção fascinante da história de Helena: espera-se que o casamento iminente de Elaan pare uma guerra, em vez de começá-la; portanto, é uma reversão completa da história de Helena e Páris que encontramos na *Ilíada*. Aqui, o peso diplomático por trás de um casamento entre duas culturas em guerra transformou-o em algo potencialmente positivo, e todos estão tentando garantir que ele vingue. Todos, menos a própria noiva.

Sua relutância em casar-se, sua convicção de que um marido troyiano estaria abaixo dela, também é uma variação interessante na história. Temos esse mesmo sentido na carta de Helena a Páris nas *Heroides*. Ovídio escreveu essa coletânea de poemas como se fossem cartas de figuras míticas (principalmente femininas) para seus amantes ausentes. Sua coletânea constitui uma abordagem maravilhosa e surpreendente do mito grego. A carta de Helena responde a outra, que ela recebera de Páris. Ele tentara impressioná-la com sua riqueza e suas perspectivas. Porém ela, muito mais pragmática, não consegue ignorar a perda de *status* e de reputação que a acompanhará se deixar sua casa para viver com o amante troiano. Para o público de Ovídio, Páris – o troiano – é um bárbaro, um homem do exótico Oriente. Helena é grega, o que é menos respeitável na Roma do século I a.C. que ser romana, mas sem dúvida melhor que ser bárbara.

Para o público de *Star Trek*, Elaan não é só a bárbara (a *Enterprise* e sua equipe são a força civilizadora nesse e em quase todos os demais episódios de *Star Trek*). Ela é também a guerreira. Não conhecemos seu futuro marido troyiano, mas seu embaixador é um tanto esnobe e afetado. Ele certamente não é páreo para Elaan quando ela perde a paciência e o esfaqueia: só a rápida intervenção da equipe médica da *Enterprise* consegue salvar-lhe a vida. Sem grande surpresa, é o Capitão Kirk que acaba tendo que exercer uma influência civilizadora sobre Elaan. Bem, civilizadora em alguns aspectos: cinquenta anos depois de sua estreia, hesitamos em querer revê-lo bater nela depois que ela bate nele.

Os elementos da história que recontam mais de perto o mito de Helena são igualmente interessantes. A beleza e o carisma de Elaan são tão notáveis que, quando ela entra a bordo da *Enterprise*, a tripulação inteira a reverencia dobrando um dos joelhos. Até o sr. Spock, que é notoriamente impermeável às emoções, vê-se compelido a fazer o mesmo, embora com uma das sobrancelhas levantada. Na tradição consagrada da comédia romântica, Elaan e Kirk brigam, se odeiam e depois se apaixonam. Podemos perguntar-nos se essa é outra reviravolta na história que achamos que conhecemos: talvez seja a relação proibida que Helena/Elaan não deveria ter, embora seu noivo troyiano ausente não seja Páris, o adúltero, mas sim praticamente um Menelau – o homem que tem direito sobre ela, mas tolamente a deixa sozinha na companhia de um dos grandes mulherengos da história (ou, melhor dizendo, do futuro).

Sabotagem, ataques klingons e um reparo de última hora da unidade de deformação pelo incansável Scotty acompanham a *Enterprise* enquanto ela segue em direção a Troyius. Quando a nave chega a seu destino, estamos muito preocupados com o Capitão Kirk: ele testemunhara as lágrimas de Elaan, o que, dizem-nos, significa que será escravizado para sempre. O dr. McCoy trabalha heroicamente para criar um antídoto para essa reação bioquímica, mas, no fim, Kirk não precisará de nada do gênero: sentado na ponte de sua nave, ele é a imagem da perfeita satisfação. Mas como? Bem, conforme lembra Spock, o grande amor de Kirk é a *Enterprise*, que o contaminara muito antes de Elaan. Trata-se de mais uma bela reviravolta no mito de Helena: depois que sua relação com Páris termina, ela volta para o primeiro marido, Menelau. Em *Star Trek*, Elaan não tem marido. Em vez disso, é Kirk quem retorna ao seu primeiro amor. E, assim, a história de Helena, Páris e Menelau é habilmente fragmentada e repaginada como perder uma guerra para ganhar uma nave espacial.

Aliás, estranhas variantes da história de Helena não são privilégio da ficção científica. Mesmo *Star Trek* pode não chegar nem perto das Helenas que vemos na obra de um obscuro autor antigo, Ptolomeu Queno ou Ptolomeu, a Codorna. Esse Ptolomeu viveu em Alexandria, no Egito, no início do século II d.C. e compôs *Estranha História*, uma coletânea de histórias curiosas baseadas em mitos gregos. A seu ver, existem muitas Helenas,[37] presumivelmente por ele coletadas de outros mitógrafos: há Helena, filha de Leda, que deu a Páris (Alexandre) uma filha e tinha o estranho dom de imitar vozes (essa improvável pepita também está em Homero).[38] Mas então, após a Guerra de Troia, há muitas Helenas: uma, filha de Clitemnestra, que é morta por Orestes, uma que trabalhou com Afrodite, uma que criou Rômulo e Remo. Ele menciona uma mulher que comia três filhotes de cabra por dia e também se chamava Helena (embora possamos supor que essa devia estar sempre muito ocupada digerindo carne de cabra para atender quando a chamassem pelo nome). E depois há a filha de Museu, um poeta que escreveu sobre a Guerra de Troia no século VIII a.C., antes de Homero. Essa Helena possuía uma *diglosson arnion*, "ovelha bilíngue".[39] É impossível entender como essa Helena não se tornou a mulher mais famosa do mundo antigo, já que é tão raro encontrar uma ovelha bilíngue. Ptolomeu também menciona uma Helena que foi amada pelo poeta Estesícoro, Helena de Hímera. Esse é um ponto particularmente bonito porque uma história que os antigos contaram sobre Estesícoro foi que ele perdeu a visão depois de ter escrito sem generosidade sobre Helena de Troia. Sua visão só foi restabelecida quando ele compôs um relato mais generoso sobre ela. Que isso seja uma lição para todos nós.

No entanto, talvez a Helena mais extraordinária seja aquela que não sobrevive. Há uma tragédia perdida de Sófocles que se chama *The Demand for Helen's Return* [*A Demanda pelo Retorno de Helena*].[40] Dela, restam hoje apenas alguns pequenos fragmentos, de modo que temos parca noção de seu enredo. Mas a Helena que eles retratam é uma surpreendente variação da versão que vimos em Homero e Eurípides. Essa Helena é tão atormentada por seu delito que pensa em suicidar-se tomando veneno: sangue de touro. Um segundo fragmento a mostra ferindo o próprio rosto com um lápis e outros instrumentos de escrita. Nenhuma das Helenas que conhecemos – da noiva criança da história de Teseu à adúltera da história de Homero, da poderosa oradora na de Eurípides à esposa que demonstra autodomínio na de Ovídio – é tão digna de pena quanto a dessa criação de Sófocles: uma mulher tão prejudicada por toda uma vida determinada por sua beleza que finalmente tenta destruí-la por automutilação. E a sua não é qualquer automutilação, mas sim o tipo mais horrível e visível: Helena desfigura especificamente o próprio rosto, que a tantos homens seduzira. É especialmente contundente que ela use para tal exatamente a ferramenta que poetas e escribas usaram para criar seu mito, para contar, com ou sem delicadeza, com ou sem justiça, sua história. A maior beldade que o mundo já conheceu tenta remover a causa de todas as palavras ditas a seu respeito com o mesmo objeto com que foram escritas. Por mais angustiante que seja, talvez precisemos ter essa imagem em mente quando pensarmos em Helena. Que a consideremos responsável ou não por uma guerra (ou duas) importa menos do que ela acredita.

Muitos artistas já tentaram retratar Helena: ela reflete invariavelmente os ideais de beleza de qualquer era em que a criem, desde a Elaan de *Star Trek* (com seus cachos negros e seu *collant* bordado com lantejoulas roxas) até a Helena de Troia de Rossetti (uma loira de olhos bem abertos, modelada em Annie Miller, cujas mãos brincam com um colar, mas cujo rosto parece quase vazio de expressão). E, assim, ficamos – como sugere a curiosa lista de Ptolomeu – com uma série de Helenas, nenhuma das quais parece real o bastante, pois aparentemente todas representam os desejos de seus criadores. Vejam a certeza com que Aquiles é desenhado – sua velocidade, sua fúria, seu amor a Pátroclo, seu compromisso com a honra e a imortalidade por meio da fama: ele se define pelo que quer, pelo que luta e pelo que perde. E então pensem em Helena e no quanto ela é mais difícil de fixar: sua confusa ascendência, sua infância impugnada, seus vários casamentos. Uma de nossas primeiras tradições narrativas afirma que o fato mais notório a seu respeito – a fuga com Páris – na verdade é uma mentira: a verdadeira Helena está em outro lugar, enquanto uma guerra é travada por causa de uma imagem, uma criatura irreal. Com efeito, quanto mais tentamos entendê-la, mais ela parece escapar-nos: Helena de Troia, Helena de Esparta, Helena da alegria, Helena do massacre.

MEDUSA

Quem combate monstruosidades, diz Nietzsche, deve cuidar para que não se torne um monstro.¹ Mas o que acontece quando tomamos esse conselho partindo da direção oposta? É assim que se criam os monstros? Serão todos os monstros heróis que se perderam? Certamente não na mitologia grega. Alguns monstros nascem assim, porém outros, especialmente os femininos, tornam-se monstros após um encontro contundente com um deus. Medusa pode citar ambos os tipos de genealogia, dependendo de quem conte sua história.

A maioria dos autores antigos segue Hesíodo e descreve três górgonas: Esteno, Euríale e Medusa.² Elas são filhas de Fórcis (filho de Gaia), uma divindade do mar, e de sua irmã Ceto, cuja prole de monstros marinhos é de uma tremenda variedade, entre os quais se incluem Equidna (uma temível serpente marinha) e, às vezes, também Cila, que dá cabo de vários dos membros da tripulação de Odisseu. Hesíodo observa um aspecto incomum da condição de Medusa: suas duas irmãs são imortais e não envelhecem, mas ela mesma é mortal, algo que Hesíodo considera um terrível destino.³ Ele não afirma que Medusa deve, além disso, estar sujeita ao envelhecimento, mas sem dúvida a correlação está implícita. Tampouco explica como é que ela é mortal quando seus pais são deuses e seus irmãos são imortais. Hesíodo simplesmente afirma que esse é o caso. Pode-se considerar que envelhecer e morrer são um castigo terrível, se todos os membros de sua família vão viver para sempre, sem jamais envelhecer. Porém, para Medusa, a mortalidade implicará um fim prematuro e horripilante.

E sua existência é muito infeliz, mesmo antes de considerarmos seu fim. Nem sempre fica claro que Medusa é um monstro desde o início, embora talvez se possa argumentar que a prole de um deus do mar e um monstro marinho sempre tende à monstruosidade. Vários autores antigos, de Hesíodo a Ovídio, sugerem algo diferente: Medusa começou a vida como uma bela mulher. As coisas só mudam depois que Posêidon, o deus dos mares, seduz Medusa "no prado macio e úmido", nas palavras de Hesíodo.[4] Em grego, essa frase tem duplo significado: Hesíodo poderia estar dizendo que o deus e a górgona fizeram sexo num prado úmido real ou usando o prado úmido como eufemismo para referência à vagina de Medusa. Com algumas exceções, os deuses geralmente são capazes de seduzir quem quiserem e, por isso, parece provável que, nessa fase de sua vida, pelo menos, Medusa tenha sido bela. Aliás, ela está na décima segunda das *Odes Píticas* do poeta lírico Píndaro. Ele a descreve como *euparaou*, "dotada de lindas bochechas".[5]

O encontro sexual com Posêidon é uma característica recorrente da história de Medusa, mas o clima e a localização desse encontro variam, assim como suas consequências (chegaremos a seus filhos mais tarde). O que Hesíodo apresenta como consensual e idílico ganha um tom muito mais sombrio com Ovídio. Em suas *Metamorfoses*, Medusa é *clarissima forma*, "belíssima em aparência". Vários pretendentes tentam cortejá-la; ela não é o monstro ofídico que passamos a esperar. Essa mulher gloriosa tem na magnífica cabeleira seu maior atrativo (descobri isso, diz o narrador de Ovídio, por meio de alguém que afirmou tê-la visto). Mas então Medusa é estuprada por Posêidon em um templo de Atena.[6] Ovídio usa uma palavra brutal: *vitiasse*,[7] que significa ferir, conspurcar ou danificar. Atena cobre os olhos para evitar ver a profanação de seu templo. Como podemos esperar de uma deusa que raramente favorece as mulheres e tantas vezes favorece os homens, Atena se vinga da pessoa errada. Em vez de punir Posêidon (algo que pode estar além de suas possibilidades, pois ele é pelo menos tão poderoso quanto ela), ela pune Medusa, transformando os cabelos da górgona em serpentes. O fato de Atena destruir a característica da qual Medusa mais se orgulhava é um exemplo perfeito de sua astuciosa crueldade. Para os leitores modernos, essa desfiguração pode trazer à mente as mulheres francesas cujas cabeças foram raspadas após a Segunda Guerra Mundial por suspeita de terem colaborado com os nazistas. A punição por ter sido considerada bonita pelo inimigo é ser transformada em algo menos bonito, do modo mais cruel possível.

Há uma interessante leitura feminista dessa parte da história de Medusa, a qual sugere que podemos ver a transformação de Medusa por Atena como um ato de solidariedade entre irmãs. Nessa interpretação, Atena salva Medusa de novas violências sexuais tornando-a indesejável aos deuses masculinos, que podem e abusam dela. Medusa também tem uma arma contra possíveis atacantes, pois tem o dom de transformá-los em pedra. Mas a história de Ovídio não esclarece se a aparência petrificante de Medusa é um presente de Atena nem se ela acontece depois de sua conversão ofídica. A única metamorfose mencionada nela por Ovídio é a mudança dos cabelos em serpentes. É perfeitamente possível que Medusa sempre tenha sido capaz de transformar criaturas vivas em pedra: suas irmãs imortais parecem não ser afetadas por isso, de modo que talvez Posêidon seja igualmente imune. Há uma segunda e maior dificuldade com essa interpretação: qualquer um que esteja com Atena em quase toda história contada sobre ela terá que lutar muito para vê-la como líder de torcida para outras mulheres. Seu afeto mais duradouro não é dedicado a uma mulher, mas sim a Odisseu. E Odisseu dificilmente seria o tipo de herói que você desejaria para marido de sua irmã, a menos que essa irmã tenha feito *bullying* contra você durante toda a sua infância.

Nessa metamorfose, o foco da atenção de Ovídio – e da nossa – recai na cabeça da górgona. Não há descrição de nenhuma transformação de seu corpo em uma forma monstruosa. Mesmo antes de decapitada por Perseu, é a cabeça, e não o corpo, de Medusa o que nos atrai. A menos, é claro, que a cabeça seja só o que ela tem.

As primeiras representações visuais de górgonas são imagens extremamente estilizadas que veremos em breve. Mais cedo ainda, encontramos *gorgoneia*: cabeças monstruosas que provavelmente refletem os medos das sociedades que as criaram. Elas talvez também estejam ligadas a Humbaba, monstro divino da mitologia mesopotâmica (anterior à grega), que primeiro aterroriza Gilgamesh e depois é decapitado por ele.[8] As *gorgoneia* são incrivelmente estranhas: têm bocas enormes cheias de dentes, línguas e presas salientes, e muitas vezes são barbadas. Podemos encontrá-las esculpidas em frontões de templos, decorando armaduras e às vezes cunhadas em moedas. Na *Ilíada*, Homero diz que Atena leva na égide, ou couraça, a cabeça de uma górgona para desencorajar seus inimigos.[9] O escudo de Agamenon também tem a cabeça de uma górgona de expressão sinistra,[10] de maneira que tanto a deusa quanto os mortais usam cabeças de górgonas para provocar medo. E isso é algo que claramente funciona: na *Odisseia*, Homero também menciona a cabeça de uma górgona. E essa cabeça não é decoração de um escudo, mas sim uma criatura real que aparentemente vive (ou talvez "habita" seja mais apropriado) no Submundo, cumprindo as ordens de Perséfone.[11] Depois de uma viagem ao Hades para comunicar-se com os mortos, Odisseu não perde tempo em retornar ao mundo dos vivos, temendo que Perséfone enviasse essa tal cabeça em sua perseguição. Odisseu, que é duro na queda (essa viagem ao Submundo é uma prova disso), tem medo até mesmo da possibilidade de ver essa cabeça sem corpo. Mas, então, quem não teria medo ao ver uma cabeça de górgona pairando no ar? Sua reputação é formidável e tem longo alcance. Os visitantes do Museu Arqueológico de Olímpia podem ver um maravilhoso exemplo de *gorgoneion*, ou gorgonião, que remonta à primeira metade do século VI a.C. Essa decoração consiste em um círculo cercado por três grandes asas. No centro há um rosto horrendo: nariz bulboso acima da boca distendida, a grossa língua para fora. Uma guirlanda de serpentes retorcidas o cerca.

Houve muitas tentativas de extrair um significado definitivo dessas cabeças de górgona ou, para sermos mais precisos, rostos ou máscaras de górgona. Arqueólogos, antropólogos e psicólogos têm procurado conectá-los a diversos fenômenos naturais: tempestades, por exemplo. As górgonas são conhecidas pelo barulho estridente que fazem, como confirma Píndaro quando explica que Atena criou flautas de muitas vozes na tentativa de imitar o *eriklanktan goön*,[12] "lamento ensurdecedor", que emana da boca de Euríale, uma das irmãs de Medusa. Portanto, a relação com trovões e nuvens de tempestade é tentadora. Mais convincente é a hipótese de que a górgona seja uma representação dos animais que poderíamos temer, particularmente se dormíssemos ao relento: talvez seu cabelo feito de serpentes represente as cobras (que, no mito grego, muitas vezes são venenosas) ou mesmo a juba de um leão. As serpentes que cercam a decoração do escudo de Olímpia certamente são reminiscências de uma juba. E, na escuridão, o som do rugido de um leão ou do silvo de uma serpente é material de pesadelo para muitos de nós. Seria esculpir a cabeça de uma górgona em objetos sólidos – que podemos tocar ou segurar, feitos de metal e de pedra – um meio de tornar menos aterrorizantes nossos pesadelos nebulosos? E constituiria, então, algo que pudéssemos usar em nosso favor?

A aparência assustadora do *gorgoneion* é justamente o que o torna tão poderoso como padrão decorativo. Ele funciona como um dispositivo apotropaico: algo que afasta os perigos, particularmente os do tipo sobrenatural. O que poderia ser melhor que ter em seu escudo algo que lhe inspire temor para aterrorizar definitivamente seus inimigos? E que maneira de dominar seus próprios medos seria melhor que os colocar de frente para aqueles contra quem você está prestes a lutar? Na descrição de Homero, a górgona se faz acompanhar de Terror e de Medo.[13] Essas personificações são claramente quem você precisa ter do seu lado numa batalha. Se elas estiverem uma de cada lado de seu *gorgoneion*, melhor para você e pior para seus inimigos.

Se começam como cabeças (como se depreende de Homero e de algumas obras de arte primitiva), quando e como as górgonas ganham corpos? E, talvez o mais importante, por quê? Ao que tudo parece indicar, as *gorgoneia* apareciam em todos os tipos de locais, o que sugere uma origem folclórica: cabeças redondas de monstros que servem a várias possíveis funções, de assustar os inimigos a enfrentar os próprios medos. E, como queriam explicar essas estranhas criaturas, os gregos – eternos contadores de histórias – as incorporaram a suas histórias, e é por isso que Hesíodo e Píndaro falam-nos de três górgonas, dão-lhes nomes e descrevem suas aparências e sua capacidade de fazer uma infernal algazarra cacofônica. As cabeças decorativas tornaram--se personagens. Mas então esses autores e seus públicos precisavam de uma explicação para todas as cabeças desprovidas de corpos das górgonas que viam a seu redor, se as górgonas passassem a ter corpos e histórias. Era preciso algo que explicasse a separação entre a cabeça e o corpo da górgona, e é assim que chegamos a Perseu, que decapita Medusa por motivos que vamos analisar. Medusa e suas irmãs górgonas parecem existir, e as *gorgoneia* certamente existem, antes do herói que as vence. Para dizer o mesmo em outras palavras, é mais provável que Perseu tenha sido acrescentado à história de Medusa para explicar a existência dela e nosso interesse em sua cabeça decapitada, que o contrário: Medusa aparecer na história de Perseu para dar-lhe um monstro contra o qual lutar.

Não é surpresa que górgonas ganhem corpos monstruosos para acompanhar seus rostos aterrorizantes. O significado de seu nome é "terrível" ou "feroz", e os autores antigos aceitaram de muito bom grado a incumbência de descrevê-las. E assim são elas descritas em *Prometeu Acorrentado*, tragédia do século V a.C. que muitas vezes é atribuída a Ésquilo, embora sua data e seu autor sempre tenham sido objeto de muito debate. Aqui, as górgonas são *drakontomalloi* – "têm serpentes no lugar dos cabelos" – e *katapteroi* – "têm asas".[14] Elas são também *brotostugeis*, "odiadas pelos mortais" ou "odiadoras dos mortais" (a palavra pode ser tanto ativa quanto passiva). Essa descrição é corroborada em pinturas de cerâmicas dessa época: há uma ânfora ateniense do século V a.C. da Coleção Estatal de Antiguidades em Munique que retrata uma górgona exatamente assim:[15] ela tem asas e braços, serpentes contornando a testa e longos cachos que lhe caem até os ombros. Sua grande boca está aberta, como as das *gorgoneia*. A língua pende para fora, entre as grandes presas, que se voltam tanto para cima quanto para baixo. Retratada em movimento, suas asas sugerem que ela está voando e as pernas, que ela está correndo. Ela calça botas justas, sua saia desce até os joelhos, deixando à mostra suas panturrilhas musculosas. Os braços assumem a pose de quem corre: um para cima, a sua frente, o outro para baixo, atrás dela, o que denota movimento veloz. Ela tem pulseiras em ambos os pulsos. Embora possa ser um monstro, ela ainda gosta de joias. Sua aparência é atlética e forte, humana e não humana.

E, mesmo assim, essa criatura poderosa será decapitada por Perseu, embora ele precise recorrer à ajuda de vários deuses para conseguir essa proeza. E isso, graças a Zeus, é algo que ele consegue, já que é seu filho: Zeus engravida Dânae, mãe de Perseu, de uma forma ainda mais inventiva do que a usada para engravidar Leda. O pai de Dânae, Acrísio, recebe de um oráculo a notícia de que se sua filha der à luz um filho, esse filho matará o avô. Acrísio não é afeito a correr riscos e tranca Dânae numa câmara subterrânea, talvez feita de pedra. Zeus não se abala diante dessa aparente impenetrabilidade e converte-se numa chuva de ouro para poder cair sobre Dânae através de orifícios no telhado. Nenhuma menção é feita a qualquer posição incomum que

Dânae poderia ter adotado durante o sono para quebrar o tédio de ficar trancafiada num subsolo, mas basta dizer que, independentemente de como a gravidade e a chuva de ouro coincidiram, ela engravida. E esse filho é Perseu, a quem Ovídio chama de *aurigenae*,[16] "nascido do ouro". Quando descobre que Dânae teve um filho a despeito de todos os seus esforços, Acrísio reage com seu habitual senso de proporção: coloca ambos num baú de madeira e o solta ao mar. Zeus cuida para que o baú permaneça navegável e flutue em segurança. Mãe e filho são encontrados por um pescador que os leva a seu irmão, um rei chamado Polidectes.

Polidectes prontamente se apaixona por Dânae e, no intuito de perseguir seu objetivo sem interferências,[17] envia Perseu em busca da cabeça de Medusa. Na versão da história que nos dá o Pseudo-Apolodoro, podemos ver imediatamente a vantagem que Perseu tem por ser filho de Zeus:[18] Atena e Hermes acompanham-no nessa busca, o que torna as coisas bem menos complicadas do que poderiam ter sido. Eles o guiam até as Greias, as três irmãs que têm apenas um olho, compartilhado pelo trio (e, segundo o Pseudo-Apolodoro, apenas um dente que também é compartilhado). Perseu rouba-lhes o olho e o dente e se recusa a devolvê-los se as Greias não revelarem o paradeiro das ninfas que podem emprestar-lhe sandálias aladas (como as que Hermes geralmente usa) e uma *kibisis*, ou "mochila", que parece ser a tradução mais próxima.

O texto do manuscrito do Pseudo-Apolodoro está corrompido nesta parte, mas *O Escudo de Héracles*, de Hesíodo, fornece mais informações. Ele descreve a fuga de Perseu após a decapitação de Medusa. Perseu voa (graças às sandálias aladas) na velocidade do pensamento.[19] Além disso, tem uma espada de bainha negra presa a ambos os ombros com um cinto de bronze. Ele leva a cabeça da górgona nas costas em sua *kibisis* prateada. Só que essa não é uma mochila comum, pois foi criada para transportar algo extremamente destrutivo: a cabeça da górgona. De prata, com reluzentes borlas de ouro, ela é, nas palavras de

Hesíodo, *thauma idesthai*, "uma maravilha de se ver".[20] Deve ser reforçada, para conter o peso de uma cabeça e suas serpentes, e deve ser de tecido bem grosso para conter o olhar litificante de Medusa. A bolsa era feita em prata e ouro de verdade? Seria formidavelmente pesada, só que Perseu é nascido do ouro, e suas sandálias são como as usadas por Hermes para transportar o que quer que seja, de modo que sem dúvida ele daria conta do recado. Perseu também tomou emprestado o elmo de Hades, o qual, segundo Hesíodo, guarda a soturna escuridão da noite,[21] ou seja, torna o portador invisível.

Vale a pena ressaltar toda a assistência que Perseu requer para decapitar Medusa. Dois deuses olímpicos o ajudam a chegar às Greias, que o ajudam a encontrar as ninfas, que o equipam com calçados alados, uma mochila chique e um elmo que lhe confere invisibilidade. E ainda assim, a maior parte desse equipamento é para sua escapada, quando ele precisa fugir das irmãs de Medusa. A própria Medusa não chega a lutar, pois ele a decapita quando ela está dormindo. De acordo com o Pseudo-Apolodoro, Perseu parte em busca da cabeça de Medusa simplesmente porque ela é a única mortal das três górgonas (que aqui são descritas com suas habituais serpentes, além de presas grandes como as dos porcos, mãos de bronze e asas de ouro). Perseu as encontra quando todas estão dormindo e, mais uma vez, recebe a ajuda de um deus: Atena guia-lhe a mão que empunha a espada em direção ao pescoço de Medusa; Perseu olha para o reflexo dela em seu escudo quando a decapita.

Ao contrário do que descreve o Pseudo-Apolodoro, não é um ato muito heroico. E o assassinato parece especialmente brutal quando é mostrado em pinturas de cerâmicas gregas. Há uma *pelike* de figuras vermelhas no Museu Metropolitano de Nova York[22] que tem quase meio metro de altura e foi pintada por um artista chamado Polignoto. Data de meados do século V a.C. e mostra Perseu atacando Medusa. Seu olhar se desvia dela; ele olha para trás, para Atena, que está de pé à nossa esquerda. Atena segura sua lança com semblante plácido. Perseu ostenta as sandálias aladas e um elmo alado. Medusa está dormindo com as asas estendidas para trás. Seu rosto é desenhado com apenas algumas linhas simples: uma para cada sobrancelha, uma para cada olho fechado, duas para o nariz e para a boca. Ela me lembra um pouco o desenho de linha pura *Anjo Esquecido* (*Forgetful Angel*), de Paul Klee. Extraordinariamente, nesse ponto de sua história, Medusa é mostrada como uma bela mulher e não como um monstro, nem mesmo parcialmente: aqui não há serpentes. Ela usa um vestido com um padrão de quadrados na frente e ziguezagues ao longo das costuras. Seu rosto adorável, apoiado em uma das mãos, esmaga-lhe os cachos contra o queixo. E Perseu está cortando sua nuca com uma lâmina curva.

Essa jarra é francamente extraordinária. Talvez ela seja a representação mais empática de Medusa em qualquer que seja o meio. E revela o que muito do mito obscurece: quando se despoja a dinâmica monstro/herói, tudo que vemos é um homem decapitando uma mulher.

As consequências imediatas da decapitação podem ser vistas em uma pequena hídria (jarra para água) do Museu Britânico, atribuída ao Pintor de Pã.[23] Atena, Perseu e Medusa estão novamente presentes e, aqui, a cena tem muito movimento. À esquerda, Perseu rasteja para longe do corpo de Medusa. Sua perna direita estende-se para a frente; a esquerda está pronta para segui-la, o calcanhar já levantado do chão. Ele usa botas que vão até as panturrilhas e se alargam nos tornozelos como asas, além do elmo alado. Em sua mão esquerda está a lâmina curva de sua *harpe*, uma espécie de espada em forma de foice. Seu braço direito estende-se com a palma da mão voltada para cima: será para equilibrar-se? Ou sua postura é de triunfo? Na lateral direita, Atena corre apressada atrás de Perseu. Seu vestido transparente tem um padrão de bolinhas que deixa entrever-lhe a perna esquerda por baixo do tecido. Para facilitar o movimento, ela levanta a saia com a mão esquerda e carrega a lança no ombro direito.

Perseu está olhando para trás, mas não para Atena. Aqui, ele olha para baixo, para o corpo de Medusa, que preenche o centro da cena. No ombro esquerdo de Perseu está a *kibisis* na qual a cabeça de Medusa está enfiada. Ainda podemos ver seus olhos por cima, mas eles estão fechados. Seu cabelo também está à vista, em ondas bem arrumadas presas com uma faixa de cabelo. Mais uma vez, essa não é a face de um monstro; é a cabeça de uma mulher. Seu corpo é notável: ela está meio deitada e meio ajoelhada no quadril direito, com as pernas dobradas para trás. Ela está usando um vestido curto com mangas também curtas que lhe cobrem parte dos ombros. Seus braços estão estendidos, seus dedos longos e elegantes pressionam levemente o chão, ainda apoiando seu peso. Suas asas pálidas vibram atrás dela. O sangue flui de seu pescoço e escorre pela frente do vestido.

As pinturas de ambos os jarros mostram uma reação profundamente ambivalente à decapitação de Medusa. Ela é uma parte necessária à narrativa heroica de Perseu, e ele é um herói indiscutível, nada menos que um filho de Zeus. Seu *status* de herói não está em questão: os dois jarros o mostram usando pertences ou presentes divinos e com Atena a seu lado para assisti-lo. Contudo, o elmo e os calçados alados, assim como a mochila especial, parecem revelar um segundo nível de ambivalência: embora seja um herói favorecido pelos deuses, Perseu é também um herói insuficiente; um herói que precisa de muita ajuda divina para conseguir sair-se bem na busca de que fora incumbido. Ele não é apresentado como um matador de gigantes nem um assassino de monstros. Falta-lhe a engenhosidade empregada por Odisseu para cegar os Ciclopes ou a força demonstrada por Héracles para matar a Hidra.

Apesar do árduo trabalho dos curadores de museus de todo o mundo, nossa mais conhecida versão de Medusa e Perseu provavelmente está em *Fúria de Titãs*, lançado em 1981 e desde então exibido como se por decreto em todos os feriadões). O Perseu de Harry Hamlin usa o escudo como um espelho protetor quando enfrenta uma Medusa totalmente consciente de que poderia transformá-lo em pedra a qualquer momento: seu reflexo não tem o mesmo poder letal que seu olhar direto e concentrado. Isso cria no filme uma tensão dramática que inegavelmente falta à história do Pseudo-Apolodoro e aos jarros que mostram a górgona dormindo ou já decapitada. Esse Perseu caça um monstro que também o caça diretamente. Ele está armado com uma espada; ela, com um olhar letal.

Ele também tem uma razão mais heroica para obter a cabeça de Medusa em primeiro lugar. Para nossas fontes antigas, Perseu simplesmente estava cumprindo a incumbência que lhe dera Polidectes (que queria pô-lo fora do caminho para poder seduzir Dânae, a mãe de Perseu, mais facilmente). Mas nosso gosto moderno por narrativas de heróis requer algo um pouco mais suculento que isso. Assim, o Perseu de *Fúria de Titãs* precisa da cabeça de uma górgona para salvar a vida da bela Andrômeda, que fora amarrada a uma rocha e estava sendo ameaçada por um kraken (um monstro marinho especialmente assustador, até por ter nadado um longo caminho até o sul – e voltado no tempo um par de milênios – do mito nórdico do século XIII. É difícil escapar da conclusão de que o kraken de *Fúria de Titãs* só foi convocado mesmo para deleitar o público ao ouvir Laurence Olivier – que interpreta Zeus – dizer: "Libertem o kraken". Para que conste nos registros, essa é uma razão que considero perfeitamente legítima para deixar de lado todas as cronologias e geografias mitológicas). Porém o monstro marinho é mencionado na história de Medusa por nossas fontes gregas, embora não seja um kraken. E embora o uso da cabeça de Medusa para transformar o monstro em pedra seja uma ideia que só ocorre a Perseu depois que a tem nas mãos, pois não é essa a razão que ele tinha inicialmente para decapitá-la.

Em sua descrição dessa cena, não sem um certo prazer, o Pseudo-Apolodoro refere-se a Andrômeda como *boran thalassiō kētei*,[24] "alimento de monstro marinho". A palavra *kētos* (que significa "monstro do mar") reverbera particularmente nessa história porque os antigos monstros marinhos gregos compartilham esse nome com Cēto (em grego, soletrada como Kēto), mãe das górgonas e também das Greias. Como, na verdade, ocorre com as baleias e golfinhos modernos, cuja infraordem, Cetacea, vem da mesma raiz.

Estamos acostumados a ler mitos gregos para examinar as relações rompidas entre pais e filhos, mas geralmente ignoramos essa, e a maneira como uma filha é usada para matar uma representação, ou mesmo manifestação, da mãe. Talvez o elemento monstro seja o que nos repele. No entanto, certamente a maneira como Medusa é usada *post-mortem* como arma contra (no mínimo) um eco da própria mãe – um monstro marinho à imagem de sua mãe que, inclusive, compartilha seu nome – tem seus paralelos em Édipo matando o pai, Laio. Édipo está vivo, ao passo que Medusa está morta, mas ambos são assassinos involuntários de seus pais. Se matar um homem parece de alguma maneira menos perdoável que matar um monstro marinho, faríamos bem em lembrar uma história sobre Laio (por exemplo, em *Crisipo*, peça perdida de Eurípides),[25] que relata como ele sequestra e estupra um jovem. Envergonhado pelo que havia sofrido, o jovem, Crisipo, se mata com uma espada. Há mais de um tipo de monstro.

Fúria de Titãs também muda a cronologia de uma das demais criaturas míticas dessa história: Pégaso. No filme, Pégaso é apresentado como um cavalo mágico pertencente a Zeus e emprestado a Perseu para ajudá-lo em sua busca, juntamente com Bubo, uma encantadora coruja automato feita por Hefesto. Para os gregos, esse pode ter sido um desdobramento desconcertante, já que Pégaso nasce (totalmente formado, ao lado de seu irmão Crisaor, um gigante) do pescoço decepado de Medusa. Segundo o Pseudo-Apolodoro,[26] tanto o cavalo alado quanto o gigante são descendentes de Posêidon e Medusa. O sangue derramado de Medusa também é fecundo: segundo Ovídio, enquanto Perseu atravessa a Líbia carregando a cabeça da górgona, seu sangue escorre pelas areias do deserto.[27] Essas gotas de sangue se transformam em serpentes variadas, no que podemos descrever como um raro ato de herpeto-hematogênese: a geração desses animais a partir do sangue. A Líbia, explica Ovídio secamente, é infestada por serpentes.

Desnecessário dizer que, separando Medusa de sua família – das irmãs górgonas, dos pais monstros marinhos, do filho equino e do filho gigante –, nós a fazemos parecer mais descartável. Talvez uma família de monstros não nos lembre muito aquilo que conhecemos por "família" (embora tudo isso seja muito relativo, suponho eu), mas eles fazem parte de quem ela é. As versões modernas da história de Medusa tendem a concentrar-se em Perseu; ela é um monstro relativamente menor no *best-seller Percy Jackson and the Lightning Thief*, de Rick Riordan, por exemplo, embora ao menos tenha sido interpretada por Uma Thurman na adaptação cinematográfica de 2010. Por causa dessa mudança de foco, perdemos de vista quem é Medusa e o que ela representa para seus familiares.

Para as irmãs, ela não é um monstro. O Pseudo-Apolodoro diz-nos que Esteno e Euríale perseguem Perseu após a decapitação. Ele só lhes escapa porque está usando o elmo de Hades, que lhe confere invisibilidade. Mas, dada a criatura solitária e reclusa que tende a ser retratada nas interpretações modernas de Medusa, é importante ressaltarmos que ela foi lembrada e lamentada.

O lamento (ou *oulion thrēnon*, "réquiem mortal", como o chamou Píndaro)[28] é outro aspecto amplamente esquecido das górgonas. Essas bocas enormes cujas línguas pendem para fora que vemos em tantos exemplos de górgonas e de *gorgoneia* não são distendidas só para criar visualmente o efeito de bocas monstruosamente grandes e animalescas. Elas transmitem também a capacidade de gerar ruído e, mais que isso, ruído dissonante. De acordo com Píndaro, ambas as irmãs de Medusa perseguem Perseu até que Atena venha em seu socorro. Como mencionado acima, Píndaro também nos diz que Atena cria a flauta (instrumento mais próximo da flauta de Pã que da flauta moderna) para imitar o som emitido pelas mandíbulas rápidas de Euríale. E, mais tarde, os autores corroboram isso: as górgonas criam um barulho horrendo. E se a história nos ensina alguma coisa é que mulheres que fazem barulho – seja falando ou gritando – tendem a ser vistas como intrinsecamente disruptivas, irritantes. Os homens são tratados de maneira diferente: vejamos, por exemplo, o herói grego Diomedes, que luta contra os troianos na *Ilíada* de Homero. Como a maioria dos heróis homéricos, ele geralmente é descrito com algum dos vários epítetos do estoque de clichês. Um deles é "*boēn agathos* Diomedes",[29] geralmente traduzido como "Diomedes do sonoro grito de guerra", embora literalmente signifique "Diomedes, o bom de grito", que é um pouco menos poético. Porém, independentemente de como se traduza, sem dúvida a expressão não é crítica. Um grito de guerra é uma parte impressionante do caráter heroico de Diomedes, assim como a velocidade é um elemento crucial entre as qualidades do "Aquiles dos pés velozes". Mas o barulho criado pelas górgonas é sempre descrito negativamente como mortal, nefasto, um réquiem. Será porque o ruído é dissonante? Ou porque elas são mulheres e fazem muito barulho? O grito de Diomedes certamente também é nefasto e mortal para qualquer troiano infeliz que possa estar diante dele. Mas esse grito é visto como algo positivo e marcial, enquanto o das górgonas é descrito como algo estranho e terrível.

É interessante comparar as fortunas relativas de Medusa e de outro mortal que sofre uma transformação forjada divinamente: Midas. Midas era o rei da Frígia (atual Turquia) e, como Medusa, poderia reivindicar ascendência divina: uma das tradições lhe atribui como mãe a deusa Cibele. Certa ocasião, Midas tratou com hospitalidade o sátiro Sileno, que era um amigo muito próximo do deus Dionísio. Em troca dessa gentileza, Dionísio concedeu a Midas um desejo, mas entristeceu-se ao ouvir que este escolhera transformar em ouro tudo que tocasse. Como conta Ovídio a história no Livro XI das *Metamorfoses*,[30] Midas inicialmente fica encantado com seu novo poder: transmuta um galho, depois uma pedra, um torrão de terra, uma espiga de milho e uma maçã em ouro. Até aí, tudo bem. As coisas começam a dar errado quando ele tenta comer e converte em ouro também o pão, a carne e o vinho que tenta consumir. Midas implora a Dionísio que lhe remova esse novo poder: como tantos desejos em tantas histórias, ele percebe que aquilo que na época parecia ser uma boa ideia está longe de ser uma bênção sem mais complicações. Demonstrando uma indulgência que não lhe é muito característica, Dionísio diz a Midas que bastará que se banhe na nascente de um rio. O rei obedece ao deus e mergulha no rio. O ouro flui de seu corpo para as águas. Embora isso tenha acontecido há muito tempo, lembra Ovídio a seus leitores, ainda hoje, quando o rio entra em cheia, pequenas pepitas de ouro aparecem nos campos às suas margens. Nathaniel Hawthorne, quando conta a sua história de Midas, acrescenta o elemento lacrimoso de uma filha que Midas transforma em ouro com seu abraço. Mas, para Ovídio, o que leva Midas a procurar devolver a Dionísio o dom que este lhe dera não é nenhuma culpa paterna, mas mera questão de sobrevivência.

É certo que Midas não usufrui por muito tempo desse dom. Porém precisa fazer com ele a viagem até o rio Pactolo, perto da cidade de Sárdis. E seria possível que algum aventureiro bem informado e amoral quisesse roubar para si um pouco do poder de Midas. É claro que possuir uma de suas mãos (ou qualquer parte de seu corpo porque, em sua garganta, o vinho se transformava em ouro derretido, diz Ovídio)[31] seria menos perigoso do que ter o poder você mesmo, desde que tivesse algo como uma *kibisis* ou outro objeto divino em que pudesse guardá-la. Na verdade, uma luva de ouro presumivelmente funcionaria: nem mesmo Midas conseguiria transformar em ouro algo que já fosse de ouro. Apesar disso, parece não ocorrer a nenhum herói pobretão matar Midas no trajeto até o rio, nem sequer cortar-lhe um dedinho. A assistência divina para alcançar essa pequena amputação certamente seria menor que a necessária a Perseu para decapitar Medusa. E a busca de alguma parte de um corpo que seja de ouro não é desconhecida no mito grego: pergunte a Jasão, que partiu no *Argo* para apossar-se de um velocino de ouro (embora esse já tivesse sido removido de seu dono original, um ovino). Mas Midas permanece intacto e Medusa é decapitada, embora ele tenha desagradado a um deus com sua péssima decisão, assim como Medusa desagradou a Atena por ter sido estuprada. O corpo de Midas permanece intocado, mesmo que mais tarde desagrade um segundo deus, Apolo, que o pune transformando suas orelhas em orelhas de burro. Pelo menos, Midas pôde preservá-las. Na verdade, elas poderiam até melhorar sua audição (e certamente seriam mais eficazes para espantar moscas). Medusa, por sua vez, é objetificada a tal ponto que sua cabeça se torna simplesmente uma ferramenta. Esses dois filhos de deuses são tratados de maneiras radicalmente diferentes.

A diferença crucial é uma diferença de perspectiva. Somos incentivados a imaginar a história de Midas do ponto de vista dele. Como será, imaginamos enquanto acompanhamos suas experiências nas *Metamorfoses*, transformar tudo que tocamos em ouro? Como será quebrar os dentes num pão de ouro? Que gosto terá o ouro líquido em nossa garganta? Imaginamos a experiência de dentro para fora. Mas, no caso de Medusa, incentivam-nos a vê-la de fora: como vamos atacá-la? Como podemos evitar seu olhar? Como podemos usar sua cabeça decapitada? Nunca paramos para perguntar-nos como seria se fôssemos o que ela é, dotada de um olhar letal, assim como Midas é dotado de um toque letal. Porém, assim como descobre Midas com seu poder temporário, deve ser algo incrivelmente isolador. Medusa não pode olhar para um amigo, uma pessoa nem um animal sem os matar. Isso talvez explique por que ela vive em uma caverna, como nos informa um fragmento sobrevivente da peça *As Fórcides*, de Ésquilo.[32] Suas irmãs são imunes a seu olhar ou protegem-se dele pela penumbra da caverna, pois as três vivem juntas sem risco de petrificação. No entanto, mesmo após a morte, seu poder é suficiente para paralisar um monstro marinho e transformar Atlas, que é um gigante, numa montanha (Perseu o petrifica por despeito, quando Atlas se recusa a recebê-lo em sua casa, tendo ouvido de um oráculo uma terrível advertência de que um filho de Júpiter lhe faria muito mal. Os oráculos muitas vezes são cheios de embustes, mas esse estava certo). Assim, qualquer contato visual com tudo que seja mortal, não importa seu tamanho ou poder, é proibido para Medusa, a menos que ela se disponha a destruí-lo. O seu deve ser um mundo de escuridão e estátuas.

A objetificação de Medusa torna-se mais óbvia do que nunca quando consideramos o que acontece com sua cabeça depois que ela morre. Perseu a usa para destruir gigantes, monstros e humanos irritantes de vários tipos: seu olhar letal gera muito mais carnificina após sua morte do que enquanto ela estava viva. Aparentemente, Perseu não compartilha do desejo que Medusa tem de minimizar os danos que causa. Depois que se livra do monstro marinho e resgata Andrômeda, ele para um momento para descansar na praia. Lava as mãos (a higiene só perde para a semidivindade), mas faz uma pausa antes de colocar a cabeça de Medusa na *dura harena*, "areia dura".[33] Para evitar danificá-la, ele pega algumas folhas e, com elas, prepara uma pequena almofada. É um momento horrível na história: o cuidado de Perseu para não danificar a cabeça de Medusa, que tão útil para ele se mostrara, não poderia ser mais diferente da maneira com que ele a tratara quando ela estava viva. Para ele, Medusa é mais valiosa como arma que como uma criatura viva.

Mas o que acontece com Medusa depois que Perseu a usa para matar a todos com quem ele implica? Ela se torna o que seus antecedentes artísticos sempre foram: um *gorgoneion*. Não porque ela se torna apenas uma cabeça, mas porque Perseu a entrega a Atena. Podemos ver o exato momento em que isso acontece em um jarro do acervo do Museu de Belas Artes de Boston atribuído ao Pintor de Tarporley,[34] feito no sul da Itália no início do século IV a.C. No lado esquerdo da cena está Perseu, ainda ostentando suas botas aladas e seu chapéu estiloso. Ele acaba de entregar a cabeça de Medusa a Atena; ela a segura na mão direita. À direita, Hermes se apoia no tronco de uma árvore, com uma perna cruzada diante da outra. Mas não devemos nos enganar por sua linguagem corporal descontraída: todas as três figuras olham para o chão enquanto Atena levanta a cabeça da górgona. Deuses ou não, os três claramente acreditam que o olhar de Medusa os transformaria em pedra. Atena tem na mão esquerda uma lança tão longa que sua ponta vai além dos parâmetros da pintura. Apoiado no quadril direito está seu escudo redondo. Por estar inclinado, ele capta o reflexo da cabeça de Medusa. O artista obviamente estudou a técnica do reflexo, pois o pintou no escudo de cabeça para baixo, como deveria ser. Diz-nos o Pseudo-Apolodoro que Atena prendeu a cabeça da górgona no centro de seu escudo[35] e, nesse caso, o reflexo mostra-nos exatamente o que ocorreria em seguida.

Portanto, essa história leva-nos de volta ao ponto em que começamos (em termos literários): com a primeira representação de uma górgona na *Ilíada* de Homero. Lá, Atena usava a cabeça da górgona em sua égide (embora Homero não especifique Medusa pelo nome nem atribua a Perseu a decapitação de uma górgona). Mas será mesmo possível que toda a saga de Perseu tenha sido criada para explicar por que as górgonas tantas vezes são mostradas como se fossem só cabeças, *gorgoneia*?

Por que não? Os contadores de histórias da Grécia Antiga criaram um monstro. Como tantas vezes ocorria com as divindades femininas, ela foi triplicada, ganhou duas irmãs: são três as Horas/Estações, três as Erínias/Fúrias, três as Greias/Fórcides, três as Cárites/Graças... Por isso, eles precisaram explicar por que ela era quase sempre retratada como apenas uma cabeça. E, assim, desenvolveu-se a história da decapitação.

Se a Medusa animada esculpida de Ray Harryhausen – responsável pelos efeitos visuais do filme – é a encarnação (relativamente) moderna que a maioria de nós conheceu quando estava crescendo, isso pode ter mudado nos últimos anos, graças a um par de memes. Uma imagem bem conhecida de Medusa e Perseu é a estátua esculpida por Antonio Canova no final de 1800, chamada *Perseu Triunfante*. Ela é mantida no Vaticano, no Museu Pio Clementino.[36] Há também uma cópia no Museu Metropolitano, em Nova York.[37] Perseu é representado como um herói de formidável beleza. Ele está nu, apoiando o peso do corpo na perna esquerda, com a direita ligeiramente para trás, como se estivesse dançando. Na mão direita, segura uma espada curta: perto da ponta, há uma lâmina extra que descreve um arco voltado para cima. Ele usa o esperado elmo alado e tem nos pés sandálias trabalhadas. Seu manto pende do braço esquerdo e, com a mão esquerda, ele segura Medusa pelos cabelos, que são uma mistura de serpentes e cachos. A boca ligeiramente aberta da górgona permite-nos entrever sua língua por trás de uma linha de dentes perfeitos, talvez um aceno para aquelas górgonas primitivas com suas bocarras e suas línguas penduradas para fora. Perseu parece friamente orgulhoso de seu troféu.

A estátua faz parte de uma longa tradição que mostra Perseu dessa maneira. O extraordinário bronze *Perseu com a Cabeça de Medusa* (*Perseus with the Head of Medusa*), de Benvenuto Cellini – que foi feito por volta de 1550 e agora está na Piazza della Signoria, em Florença – é um caso bem mais sangrento que o mármore de Canova. Todo músculos manchados de verde, esse Perseu segura bem alto a cabeça de uma Medusa cujos olhos e boca estão ligeiramente abertos, como se tivesse acabado de exalar o último suspiro. A massa de cachos e serpentes se mistura a uma massa de carne que escorre de seu pescoço cortado. Perseu está de pé sobre o cadáver decapitado de Medusa, numa postura tão triunfal que provoca repulsa. Seus pés alados pisoteiam o torso destruído da górgona, cujo braço direito pende inerte sobre o pedestal da estátua, a mão esquerda agarrando o pé, cuja sola está voltada para nós quando vemos a estátua de frente. Há algo de perturbadoramente íntimo na visão dos pés descalços de seu cadáver. Essa imagem foi notoriamente reformulada para apresentar os dois candidatos à eleição presidencial dos EUA em 2016, no que foi primeiro uma tira de HQ feia e malfeita e, depois, um meme de enorme sucesso: sua imagem foi impressa em camisetas e sacolas para quem quisesse comprar. Para certas pessoas, uma mulher com poder e voz é sempre um monstro. E para algumas dessas pessoas, a morte e a desfiguração são uma boa reação a mulheres assim.

O segundo meme com Medusa apareceu dois anos depois, e suas origens são um pouco mais complicadas. Aparentemente, é a fotografia de uma estátua feita em 2008 pelo artista ítalo-argentino Luciano Garbati. Mas é extremamente difícil encontrar qualquer vestígio dessa estátua antes da existência do meme, que apareceu na época do testemunho da professora e pesquisadora Christine Blasey Ford de agressão sexual ao Comitê Judiciário do Senado dos EUA. A imagem é impressionante e extremamente compartilhável: uma estátua de Medusa aparece sozinha diante de um fundo completamente preto. Ela está nua, assim como Perseu nas imagens de Canova e Cellini, e é ágil, jovem, forte. Sua cabeleira é uma massa de serpentes, mas elas não são grotescas; são lindas: parecem-se mais com *dreadlocks*. Sua expressão é calma, seus olhos nos fitam sem pedir desculpas. Seus braços estão ao lado do corpo e, na mão esquerda, ela leva uma espada. Na mão direita está a cabeça decapitada de Perseu, que ela segura pelos cabelos. É uma reversão exata da imagem de Canova. Em algumas versões do meme, havia um texto ao lado da cabeça de Medusa: "Agradeça por só querermos igualdade", que continua abaixo do pescoço decapitado de Perseu: "e não vingança".[38]

Era a ilustração perfeita do que muitas mulheres já sentiram e continuam a sentir diante da violência que sofrem nas mãos de alguns homens. Essas mulheres não só a enfrentam no dia a dia como a veem apresentada como norma em toda parte, desde as manchetes dos jornais até as paredes das galerias de arte e dos museus. Todos os dias, milhares de pessoas passam pela estátua de Cellini na praça de Florença; outros tantos veem a de Canova em Nova York e em Roma. Medusa pode ter na cabeça serpentes em vez de cabelo, mas ainda assim tem o rosto e o corpo de uma mulher. Com seu mármore branco resplandecente, a estátua de Canova pasteuriza isso. O nome da estátua pode ser *Perseu Triunfante (Perseus Triumphant)*, mas é apenas uma imagem triunfante se você se identificar com Perseu. A estátua de Cellini mostra Perseu profanando o corpo de Medusa tão brutalmente que só pode ser por raiva, por desprezo ou por uma mistura das duas coisas. Não é menos chocante do que quando Aquiles faz o mesmo com Heitor nos Livros Vinte e Dois e Vinte e Três da *Ilíada*: arrasta seu cadáver pelas muralhas de Troia, recusa-se a enterrá-lo e a permitir que alguém o faça por dias, até que os deuses finalmente intervenham no Livro Vinte e Quatro. No entanto, o Perseu de Cellini olha para o chão, mesmo que erga a cabeça de Medusa bem alto à sua frente: assim, não há possibilidade, nem acidentalmente, de ser transformado em pedra por seus olhos. Ele ainda a teme, mesmo depois de a decapitar e pisotear. Receio não conhecer nenhuma metáfora melhor de misoginia virulenta.

Estamos tão acostumados a ver essa imagem que mal percebemos a crueldade que sustenta a história: é só um herói com seu troféu. Passamos por ela da mesma forma que passaríamos por uma estátua de São Jorge com um dragão: é só um dragão, quem se importa? Mas Medusa não é um monstro como um dragão. Ela é uma mulher que foi estuprada e depois punida por isso com uma cabeleira de serpentes. Seu olhar letal é um perigo localizado: bastaria evitá-la para nunca correr o risco de morrer petrificado, pois ela se mantém bem longe dos mortais. Ela é degradada primeiro por um deus, depois por uma deusa. E, finalmente, Perseu vem à sua procura para matá-la e mutilá-la, apenas para satisfazer o capricho de outro homem. Não importa quem ela encontre além de suas irmãs, todos querem unicamente machucá-la.

O choque de ver a reversão a que Garbati submete essa história, pondo a cabeça de Perseu na mão de Medusa, é incrível. Ele abala o espectador e o leva a reconhecer um duplo padrão: é muito raro ver homens objetificados na arte e ainda mais raro que o sujeito da objetificação seja uma mulher. Isso me lembrou de uma cena na terceira temporada da série *Orange is the New Black*,[39] da Netflix, em que duas das detentas planejam e depois se preparam para estuprar um guarda prisional que estuprou uma delas. A cena é tão constrangedora quanto chocante. Será que a série vai mesmo permitir que duas personagens de quem gostamos, ou mesmo amamos, se comportem de uma maneira tão terrível: estuprando um homem inconsciente com um cabo de vassoura? No fim, elas não conseguem levar a cabo (com perdão do trocadilho) seu plano de vingança. É um enorme alívio para as personagens e para os espectadores. No entanto, já assistimos cenas de estupro de mulheres por homens. Agradeçam por elas só quererem igualdade e não vingança.

Porém, muito antes do meme de Garbati, houve uma reversão de gênero em outra história de decapitação. A história de Judite e Holofernes remonta talvez ao século II a.C. e está no Livro de Judite, que aparece em algumas versões do Antigo Testamento. O general assírio Holofernes está sitiando a cidade de Betúlia.[40] Privados de comida e água, os betulianos resistem o máximo que podem, mas, semanas depois, estão prestes a render-se. Judite faz amizade com Holofernes quando vai até sua tenda e se apresenta como viúva: ela é tão bonita que os soldados permitem sua entrada. Holofernes a convida para jantar e acaba ficando bêbado. Quando ele perde a consciência, Judite reza para que seu deus a ajude e decapita o general. Ela leva sua cabeça de volta para Betúlia e, ao verem-se privados dessa parte necessária de seu general, os assírios desistem de manter o sítio.

Os paralelos entre essa história e a de Medusa e Perseu são tão reveladores quanto as diferenças. Primeiro, Judite tem que sair à procura de Holofernes. Sua busca é um pouco mais breve que a de Perseu, mas ela ainda precisa procurar o alvo. Segundo, ela precisa tirar vantagem da sensação de segurança que ele tem em seu próprio espaço: não se trata de um assassinato em campo de batalha. Depois, como Medusa, Holofernes está inconsciente quando é morto. Seu poder superior poderia ter produzido outro resultado. E Judite, como Perseu, depende da ajuda de um deus para conseguir cometer o ato da decapitação.

Mas as diferenças também são cruciais: Holofernes é o agressor nessa história (bem, a menos que você consiga encontrar um assírio que a desminta). Ele priva uma cidade inteira de água e comida. E quando Judite finalmente o mata, é por desespero, pela proximidade do dia em que sua cidade seria forçada a render-se. Claro, poderíamos achar que Perseu é igualmente forçado em sua busca, mas atender a um pedido que envolve buscar um objeto improvável para um rei é consideravelmente menos "dever moral" que tentar salvar homens, mulheres e crianças da sede e da fome (mesmo que esse rei seja um vilão que pretende casar-se com sua mãe). Judite espera que, com seu assassinato, possa salvar uma cidade cheia de pessoas; Perseu mata Medusa e depois comete centenas de outros assassinatos: na décima Ode

Pítica de Píndaro,[41] ele transforma a população inteira de uma ilha em pedra, enquanto Ovídio o faz petrificar 200 pessoas durante uma briga no próprio casamento.[42] Essa é certamente uma boa maneira de garantir que o bolo dê para todos os convidados.

Em Florença, a poucos metros do *Perseu com a Cabeça de Medusa* de Cellini há uma cópia da escultura de bronze *Judite e Holofernes* (*Judith and Holofernes*) feita por Donatello. A original, esculpida por volta de 1460, fica no Palazzo Vecchio. Enquanto levanta a espada, essa Judite tem um ricto notável na mandíbula. Seu queixo se projeta para a frente à medida que ela reúne forças para a tarefa que tem diante de si. Ambas as personagens usam vestes respeitosamente drapeadas, e o bronze do peito nu de Holofernes é esculpido sem muitos detalhes musculares: não há nenhum vestígio do atletismo do Perseu desnudo de Cellini. Isso também ocorre com *Judite Decapitando Holofernes* (*Judith Beheading Holofernes*), de Artemisia Gentileschi, que foi pintada entre 1611-1612 e pertence ao acervo do Museo Nazionale di Capodimonte, em Nápoles. Aqui, Judite e sua criada abordam a tarefa de degolar o general inimigo com toda a eficiência cansada de duas mulheres lavando roupa. Nada nesse assassinato é apresentado como erótico. Judite é viúva e, desde a morte do marido, vive em absoluta castidade.[43]

Por outro lado, ao que parece, há sempre um elemento sexual na decapitação de Medusa. Freud via essa história como um mito de castração, pois a necessidade de fazer tudo dizer respeito à experiência masculina aparentemente o impedia de perceber que é Medusa quem é decapitada e que, portanto, ela poderia ser um arquétipo mais relevante para as mulheres que para os homens. Um lapso tipicamente freudiano, talvez. Se você estivesse procurando uma interpretação psicológica da história de Medusa sob a ótica do gênero, certamente faria mais sentido sugerir que ela representa um medo permanente da força do olhar feminino.

As representações sexualmente carregadas de Medusa continuam até os dias de hoje; basta ver as mulheres que a interpretaram ou foram fotografadas como representações dela: Uma Thurman no filme baseado em *Percy Jackson e o Ladrão de Raios* (*Percy Jackson and the Lightning Thief*, 2010); Rihanna (estilizada por Damien Hirst) como uma Medusa nua, cabelos cheios de serpentes e lentes de contato de olhos de serpente na capa da revista *GQ*.[44] Essas belas mulheres estão brincando com a dualidade de Medusa (ou com uma dualidade, pelo menos). Ela é um monstro, mas também uma mulher profundamente desejável. Na verdade, ficaremos em maus lençóis se precisarmos encontrar uma representação assexual de Medusa na cultura contemporânea, embora o filme *Uma Aventura LEGO* (*The Lego Movie*, 2014) consiga isso muito bem, ainda que sumariamente.[45] Seu cabelo de serpente Lego é particularmente bom.

Mesmo quando Medusa não é vista como monstro por algum autor antigo, aparentemente sua desejabilidade é intrínseca à sua história. O geógrafo Pausânias oferece no século II d.C. um relato dela no qual promete perder todos os elementos fantásticos e ater-se às partes racionais de sua história.[46] Para Pausânias, Medusa é uma rainha guerreira que governava os líbios que habitavam as proximidades do lago Tritão, caçava com eles e os liderava nas batalhas. Um dia, quando Medusa estava acampada com seu exército, Perseu (líder do exército oponente) a assassina durante a noite. Imaginando sua beleza mesmo após a morte, continua Pausânias, Perseu cortou-lhe a cabeça para poder levá-la e mostrá-la aos gregos. A história pode ter sido despojada do fantástico, mas seu medo e sua objetificação sexualizada das mulheres sobreviveram muito bem.

Para concluir, voltemos a uma das primeiras representações de Medusa, que a mostra ao lado de sua prole, o cavalo alado Pégaso e o gigante

Crisaor, os quais, conforme a maioria das versões do mito, surgiram inteiramente formados de seu pescoço decepado. No entanto, essa escultura – que ficava no frontão do templo de Ártemis em Córcira (hoje Corfu) e agora é exibida no Museu Arqueológico de Corfu – mostra Medusa com a cabeça ainda muito bem presa ao corpo.

O templo arcaico e as esculturas de seu frontão datam do início do século VI a.C. Vemos Medusa em seu mais estranho e monstruoso aspecto: língua bulbosa para fora, serpentes deslizando para fora de seu cabelo. Ela também usa um par de serpentes à moda de cinto apertado em torno do vestido curto: seus corpos estão trançados e suas cabeças estão de frente uma para a outra na metade do torso da górgona. A cabeça e o corpo de Medusa estão voltados para o espectador, mas suas pernas extremamente musculosas estão correndo para o lado, como se ela estivesse fugindo de seu assassino. Medusa é flanqueada por ambos os filhos, embora estes estejam menos intactos que ela (a escultura é feita em calcário, rocha bastante porosa). Atrás de Pégaso e Crisaor, em cada lado da Medusa, está um grande felino, um leão ou uma pantera, que amarra Medusa à deusa Ártemis em seu papel de senhora dos animais selvagens – *potnia therōn*. Esse é um agradável eco do rosto de Medusa naquelas primeiras *gorgoneia*, se as interpretarmos como dispositivos apotropaicos que nos ajudariam a livrar-nos de nossos medos de animais selvagens: Ártemis controla criaturas selvagens, e aqui está Medusa em lugar de honra no templo de Ártemis, cercada por serpentes e grandes felinos. Nosso medo do elemento selvagem e desconhecido já parece um pouco mais gerenciável.

Não é à toa que o nome de Medusa significa "regente" ou "guardião".[47] Ela é dual em sua própria natureza, tanto um monstro quanto uma proteção (enquanto escrevo isso, um pequeno *gorgoneion* de terracota olha para mim na escrivaninha. Eu sempre preferi vê-lo como proteção, em vez de ameaça). Com efeito, Medusa é feita de dualidades. Ela é linda e horrenda, membro de uma trindade e, apesar disso, sozinha. Ela é mãe de duas criaturas mitológicas, mas também é quem aniquila outra. Ela é mais poderosa após a morte, morte essa que só ocorre porque ela estava temporariamente impotente no sono, e dá à luz no ato de morrer.

Uma ilustração final de sua natureza dupla: depois de aprender as artes da cura, o deus Asclépio (Esculápio para os romanos) torna-se capaz de salvar os moribundos e trazer os mortos de volta à vida. Isso, diz-nos o Pseudo-Apolodoro (muito depois de terminar seu relato da história de Perseu), é porque a deusa Atena deu a Asclépio duas gotas do sangue da górgona.[48] O sangue do lado esquerdo de seu corpo é letal, mas o sangue do lado direito é *sōtērian*, salvação. Medusa é – e sempre foi – o monstro que nos salvaria.

AS AMAZONAS

As amazonas eram "um bando de mulheres com escudos de ouro e machados de prata, que amavam os homens e assassinavam os meninos".[1] O historiador Helânico de Lesbos, do século V a.C., presumivelmente não pretendia que essa descrição fosse um elogio, mas certamente fez-me sentir vontade de ser uma delas. Não é a única descrição dessas mulheres guerreiras que pode deixar o leitor imaginando quanto a reprovação rivaliza com o desejo. Se pretendia apenas contar-nos das proezas marciais e dos hábitos bárbaros das amazonas, Helânico certamente não precisaria mencionar o fator amor aos homens, a menos que amar os homens seja em si um sinal de feminino bárbaro e desnaturado (algo que pode muito bem ser). O assassinato de meninos, aliás, é sua explicação para o fato de a tribo das amazonas permanecer totalmente feminina: de qualquer jeito, elas precisavam livrar-se de todas as crianças do sexo masculino. Porém, conforme dito anteriormente, muitas sociedades antigas não tinham problemas em matar ou abandonar ao relento os bebês do sexo masculino considerados fracos (e qualquer tipo de bebê do sexo feminino), de modo que sua reprovação talvez não seja tão direcionada quanto seria a nossa no que se refere ao tema do infanticídio seletivo.

Os gregos tinham fascínio por essas mulheres: vistas por eles como bárbaras, muitas vezes elas lutaram contra os gregos. Depois de

Héracles, as amazonas são as segundas figuras mitológicas mais encontradas em pinturas de jarros.[2] Na verdade, mais de mil amazonas aparecem em jarros,[3] e mais de sessenta nomes de amazonas estão pintados nesses jarros. Então, o que há nessas mulheres – que existem num espaço a meio caminho entre masculino e feminino, entre civilização e selvageria, entre real e fantástico – que tanto atraiu os escritores antigos e, em particular, os artistas? E como as perdemos? A maioria das pessoas provavelmente poderia nomear Héracles, Teseu ou Aquiles, mas as amazonas com as quais cada herói estava associado – Hipólita, Antíope e Pentesileia – não são tão bem lembradas. E quando isso acontece, raramente é por uma boa razão.

Devemos, no entanto, pensar sobre as amazonas como uma tribo ou um grupo, pois uma das coisas mais importantes sobre essas mulheres é sua natureza coletiva: elas geralmente são representadas em conjunto. Esse senso grupal cria um forte contraste com a mentalidade individualista que só dá espaço a um vencedor e que permeia o *éthos* do herói masculino na Guerra de Troia, por exemplo. Vejam Aquiles no primeiro livro da *Ilíada* de Homero: por achar que sua honra foi menosprezada por Agamenon, ele implora à mãe, a ninfa do mar Tétis, que interceda junto a Zeus e o faça ajudar a causa troiana (inimiga). Os soldados gregos, que momentos antes eram seus companheiros, passaram a ser meros danos colaterais em sua busca de glória pessoal. Ou Ájax, o herói grego tão atormentado por perder a armadura de Aquiles para Odisseu (os dois entram em conflito após a morte de seu companheiro, e os gregos decidem a favor de Odisseu) que tenta promover a matança de seus antigos amigos. Apenas a intervenção de Atena – que confunde Ájax, fazendo-o matar gado enquanto acredita que está chacinando os companheiros – o impede de cometer um crime terrível. Quando Ájax chega e percebe o que fez, sua vergonha é tão grande que o leva a dar cabo da própria vida.

Em outras palavras, a mentalidade heroica para os gregos que lutam em Troia é intrinsecamente egoísta e egocêntrica. Há exceções (a devoção de Aquiles a Pátroclo e o desejo de Pátroclo de curar os companheiros feridos, por exemplo), mas a *Ilíada* e o *Ájax* de Sófocles mostram-nos um tipo profundamente individualista de herói. E se vocês quiserem saber que tipo de líder é Odisseu, contem quantos conterrâneos de Ítaca partem de Troia e voltam para casa junto com ele. A resposta é: nenhum. Odisseu é o herói de suas próprias aventuras, de seus próprios encontros com monstros e infortúnios. Mas não é um homem ao lado do qual se deva ficar, a menos que acalente um desejo de morte. Muito pelo contrário: ele é um homem que pode perder um companheiro em suas viagens e nem mesmo notar que o pobre coitado se foi e precisa ser enterrado. Elpenor ficaria insepulto para sempre, não fosse por seu fantasma ter aproveitado a oportunidade de um encontro com Odisseu no Submundo para queixar-se de seu destino.

Ao contrário desses homens, as amazonas lutam umas ao lado das outras. Quando, na *Queda de Troia* de Quinto de Esmirna,[4] Pentesileia decide lutar contra Aquiles na última parte da Guerra de Troia, doze amazonas a acompanham. Quinto dá a relação dos nomes de todas elas. É a natureza intensamente tribal das amazonas que contribui para mantê-las vivas nas batalhas. As amazonas geralmente são mostradas lutando lado a lado nas esculturas e nas pinturas de jarros que temos, mas essa lealdade também pode comprometer sua segurança. Embora os pintores de jarros listem os nomes de dezenas de amazonas, tendemos a voltar sempre às histórias de algumas poucas. Desses nomes, provavelmente o mais conhecido hoje em dia é o de Hipólita. Hipólita, filha de Ares, o deus da guerra, foi uma das rainhas das amazonas. Ela herda do pai não só a habilidade marcial (o poeta épico Apolônio de Rodes a chama *philoptolemoio*, "amante da guerra"),[5] como também seu célebre cinturão: o Pseudo-Apolodoro chama-o *Areos zōstēra*,[6] o cinturão de Ares. É esse cinturão que Héracles (cujo nome passou a ser

Hércules depois que os romanos se apossaram dele) busca em seu nono trabalho. E que, de um modo um tanto irritante, os tradutores tendem a descrever como a cinta de Hipólita.

Essa tradução é uma escolha bizarra, mesmo que estejamos, como Puck em *Sonho de Uma Noite de Verão*, pensando em uma cinta sem gênero que pode ser colocada em volta da terra em quarenta minutos[7] (embora para muitas pessoas, hoje, a palavra "cinta" implique uma roupa íntima usada por mulheres da geração da minha avó. Às vezes, na minha infância, as víamos secando em varais, como encharcados instrumentos de tortura). É uma pena ver Hipólita distorcida e diminuída por essa alteração linguística. Ela não usa roupa de baixo restritiva nem um simples cordão na cintura: o que ela usa é um cinturão de guerra. A palavra grega usada para descrever esse cinturão é *zōstēr*, que é a mesma palavra usada para descrever o cinturão de guerra usado por um guerreiro para prender suas armas. A palavra para um cinto feminino é *zōnē*, que não tem conotações marciais. Não é a primeira vez que vemos que uma tradução precisa foi sacrificada na busca de tornar as mulheres menos alarmantes (e menos impressionantes) em inglês do que em grego. Tanto Eurípides quanto o Pseudo-Apolodoro, Apolônio de Rodes, Diodoro Sículo e Pausânias usam a palavra *zōstēr*.[8] Para todos eles, Hipólita é uma guerreira, pura e simplesmente.

Ou melhor, pura e simplesmente, não: na verdade, ricamente ornamentada seria uma descrição mais exata, pois as amazonas afastavam-se das normas gregas respeitáveis tanto nas vestimentas como em sua sociedade exclusivamente feminina e em sua perícia na luta. Diferentemente dos homens e mulheres gregos, que usavam túnicas drapeadas de comprimentos variáveis mantendo as pernas nuas, as amazonas usavam túnicas por cima de calças ou *leggings*.

O Museu Britânico tem um maravilhoso alabastro: um esguio frasco cerâmico de perfume, com cerca de quinze centímetros de altura, feito por volta de 480 a.C.[9] É decorado com uma linda figura em preto e branco de uma mulher com a cabeça virada de lado para que vejamos que seu cabelo longo e encaracolado está preso num rabo de cavalo. Ela é provavelmente uma amazona, pois está vestida no estilo que, como veremos em breve, era adotado por figuras identificadas como amazonas (os ceramistas muitas vezes pintavam nomes ao lado das personagens em seus jarros). Ela usa um par de calças pretas de pernas retas, por baixo de uma túnica bem acinturada. É um linotórax (tipo de couraça feita de couro ou linho tratado com uma espécie de goma), representado por padrões monocromáticos de linhas e pontos. Na mão direita, ela segura um machado, a arma preferida das amazonas, e leva uma aljava presa às costas. O estilo de sua roupa não pode ser menos datado: suas armas são as únicas coisas que a diferenciam de alguém que ande pelo museu para admirar esse pequeno frasco. Bem, isso e o fato de que a túnica a protegeria, caso vocês a atacassem com suas armas.

As roupas justas que cobrem as pernas (e, às vezes, também as mangas compridas das túnicas) são mostradas em detalhes geométricos incríveis em jarros de figuras vermelhas. Uma cratera do Museu Metropolitano de Nova York (atribuída ao artista gloriosamente chamado Pintor dos Sátiros Lanudos em meados do século V a.C.)[10] mostra uma amazonomaquia, batalha entre gregos e amazonas. As amazonas estão usando os desenhos mais intrincados em suas *leggings*: quadrados de tabuleiro de xadrez, ziguezagues estreitos, losangos ocos em uma grade de losangos. Uma veste um linotórax, outra usa um elmo decorado. Uma terceira usa a enorme pele de um felino como se fosse um manto: sua pata pende-lhe sobre a coxa. Dois gregos estão lutando contra essas mulheres: eles as enfrentam em direções opostas. O que se volta para a nossa esquerda, mais perto do espectador, está no chão. Ele se encolhe atrás de um grande escudo redondo enquanto uma amazona a cavalo o ataca com sua lança. Podemos ver a sola de um de seus pés descalços; as amazonas calçam botinas trançadas com cadarços para proteger seus pés. O outro grego aponta uma lança para atacar as duas amazonas que estão à sua frente. Ambas as mulheres levantam os braços enquanto empunham seus machados de batalha. Siga a cena girando o jarro para ver um carro e mais homens vindo em auxílio de seus companheiros.

Há uma série de coisas notáveis nessa cena. A primeira é que a indumentária das amazonas é muito mais ornamentada que a dos gregos. As túnicas simples dos homens contrastam com seus escudos finamente decorados, mas as amazonas são uma revolução em termos de padrão e textura. A segunda é que essa batalha está bastante equilibrada, e o resultado está em aberto. Um homem está caído, outro está em desvantagem numérica, porém mais estão chegando para juntar-se à luta. Os homens lutam sozinhos, assim como a amazona montada a cavalo. As duas mulheres a pé lutam uma ao lado da outra, companheiras de armas. É certamente por isso que Diodoro Sículo podia dizer que as amazonas eram "superiores em força e ansiosas por guerra".[11] Essas mulheres não estão lutando porque foram atacadas e precisam lutar; elas lutam porque são guerreiras e nasceram para a luta. Outra característica intrigante da pintura é o tipo de machado que duas das amazonas empunham. O cabo é longo e fino, a lâmina tem a ponta bem afiada. As amazonas estavam tão associadas a esse tipo específico de arma (*securis*, para usar seu nome latino) que Plínio, o Velho, diz-nos que foi inventado por Pentesileia, a rainha amazona que lutou em Troia.[12] As amazonas eram combatentes não apenas respeitadas como inovadoras na arte da guerra. Não é à toa que Homero as chamou de *antianeirai*,[13] "equivalentes aos homens". Aliás, Homero descreve também cinturões de guerra – os cintos de couro e metal usados pelos grandes guerreiros da Guerra de Troia – e ele também usa a palavra *zōstē*, a mesma que outros autores usam para referir-se ao cinturão de Hipólita.

Portanto, quando Héracles é enviado em busca do cinturão de Hipólita, é esse objeto que ele vai procurar. Há, com certeza, um subtexto sexual quando um homem – e particularmente um homem tão famoso por seus inúmeros, complexos e às vezes violentos relacionamentos pessoais – busca remover uma determinada peça de roupa de uma mulher, em particular se usada na cintura ou nos quadris. Mas tentar transmitir isso traduzindo a palavra *zōstē* como algo diferente de "cinturão de guerra" custa bem mais do que vale a pena; Hipólita merece coisa melhor. Além disso, muitas vezes há um subtexto sexual, na verdade um subtexto até sexualmente agressivo, nas aventuras de Héracles: faríamos bem em lembrar que só ele realiza seus trabalhos em uma espécie de penitência pelo assassinato de sua mulher e seus filhos durante um surto temporário de insanidade (essa parte de sua história foi sabiamente omitida do filme de animação *Hércules*, da Disney, que é de longe a minha adaptação cinematográfica favorita de qualquer mito grego, apesar de suas omissões).

Héracles chega à casa das amazonas, que é situada com mais frequência em Temiscira, na costa sul do mar Negro, embora ocasionalmente alguma fonte indique sua localização na Líbia. Sua recepção é, talvez, surpreendente. As guerreiras não o atacam. Em vez disso, ele é recebido por Hipólita e suas mulheres em uma cena que podemos ver num fragmento de cerâmica do século IV a.C. do acervo do Museu Metropolitano.[14] Um tanto constrangido, Héracles explica a Hipólita qual é a sua missão: suas sobrancelhas levantadas e olhos arregalados dão-lhe uma expressão de ansiedade. Talvez o que o deixe alarmado seja o fato de estar cercado por amazonas armadas com machados. Hipólita está sentada placidamente diante de seu convidado. Ela usa um cinto (que parece ser de couro cravejado com discos de metal). Talvez esse seja o tal cinturão que ele fora buscar.

Podemos ler uma versão mais detalhada dessa história na *Bibliotheca* do Pseudo-Apolodoro. Euristeu ordena a Héracles que lhe traga o cinturão de Hipólita para dar de presente à sua filha, Admeta. Aqui, inferimos algumas informações extras sobre Hipólita: ela rege as amazonas, mulheres hábeis na guerra que vivem às margens do rio Termodonte.[15] O Pseudo-Apolodoro descreve suas vidas como *andrian*, "viris". E, então, repete um dos mitos mais estranhos que aparecem na história das amazonas: que elas cauterizavam um dos seios com instrumentos de bronze em brasa para manejar melhor as lanças e as flechas (às vezes, o método era ainda mais drástico: remoção cirúrgica). Essa prática não está associada às amazonas na literatura anterior (o Pseudo-Apolodoro escreve no século I ou II d.C.), nem em representações visuais. Nenhuma das pinturas dos jarros mencionados acima mostra amazonas que tenham apenas um seio, e nenhuma delas parece ter dificuldade para lidar com sua arma. Com efeito, as pinturas em jarros muitas vezes mostram outra figura feminina – a deusa Ártemis, conhecida por sua destreza na caça – armando o arco com uma flecha, e ela o empunha à distância do braço de seu tronco. Nem os seios mais pneumáticos seriam obstáculo.[16]

Então de onde vem a misteriosa ideia da mastectomia? Os gregos eram grandes fãs daquilo que poderíamos chamar de etimologia popular, mas que outros, menos generosos, descreveriam como tolice: eles adoravam encontrar significados em nomes baseando-se nas palavras que espreitavam dentro deles (a obsessão que alguns intelectuais do século V a.C. tinham com isso é ridicularizada de uma maneira magnífica pelo comediante Aristófanes na peça *As Nuvens*). Acreditava-se que "amazona" derivava do prefixo negativo "a-" e da palavra *mastos*, que significa "seio" (obviamente, o termo "mastite" também deriva dessa palavra grega). Mas o termo "amazona" não era grego: há várias sugestões sobre a língua da qual ele pode ter vindo, mas não sabemos ao certo qual a sua origem. A única coisa que sabemos é que, para os gregos, era um empréstimo, ou seja, uma palavra proveniente de outra língua. As tentativas de impor-lhe significado grego eram distrações para intelectuais com excesso de tempo ocioso, porém nada além disso.

Nenhuma explicação é dada como razão para Admeta querer o cinturão de guerra de Hipólita, a não ser que ela simplesmente ficara encantada por ele. Talvez ela desejasse algo que o Pseudo-Apolodoro descreve como um presente de Ares e um símbolo da supremacia de Hipólita sobre todas as amazonas; talvez ela quisesse também usar *leggings* coloridas e brincar com um machado de guerra. Então Héracles parte em seu navio, mata um grande número de homens em arruaças e brigas variadas pelo caminho e, por fim, chega ao porto de Temiscira. Considerando a fama que tinham as carnificinas promovidas por Héracles, Hipólita se comporta de maneira extraordinariamente generosa. Ela se aproxima dele, não armada até os dentes nem pronta para matar o perigoso aventureiro, mas pacificamente, para perguntar-lhe a que viera.

Quando ele explica que quer seu cinturão, ela não discute nem propõe uma troca: simplesmente promete-lhe que o dará a ele. Esse não tem nada do comportamento das bárbaras belicosas que fomos levados a esperar. Por que Hipólita daria seu valiosíssimo cinturão a um homem a quem jamais vira na vida, um homem que só via em seu cinturão uma bugiganga ou um símbolo de *status* desejado por uma garota que ela mal sabia quem era? O cinturão era um presente de Ares, afinal, e, como sabemos de outras histórias, os presentes dados por deuses são de muita valia para os heróis: Perseu, por exemplo, exigiu vários para enfrentar Medusa. E, apesar disso, Hipólita se dispõe a entregar o cinturão que ganhara do pai sem contestação. Alguns autores posteriores sugeriram atração instantânea entre os dois heróis, o que pode explicar a gentileza de Hipólita. A ideia de que essa bárbara pode simplesmente estar sendo generosa com seu equipamento de guerra é obviamente estranha demais para sustentar-se: só pode ter surgido um "clima" de romance no ar. Porém, generosidade à primeira vista é exatamente o que vemos na cena do fragmento de cerâmica do Museu Metropolitano, que tem entre quatro e cinco séculos a mais que o relato escrito pelo Pseudo-Apolodoro.

As amazonas e os gregos acabam lutando, apesar desse começo aparentemente auspicioso. Como tantas outras vezes no mito grego, a culpa é da deusa Hera, cuja malevolência é ilimitada e multidirecional. Sua antipatia por Héracles é inabalável pelo fato de Zeus ter assumido a paternidade dele com uma mortal, Alcmena: poucas coisas irritam Hera mais que a extensa prole gerada pelas muitas infidelidades do marido. Nesse caso, especificamente, para criar problemas para Héracles, Hera disfarça-se de amazona e diz às outras guerreiras que esses *xenoi* – estranhos ou estrangeiros (de onde vem a palavra "xenofobia") – vão sequestrar sua rainha. As amazonas pegam suas armas e apressam-se em ver o que está acontecendo com a rainha, que tinha ido falar com Héracles em seu navio. Ao ver um bando de mulheres armadas se aproximando montadas a cavalo, ele conclui que tinha sido enganado. Numa mostra de sua habitual ponderação, Héracles não faz perguntas: simplesmente mata Hipólita e pega seu cinturão. Plutarco também o faz levar consigo o machado que pertencia a ela[17] (os que preferem ver no cinturão puramente um indício de simbolismo sexual tendem a ignorar essa parte. É difícil imaginar o que o machado de guerra de uma mulher pode representar, mas tenho certeza de que Freud não ajudaria em nada). Héracles e seus homens lutam contra as amazonas e depois navegam para longe rumo a Troia. A generosidade de Hipólita não lhe valeu de nada diante da paranoia de um assassino.

Pausânias, em sua *Descrição da Grécia*, conta-nos a respeito do templo de Zeus em Olímpia, que é decorado com entalhes de Héracles e seus trabalhos. A cena da tomada do cinturão de Hipólita foi colocada acima das portas. Além disso, na base do trono da estátua de Zeus (uma enorme figura decorada em ouro e marfim), está uma cena de amazonomaquia. Pausânias observa essa cena de Héracles lutando contra as amazonas e conta cuidadosamente o número de combatentes de cada lado: 29. Ele observa também que Teseu luta ao lado de Héracles.

Em algumas versões de seus respectivos mitos, Teseu e Héracles se unem contra as amazonas, como no relevo admirado por Pausânias. Em outras, Teseu só empreende uma viagem até as amazonas depois da de Héracles. O biógrafo Plutarco discute essas variações em sua *Vida de Teseu*.[18] Nas primeiras versões que ele encontrou da história, Teseu recebe a amazona Antíope como recompensa pela bravura na luta contra suas irmãs. Mas Plutarco não considera isso muito convincente: nenhum dos homens da expedição de Herácles leva consigo uma amazona como cativa, explica ele. A seu ver, a explicação alternativa é mais plausível. Ele menciona o autor Bion, que alegou que Teseu tomou a amazona por engano (isso seria muito condizente com a atitude de Teseu para com as mulheres, diga-se a bem da verdade. Como diz Plutarco secamente, há outras histórias de casamentos de Teseu que não tiveram bons começos nem finais felizes).[19] Por natureza, diz Bion, as amazonas eram *philandrous*, "gostavam muito dos homens". E, em vez de fugir de Teseu, elas o trataram como um bem-vindo convidado e enviaram-lhe presentes. Ele então convida a amazona encarregada de levar-lhe os presentes a conhecer seu navio e, em seguida, zarpa quando ela ainda estava a bordo.

Isso, então, constitui a causa da segunda amazonomaquia, quando as amazonas invadem Atenas na tentativa de resgatar Antíope, a irmã que haviam perdido. Plutarco diz que, para Teseu, essa guerra não foi uma tarefa menor nem "coisa de mulher". Ele não subestimou os perigos de lutar contra essas guerreiras formidáveis, e nós também não deveríamos. As amazonas, acrescenta Plutarco, não teriam montado seu acampamento nem travado batalhas corpo a corpo entre Pnyx e Museion (duas colinas não muito longe do centro de Atenas) se não tivessem agido com destemor para conquistar a área circundante. Em outras palavras, uma invasão amazônica era algo impressionante: para atacar uma cidade, primeiro elas tomavam o controle da área em torno. Apesar de Teseu ter à sua disposição toda uma cidade de homens, a guerra dura três meses. Clidemo, uma das fontes de Plutarco, diz que as hostilidades terminaram quando Hipólita conseguiu fechar um acordo entre os dois lados (Clidemo dá o nome de Antíope como Hipólita, explica Plutarco). E, quando descreve as amazonas lutando em Atenas, Ésquilo as imagina construindo sua própria cidadela na colina de Ares no intuito de rivalizar com as que Teseu havia construído;[20] ou seja: essa batalha amazônica não foi apenas uma guerra feita de sucata nem uma guerrilha, mas sim um cerco no sentido da palavra.

Como vimos acontecer com outras partes do mito das amazonas, existem várias versões dessa história. Algumas fontes dizem que a mulher que lutou ao lado de Teseu (ao que parece, Plutarco desistiu de um nome conclusivo) foi morta por Molpádia, também uma amazona. Em outras palavras, essa versão de Antíope luta contra as amazonas que partiram com a missão de resgatá-la. Mas Plutarco tranquiliza-nos dizendo que a antiguidade dessa história implica que não devemos surpreender-nos diante das mudanças decorrentes de sua circulação. E circular, ela circulou muito mesmo: Teseu casa-se novamente, dessa vez com uma mulher chamada Fedra. Em algumas versões, é o fato de ele ter abandonado Antíope por outra mulher que provoca a guerra com as amazonas. Teseu também tem um filho com Antíope/Hipólita, chamado Hipólito ou Demofoonte.

O fato de haver tantas histórias contraditórias sobre as amazonas é sinal de sua popularidade no mundo antigo. Isso denota que durante muito tempo houve vários contadores de histórias criando seu mito em diferentes partes da Grécia. Talvez por sentirem-se deixados de fora da história de Héracles, os atenienses tenham colocado Teseu, seu herói local, na mistura. E talvez também tenham preferido uma versão da história que não fizesse de Teseu o sequestrador de Antíope, mas sim a mostrasse apaixonada e também rendida por ele por ocasião do cerco de Temiscira ao lado de Héracles.[21] É interessante como o acréscimo do herói ateniense favorito não apenas adiciona romance à história de

Antíope, mas também a torna uma lutadora mais fraca, mais propensa a trair as irmãs pelo amor de um homem. Seja pintada em um jarro, esculpida em um templo, ou contada em uma história, biografia ou poema, as versões das amazonas, em sua maioria, enfatizam a solidariedade que elas demonstram entre si. Assim, a história de Antíope oferece uma contraexemplo particularmente reconfortante para quem acha desconcertante a ideia do apoio entre mulheres: até mesmo uma amazona poderia desviar-se de sua verdadeira natureza por amor. Sim, essas mulheres guerreiras eram uma poderosa força de combate, mas pelo menos havia a possibilidade de seduzir (ou sequestrar) uma delas e, assim, até mesmo equilibrar um pouco as chances.

Opcionalmente, você poderia tentar atrair uma amazona para um duelo. Porém, para tanto, ajudaria muito se você fosse o maior guerreiro que o mundo grego já conheceu. E o melhor lugar para conseguir isso seria na terceira grande batalha entre as amazonas e os gregos, que ocorreu no último ano da Guerra de Troia. Como afirma Heródoto, de maneira alguma as amazonas deixaram a desejar nas batalhas de Troia.[22]

Já Pausânias ficou um pouco mais perplexo com essa expedição troiana. Diante de uma escultura de amazonas lutando contra Teseu, ele se pergunta por que elas não perderam o entusiasmo pelo perigo após derrotas anteriores.[23] haviam perdido Temiscira para Héracles e, depois, perderam para Teseu o exército que haviam enviado a Atenas. No entanto, pondera ele, elas foram a Troia para lutar contra os atenienses e, na verdade, contra todos os gregos. É uma pergunta interessante. É tão surpreendente que as amazonas continuem lutando mesmo depois de terem perdido batalhas? Isso é o que fazem os guerreiros: ganhando ou perdendo, eles continuam a lutar. Os gregos passaram nove anos sem vencer a Guerra de Troia e, no Livro Dois da *Ilíada*,

Homero mostra-nos que muitos estão ansiosos por desistir e voltar para casa. Mas, mesmo assim, ficam e continuam a lutar.

Perdemos a maior parte da literatura escrita no mundo antigo: bem mais de 90%. E entre essas perdas está – ou melhor, estava – a *Etiópida*, um poema épico. Ele parte da *Ilíada*, continuando a relatar a história da última parte da Guerra de Troia. Como vimos, a *Ilíada* termina com o funeral de Heitor, o maior guerreiro troiano, morto pelas mãos de Aquiles num combate breve e brutal. A linha final da *Ilíada* é: "E assim os troianos enterraram Heitor, o domador de cavalos". Para um leitor moderno, o poema termina com a espera do momento em que a cidade cairá: seu mais poderoso defensor está morto e sabemos que a cidade não tem condições de resistir por muito mais tempo contra um exército invasor. Mas há um escoliasta (crítico textual de autores do mundo antigo) homérico que nos diz algo absolutamente notável sobre o tecido que une a *Ilíada* à *Etiópida*. Algumas das versões da *Ilíada* de que ele dispunha aparentemente terminavam da seguinte maneira: "E assim enterraram Heitor. E então veio uma amazona, filha do generoso Ares, assassina de homens".[24] Outra variante identifica a amazona pelo nome e menciona também sua mãe: "E então veio uma amazona, filha de Otrera, a airosa Pentesileia".

Há razões para tristeza pela perda da maioria das peças da literatura latina e grega. Mas, pessoalmente, sinto uma fisgada especial pela *Etiópida*, que fala da história de Pentesileia e também de Mêmnon, o grande príncipe etíope que lutou contra os gregos em Troia. Muito do nosso entendimento da Guerra de Troia vem da *Ilíada*, que termina antes da chegada de qualquer uma dessas personagens. E os clássicos muitas vezes são acusados de serem limitados em seu escopo (graças, em parte, ao número muito limitado de escolas que têm condições de oferecê-lo como parte do currículo, bem como à inegável verdade de que quase todos os autores que escreviam no mundo greco-romano pertenciam a uma pequena elite de homens que tinham riqueza e educação). Portanto, é especialmente penosa a perda de um poema que teria lançado um foco muito necessário sobre personagens que mal vemos representadas na literatura de que dispomos. Por tudo isso, há algo de especialmente fascinante nesses finais alternativos da *Ilíada*, que mencionam Pentesileia pelo nome e nos falam de sua paternidade divina. Na tradição homérica, é exatamente assim que são apresentados os heróis: Aquiles, filho de Peleu e Tétis, por exemplo. Ou Agamenon e Menelau, que são referidos com frequência como filhos de Atreu. As conexões familiares são uma parte crucial de como definimos um herói, e quando esse herói tem pais divinos (Eneias, filho de Afrodite, ou Sarpedão, filho de Zeus), seu heroísmo ganha outro *status*. Há um momento na *Ilíada*[25] em que Hera pergunta por que os deuses devem importar-se com Heitor, já que ele é mortal e fora amamentado por uma mortal. Ela o compara desfavoravelmente a Aquiles, cuja mãe era uma deusa. Embora um herói possa ser puramente mortal, se for filho de um deus ou deusa, melhor ainda.

Então, quando Pentesileia é apresentada como filha de Ares, é significativo não apenas porque agora sabemos qual é sua linhagem, mas também pelo fato de que essa linhagem reforça seu *status* heroico. Os outros deuses podem ser menos parciais que Hera: Zeus explica que Heitor era o troiano favorito dos deuses porque lhes oferecia os sacrifícios que mais lhes agradavam. O rei dos deuses está menos preocupado com quem são os pais de um herói que com o grau de devoção e generosidade desse herói, o que constitui um flagrante caracteristicamente egocêntrico de (relativo) igualitarismo. Mas os deuses tendem a cuidar dos seus: o troiano Eneias é salvo no campo de batalha pela mãe, Afrodite, por exemplo.

Qualquer que seja a medida que possamos usar para definir um herói da Guerra de Troia, Pentesileia pontua muito bem. Além de guerreira, ela é também, como já vimos, a inventora do tipo de machado que as amazonas usavam nas batalhas. Seu pai é um deus, ninguém menos que o deus da guerra: não há linhagem melhor para uma lutadora. Ela luta contra o maior de todos os guerreiros da Grécia, Aquiles, o que a coloca em pé de igualdade com Heitor. Não bastasse isso, Pentesileia vai em busca dessa batalha, ao contrário de Heitor, que foge quando vê Aquiles em fúria no Livro Vinte e Dois da *Ilíada*. Assim como Aquiles, ela luta pela glória. E, assim como Heitor, ela luta também para defender uma cidade. A diferença é que a cidade pela qual ela luta – Troia – não é dela. Ela escolhe essa batalha; escolhe ser aliada dos troianos depois da morte de Heitor, seu mais ferrenho defensor. Os heróis homéricos geralmente pensam em si mesmos, mas, para nós, Pentesileia é talvez uma personagem mais empática: aquela que procura defender o azarão.

Então por que ela escolhe lutar numa guerra de terceiros? O Pseudo-Apolodoro nos dá uma resposta:[26] ela acidentalmente matara uma irmã, Hipólita. Obviamente, vimos a morte de Hipólita nas mãos de Héracles (e vimos que, às vezes, seu nome também está ligado ao de Teseu, embora essa amazona geralmente seja chamada de Antíope), mas aqui está mais uma versão de sua história. Como mencionado anteriormente, essa multiplicidade de destinos para Hipólita sugere que ela era uma figura imensamente conhecida, cuja história foi contada em toda a Grécia por seus muitos contadores de histórias; da mesma maneira, encontramos várias versões (muitas vezes, contraditórias) de Aquiles. Há mais detalhes sobre a tragédia de Pentesileia no poema de Quinto de Esmirna.[27] Ele explica que Pentesileia estava cheia de *penthos*, "pesar", por ter causado acidentalmente a morte da irmã. Apontando a lança para um veado, ela errou o alvo e matou a irmã. Como podemos ver, seu nome guarda dentro de si a palavra que designa tristeza, como se a tragédia já estivesse só esperando o momento de acontecer. Temendo a perseguição das Fúrias pelo terrível crime de matar uma irmã, Pentesileia procura purificar-se por meio da luta e, em última análise, da morte, tornando-se ela mesma um sacrifício humano, uma vida por outra vida.

Mais uma vez, essa é uma decisão extraordinária para qualquer um que a tome. Quando, em vez de seus companheiros gregos, Ájax mata gado (Atena o havia enlouquecido para salvar a vida dos gregos), sabendo que seus inimigos ririam-se dele, prefere suicidar-se a viver com a vergonha desse delito. Quando é perseguido pelas Fúrias, as sombrias deusas da vingança, pelo crime de matar a própria mãe, Clitemnestra, Orestes tenta fugir delas. Mas é perseguido por todo o mundo grego até que (na peça *As Eumênides*, de Ésquilo) elas por fim concordam em que ele seja julgado em Atenas. Tanto Ájax quanto Orestes têm a opção de fazer algo menos egocêntrico para reparar o assassinato. Ájax poderia reparar a tentativa de chacina de seus antigos amigos, por exemplo, defendendo um aliado em desvantagem numérica. Orestes poderia tentar aplacar as Fúrias por seu crime. Mas Ájax está muito envergonhado e Orestes conta com a ajuda de Apolo e Atena (esta, ao que parece, sempre pronta a ajudar um grego em apuros).

Pentesileia sente outro tipo de responsabilidade por seu crime acidental. Ela se culpa muito mais do que Orestes aparenta fazer, embora tenha matado a mãe a sangue frio. Então, as Fúrias perseguiriam Pentesileia com vigor redobrado ou ela simplesmente se arrepende mais que outros assassinos? Quaisquer que sejam suas razões, ela empenha a própria morte para o bem de terceiros quando se dispõe a defender os troianos. De acordo com o Pseudo-Apolodoro, Príamo, o rei de Troia, a absolve de seu crime.[28] A palavra que ele usa é *kathartheisa*, "purgar" ou "purificar", da qual deriva a palavra "catarse".

De acordo com Quinto, Pentesileia chama doze de suas companheiras para acompanhá-la. Como é costume entre as amazonas, ela não luta sozinha. Mais uma vez, essa é uma distinção interessante. Orestes é perseguido pelas Fúrias e, no fim, enfrenta sozinho o julgamento, embora tenha sido auxiliado por Apolo e Atena. Ájax morre sozinho: sua esposa Tecmessa não pode salvá-lo e seu irmão Teucro chega tarde demais para fazê-lo.[29] Pentesileia também é culpada de um crime, por menos intencional que possa ter sido (a história de Édipo diz-nos que ignorância não é desculpa quando se trata de retribuição divina). E, ainda assim, ela não é evitada por suas irmãs amazonas, ela não é abandonada à própria sorte em sua busca de absolvição. Todas a seguem cavalgando do Termodonte a Troia; todas lutam juntas.

E quando lutam, as amazonas lutam até a morte. Segundo o Pseudo-Apolodoro, Pentesileia mata muitos gregos, entre os quais Macaon. E Quinto conta-nos sua batalha com muito mais detalhes. Em sua opinião, o heroísmo de Pentesileia equivale ao de qualquer herói, e é assim que ele a trata em sua narrativa. Quando ela e suas doze companheiras amazonas chegam, o povo de Troia exulta de felicidade; Quinto as compara a terras arrasadas pela seca que finalmente recebem a chuva. Príamo, o rei de Troia, é comparado a um cego que volta a ver a luz. Essa é a salvação que ele e seu povo esperavam. Ao que parece, treze exímias guerreiras são potencialmente o que basta para aumentar as chances de Troia de vencer a guerra. E Pentesileia se vê como igual aos seus homólogos gregos masculinos: ela promete a Príamo que vai enfrentar Aquiles e matá-lo. Quinto a chama *nēpiē*, "louca", "insensata".[30] Curiosamente, é a mesma palavra que Homero usa para descrever Pátroclo no Livro Dezesseis da *Ilíada*, quando ele implora a Aquiles que o deixe usar sua armadura e lutar em seu lugar. Ele também é um louco, implorando pela própria morte, embora não o saiba. Será que Quinto repete Homero deliberadamente aqui? Parece mais que provável. Pátroclo está louco porque seu pedido a Aquiles acarretará sua morte: ele morrerá pela mão de Heitor, assim que este perceba que é com Pároclo que está lutando, não com Aquiles, seu companheiro mais hábil. Pentesileia tem sua própria morte prenunciada pela escolha dessa palavra e pelos paralelos entre ela e Pátroclo. Ambos confiam nas próprias habilidades, que são consideráveis. Mas, mesmo assim, essa confiança é equivocada e ambos serão abatidos por lutadores que os superam. É outra maneira de nos dizerem que Pentesileia é igual a qualquer outro guerreiro: a mesma linguagem reflete a mesma situação.

Só Andrômaca, a viúva de Heitor, não se deixa levar pelo momento. Ela quer que Pentesileia saiba que Heitor era um guerreiro superior e que, se ele foi morto por Aquiles, a amazona não tem nenhuma chance. É um lamento cheio de raiva e de dor de uma mulher cujo único consolo após a morte do marido é a certeza de que ele foi o maior guerreiro que já havia lutado por Troia. A chegada de um novo herói que pudesse enfrentar Aquiles e vencer é, sem dúvida, uma ameaça para Andrômaca. Embora certamente preferisse que o inimigo mais poderoso de Troia fosse derrotado, que os gregos fossem repelidos, que sua cidade ganhasse a guerra, esse desfecho teria para ela um travo amargo se viesse ao custo de admitir que seu marido morto não foi, afinal, o maior guerreiro a defender Troia. Seu próprio *status* dependia do dele, mesmo depois de sua morte. E, agora que ele estava morto, esse *status* corria o risco de ser superado por outros guerreiros.

Não pela única vez no mito grego, a parte seguinte da história de Pentesileia revela uma deusa dedicada à destruição de uma mulher, mesmo que essa mulher seja filha do deus da guerra. Enquanto Pentesileia dorme, na noite anterior à batalha, Palas intervém. Palas é um nome frequentemente dado a Atena e também o nome de sua irmã adotiva, uma filha de Tritão, um deus do mar.[31] E é Palas – Atena ou sua irmã – quem envia um sonho traiçoeiro para Pentesileia, no qual a insta a procurar Aquiles e lutar contra ele, sugerindo que ela sairá vitoriosa. Infelizmente, Pentesileia acredita no sonho e acorda determinada a lutar.

Então Quinto nos propicia uma cena que é familiar para os leitores do gênero épico: uma longa sequência mostrando a preparação do herói para a batalha, com descrições detalhadas de suas armas e armaduras. Ele nos fala de Pentesileia e do equipamento que ganhara de

Ares: suas grevas de ouro, sua armadura reluzente, sua bainha decorada com prata e marfim, seu escudo, seu capacete, suas lanças. Coberta por todo esse aparato, ela reluz como um raio.[32] Só para não perdermos a natureza destrutiva desse símile, Quinto frisa que quer dizer como o raio que Zeus arroja sobre a terra. Ela tem ainda um machado de ponta dupla, do tamanho que derrubaria um boi.[33] Curiosamente, esse fora um presente de Éris, a deusa da discórdia e do conflito. Assim como vimos com os heróis, como Perseu, Pentesileia tem uma relação filial com um deus, mas também ganha presentes de outros deuses. Ela está equipada para a batalha da mesma forma que Aquiles está equipado para seu retorno ao campo de batalha na *Ilíada*. Depois que seu primeiro conjunto de armaduras foi retirado do corpo de Pátroclo por Heitor, a mãe de Aquiles, Tétis, convence Hefesto a criar para o filho um novo conjunto, com um escudo especialmente ornamentado. Um pai ou uma mãe imortal consegue obter mais ajuda divina para seus filhos mortais. Outra deusa, a nereida Orítia, deu a Pentesileia seu cavalo, cujas patas são tão rápidas quanto as asas de uma harpia. Quinto nos informa que ela vai para a batalha *thoē*, "em disparada". Dessa vez, é Aquiles, herói notável por sua velocidade, a quem ela se assemelha. Quando Pentesileia sai para a luta, Príamo pede a Zeus que lhe permita sair vitoriosa. Sem dúvida, deve ter feito isso diariamente por Heitor, seu filho. Porém a mensagem que recebe dos deuses – uma águia com uma pomba presa nas garras – o enche de tristeza. Nesse momento, Príamo percebe que não verá Pentesileia voltar viva do campo de batalha.

Quando veem esse novo guerreiro entrar no combate, os gregos ficam confusos. Com a morte de Heitor, não acreditavam que surgiria alguém que pudesse ficar contra eles e lutar por Troia. Quem poderia ser? Talvez um deus, dizem.[34] Sabendo que também contavam com apoio dos deuses, armam-se de coragem para lutar. Os recém-revigorados troianos dão um passo à frente e os recém-alarmados gregos vêm a seu encontro. O solo troiano, diz Quinto,[35] fica vermelho.

E a bravura de Pentesileia no campo de batalha fica em pé de igualdade com a dos maiores heróis citados na *Ilíada*. Quinto lista todos os homens que ela mata – Molião, Persino, Elisso e vários outros – bem como os que foram mortos por suas irmãs amazonas. Porém a batalha não é unilateral: Podarces, um grego, mata Clonie, uma das amazonas. Essa morte irrita Pentesileia,[36] e ela o ataca com sua lança. Ele morre instantes depois, nos braços dos companheiros. Mais uma vez, isso certamente deve fazer-nos ver Pentesileia sob uma luz heroica. A raiva pela perda de um companheiro de guerra e a consequente vingança com a morte do responsável motivam os heróis ao longo da poesia épica. É uma emoção intrinsecamente heroica, e Pentesileia está se revelando uma heroína por dentro e por fora. A batalha continua, diz Quinto, e muitos corações – gregos e troianos – param de bater nesse dia. Ele compara Pentesileia a uma leoa,[37] mais uma vez num eco da *Ilíada* e de suas descrições de Agamenon, Menelau e, acima de tudo, Aquiles; símiles de leão aparecem quase trinta vezes no poema[38] para descrever heróis masculinos. Pentesileia atravessa o campo de batalha, exigindo saber por que os heróis gregos mais célebres – Diomedes, Ájax – não se atrevem a enfrentá-la. Um troiano que a vê nesse momento de exultação acha que ela deve ser Atena, Éris ou Ártemis. Uma leoa, uma deusa: Pentesileia parece ir além do humano quando luta e se regozija com sua força e sua destreza.

Tão inspiradora é ela que Tisífone,[39] uma troiana, conclama suas concidadãs a juntar-se à batalha assim como estavam fazendo os homens. Essencialmente, essas mulheres tinham sido mantidas reféns durante dez anos: viam seus irmãos, maridos, pais e filhos saírem para lutar contra os gregos, mas nem sempre os viram voltar vivos. Porém nunca se levantara a hipótese de que as mulheres pudessem lutar a seu lado. Seria profundamente chocante ver mulheres lutando em batalhas. Mas era isso que estava fazendo a poderosa guerreira amazona. Pentesileia leva outras mulheres – comuns, mortais – a sentir-se fortes o suficiente para subverter o vasto peso das expectativas que delimitam seu comportamento. Um grande grupo de troianas pega em armas, prontas para entrar na luta, mas são dissuadidas no último minuto por uma velha sacerdotisa, Teano, que aconselha cautela. Ela lembra-lhes que não podem comparar-se a Pentesileia porque ela é filha de Ares, ao passo que elas, não. Nenhuma poderia lutar como Pentesileia.

E nem precisariam, pois Pentesileia estava indo muito bem sem reforços. Ela continuou abrindo caminho em meio aos gregos, cujos gritos e clamores acabam, por fim, levando Ájax e Aquiles a juntar-se à batalha. Quando colocam suas armaduras, os dois grandes guerreiros também são comparados a leões, mas dessa vez como leões massacrando um rebanho de ovelhas na ausência de um pastor. Aquiles mata cinco amazonas em rápida sucessão. Mas Pentesileia não tem medo dessa visão aterrorizante. Em vez disso, arremessa suas lanças contra Ájax, mas elas se quebram em suas grevas e seu escudo divinamente forjados. As Moiras, que até então não haviam permitido que Ájax se machucasse durante a guerra, tampouco o permitiram nesse momento. Ele persegue os lutadores troianos e deixa Aquiles livre para lutar sozinho contra Pentesileia.

Aquiles repreende Pentesileia por sua confiança, diz que ela deve estar louca, lembra-lhe que, diante dele, todos caem, até mesmo Heitor. Ela não ouvira falar de quando ele fez engasgarem os rios com cadáveres? Mais uma vez, essa é uma referência à *Ilíada*, onde se lê que a matança promovida por Aquiles fora tão terrível e tão rápida que, sufocados, os deuses dos rios imploraram a suas contrapartes olímpicas que o detivessem. A imagem é devastadora. Aquiles arroja sua lança contra Pentesileia, e a amazona tem menos sorte que Ájax: seu sangue começa a fluir. Mesmo assim, ela se pergunta em voz alta se poderia sacar a espada e correr em sua direção ou se deveria implorar de joelhos pela própria vida (mais uma vez, essa indagação é algo rotineiro entre os heróis, tanto na *Ilíada* quanto em outras fontes). Ao que parece, ela perde seu desejo de morte, agora que a morte é iminente.

Aquiles enfia a lança que lhe resta primeiro no cavalo e, em seguida, em Pentesileia. Ela cai, diz Quinto, como um alto pinheiro derrubado pelo vento. Pentesileia desaba, sua força fora quebrada.[40] Quando veem que ela caíra, os troianos entram em pânico. Pentesileia era uma guerreira e um talismã, como antes dela fora Heitor. Aquiles a provoca, enquanto ela jaz agonizando, por ter pensado que poderia abraçar uma guerra que faz até os homens se acovardarem. Mas quando ela exala o último suspiro, algo acontece. Afrodite a faz assemelhar-se a Ártemis adormecida.[41] Ela é linda até mesmo na morte, e Aquiles subitamente se enche de remorso pelo que fizera. Enquanto isso, Ares ouve os últimos estertores da filha e corre para o campo de batalha para destruir os mirmidões (companheiros de Aquiles). Mas Zeus lança um raio de advertência, e Ares recua.

E então Quinto diz algo extraordinário: Aquiles, ainda fitando Pentesileia, sente o mesmo amor e a mesma tristeza que sentira quando seu companheiro Pátroclo morreu. A morte de Pátroclo é uma das reviravoltas da Guerra de Troia. A raiva que sua morte provoca em Aquiles é o que impele o grande herói a embarcar em sua terrível matança. Porém, antes disso, vem o momento em que um companheiro traz-lhe a notícia da morte de Pátroclo. Ele desaba no chão, e o outro teme que ele corte a própria garganta. Se Aquiles e Pátroclo eram amantes ou apenas grandes amigos, a devoção que lhe dedica Aquiles é inegável. As celebrações em torno da vida de Pátroclo – a pira funerária, a urna dourada para suas cinzas, os dias de jogos realizados em sua homenagem – são todas promovidas por Aquiles, mas só depois de aniquilar Heitor, o homem que o matara.

E esses sentimentos de amor, companheirismo e profunda tristeza enchem Aquiles enquanto está diante do corpo de Pentesileia, a mulher que, momentos antes, ele insultara. Térsites, que critica o esforço de guerra e seus comandantes, está nas proximidades. Ele zomba de Aquiles pelos sentimentos que tem por essa amazona e o acusa de ser *gunaimanes*, "louco por mulheres".[42] Aquiles não lhe dá resposta: só se aproxima de Térsites e dá-lhe tamanho soco que o homem cai no chão, morto.

A atitude de Térsites é não apenas fatal, como incomum. Os gregos continuaram demonstrando uma espécie de amor por Pentesileia, já que entregaram seu corpo aos troianos para um funeral. Esse é outro momento digno de nota: os corpos dos mortos, fossem eles gregos ou troianos, raramente eram tratados com esse tipo de respeito durante a guerra. Quando Pátroclo foi morto, mesmo depois que Heitor já lhe havia arrancado a armadura de Aquiles, Menelau teve que ficar de guarda para que seu corpo pudesse ser levado de volta ao acampamento grego para os rituais fúnebres. No entanto, Menelau e Agamenon entregaram o de Pentesileia sem questionamentos: a amazona caída foi levada do campo de batalha pelos próprios troianos.

As cenas que envolvem Aquiles e Pentesileia eram um tema comum dos jarros antigos. Certamente o mais bonito, datado do século VI a.C. e pintado pelo mestre da técnica da cerâmica de figuras negras, Exéquias, é o que pertence ao acervo do Museu Britânico.[43] A figura negra de Aquiles – suas enormes coxas mostrando toda a sua força – está à esquerda. Seu capacete emplumado cobre-lhe o rosto, do qual vemos apenas um olho. Ele força a lança para baixo, no pescoço de Pentesileia. Ela está ajoelhada à sua frente. O escudo que leva no ombro esquerdo é inútil. Sua pele é branca (muitas vezes, os homens são pintados de preto e as mulheres, de branco nesse tipo de jarro). Seu capacete cobre apenas a nuca e a parte superior da cabeça: seu rosto está à mostra. Seu olho é apenas um simples ponto preto; a boca, uma pequena linha reta. Mas a pluma decorada de seu capacete é igual à dele, assim como a parte interna de seus escudos, pintada em vermelho vivo. Uma serpente decora o capacete da amazona: ele inevitavelmente nos faz lembrar de Medusa. Pentesileia usa também uma *pardalis*, "pele de leopardo", sobre a túnica, presa por seu cinturão vermelho. As patas do leopardo chegam-lhe até as coxas. O sangue jorra de seu pescoço. Os nomes de Pentesileia e de Aquiles estão inscritos no jarro, ao lado de cada figura.

O museu possui também uma hídria – um tipo de jarro para água – que mostra as consequências dessa batalha.[44] Um Aquiles barbudo caminha da esquerda para a direita, inclinando-se ligeiramente para a frente, com duas lanças na mão direita (ele não chegou a perder sequer uma delas). Sobre o ombro esquerdo, leva o corpo de Pentesileia. Mais uma vez, ela é pintada de branco. Seus olhos estão fechados, seus membros pendem inertes. Embora possamos ver muitas imagens de guerreiros gregos carregando companheiros caídos do campo de batalha, essa hídria é singular porque mostra um grego carregando um inimigo.[45] Mesmo após a morte, Pentesileia é uma heroína extraordinária.

Basta-nos lembrar do comportamento de Aquiles depois de matar Heitor, o antigo defensor de Troia: ele profanou seu cadáver ao arrastá-lo preso a seu carro e recusar-se a permitir que fosse enterrado. O tratamento que Aquiles dispensa a Pentesileia é, em comparação, um modelo de respeito. Ele carrega seu corpo como se ela fosse uma companheira, e os gregos a devolvem a Príamo sem pestanejar: sem discussão nem barganhas. Príamo e seus homens a cremam numa pira. Além de caro, o funeral é solene: ela é tratada como uma filha amada.[46] Eles colocam seus ossos em um esquife e os enterram ao lado dos ossos do pai de Príamo, Laomedonte, outrora rei de Troia. É difícil imaginar algum guerreiro caído mais louvado ou lamentado, tanto por amigos quanto por inimigos, que Pentesileia.

Assim, ela não é menos guerreira por ter morrido tão rapidamente nas mãos de Aquiles. Por maior que seja um lutador, Aquiles sempre é melhor, mais rápido, mais sanguinário. Dada a sua extraordinária superioridade marcial, a simples tentativa de enfrentá-lo é a marca de um verdadeiro guerreiro. E Pentesileia alcança o que muitos guerreiros se esforçam por obter ao longo da *Ilíada*: fama pessoal e uma morte gloriosa. Isso pode parecer-nos objetivos ilusórios. De perto, não há morte alguma que pareça gloriosa, muito menos a morte em batalha. E a glória – a estima de nossos pares – de que vale, no fim? Aquiles, já no Submundo, diz a Odisseu que preferiria ser um camponês vivo a ser um rei entre os mortos. A glória que perseguiu com tanta fúria durante toda a *Ilíada* afinal não valia a pena da morte.

Mas esse é outro poema; Odisseu ainda terá que esperar muitos anos para fazer sua visita aos mortos e Aquiles ainda está vivo. Assim, conforme os padrões do código de heroísmo vigente na guerra, pelo menos (Aquiles só muda de ideia depois que morre; obviamente, tarde demais em todos os sentidos), Pentesileia viveu e morreu bem. Ela buscou purgação pelo assassinato acidental da irmã e levou esperança e inspiração aos troianos (que continuarão mantendo a guarda contra os gregos até caírem no truque do cavalo de madeira). Ela lutou como aliada de uma cidade massacrada e recebeu a ajuda dos deuses, aos quais se assemelha. Foi enterrada com todas as honras ao lado do rei da cidade que ela tentou salvar. Que herói poderia ter sido melhor?

Avancemos para o século XXI e talvez possamos responder a essa pergunta. A Mulher Maravilha (interpretada por Gal Gadot no filme de Patty Jenkins) é a suprema guerreira. Diana – para dar à Mulher Maravilha seu nome real – é filha de Hipólita (Connie Neilsen) e sobrinha de Antíope (Robin Wright). Embora apareça no filme, Pentesileia é uma personagem menor. Essas amazonas vivem em Themyscira: o nome é quase idêntico ao da terra natal das amazonas da Grécia Antiga, mas nem tanto.

Diana cresce querendo ser uma grande guerreira como a tia, porém a mãe tenta impedi-la de treinar em qualquer tipo de arte marcial.

Como seria de esperar, Diana treina em segredo com Antíope até que Hipólita descobre o que elas estão fazendo. E só permite que elas continuem se Diana treinar para ser a melhor guerreira dentre todas as amazonas. Hipólita conta a Diana a história das amazonas como uma história de ninar: Zeus as criara para proteger a humanidade dos flagelos das guerras que Ares costumava orquestrar. Zeus lhes deixara também uma arma, para o caso de Ares voltar, conhecida como "Godkiller". Diana acredita que essa arma é a espada com a qual ela está aprendendo a lutar. Hipólita também diz a Diana que ela não nasceu como todo mundo, pois foi esculpida do barro e trazida à vida com a ajuda de Zeus.

É uma reformulação intrigante da história familiar. Em primeiro lugar, podemos ver que Diana tem algo em comum com Pandora: ela é feita de barro, mas ganha vida pela mão de um deus. Uma mudança mais significativa é que Ares deixa de ser o pai e o protetor – tendo em vista a armadura que ele dá a Pentesileia – das amazonas para tornar-se seu inimigo e inimigo dos mortais em geral. É característica do nosso tempo o fato de agora vermos a guerra como um mal completo. A antiga ideia de que se poderia querer ser hábil na guerra (contida na oferta de Atena a Páris, na esperança de ganhar o pomo de ouro), ou de que a destreza na guerra defensiva poderia ser algo desejável, quase desapareceu. Agora, talvez por termos mais e melhores informações sobre a natureza e as consequências da guerra (embora, proporcionalmente, muito menos pessoas a vivenciem em primeira mão), estamos mais propensos a desejar paz que proezas marciais. Tendemos a agir assim particularmente em relação à Primeira Guerra Mundial, durante a qual se passa o filme. Diana é atraída para a guerra quando um espião aliado, Steve Trevor (Chris Pine), cai no mar perto de Themyscira, perseguido por caças inimigos. Ela lhe salva a vida e ele lhe explica o conflito que ocorre fora das fronteiras encantadas de Themyscira, também conhecida como ilha Paraíso. Diana percebe que o enorme número de mortes que ele descreve deve ser resultante de algo maior que a crueldade humana e conclui que Ares voltou e que só ela e sua espada Godkiller podem destruí-lo. Então decide acompanhar Steve de volta a Londres para tentar caçar o deus da guerra. Hipólita lhe diz que, se sair, nunca mais poderá voltar. Porém, para Diana, sua responsabilidade é clara: ela deve proteger e salvar aqueles que estão morrendo na guerra, independentemente do que isso lhe custe pessoalmente.

Mais uma vez, vemos uma mudança no papel das amazonas. Elas ainda são as guerreiras que vimos nas fontes antigas, mas se mantiveram deliberadamente longe dos assuntos humanos, embora tenham sido lançadas a um papel semidivino e protetor. Os homens não as procuraram porque nem sabem que elas existem. E não há indícios de que as amazonas sejam agressivas, uma raça que ataca para vingar o que percebem como erro (como às vezes elas são retratadas em algumas fontes antigas). Essas amazonas modernas não querem guerra; elas fazem tudo que estiver a seu alcance para evitá-la. Apenas uma única e solitária amazona decide lutar contra um inimigo imortal. Nisso, ela difere de qualquer de suas antepassadas. Talvez até lembre Pentesileia, que foi ao campo de batalha para desafiar Aquiles. Porém, ao contrário de Pentesileia, que se fez acompanhar de doze amazonas, Diana vai sozinha. Ela vai criar um bando assim que chegar a Londres, mas nenhuma das integrantes é uma amazona. Talvez por uma questão de ênfase: a Mulher Maravilha pode não parecer tão maravilhosa se tiver a seu lado um monte de mulheres que lutam quase tão bem quanto ela. Ou talvez seja simplesmente mais um exemplo desta lamentável tendência do final do século XX e início do século XXI: fazer filmes de aventura com uma mulher no meio de uma gangue de homens (os filmes originais de *Star Wars* são um excelente exemplo, embora o fenômeno tenha sido observado com base em uma minúscula personagem belga azul: a Smurfette, da série de animação *Os Smurfs*).

Se a decisão de Diana de envolver-se numa guerra para proteger os menos favorecidos tem ecos de Pentesileia, a chegada de Steve Trevor a Themyscira também lembra outra das histórias antigas das amazonas. Essa chegada pode muito bem lembrar-nos a de Héracles para tomar o cinturão bélico de Hipólita, mas isso também ganha um toque moderno. Em vez de aterrissar deliberadamente na ilha das amazonas em busca de um objeto, ele cai no mar nas proximidades. E é graças à intervenção de Diana que ele se salva; caso contrário, se afogaria. Houve uma mudança no poder (não há nenhuma sugestão de que Steve seria páreo para Diana em combate) e uma reversão na ênfase: não seguimos Steve enquanto ele embarca em uma busca para ganhar ajuda das amazonas. Essa não é a história dele. Em vez disso, seguimos Diana, a amazona, cuja vida é interrompida pela chegada de um homem em perigo. É sua a decisão de intervir e salvá-lo, sua a decisão de acompanhá-lo a Londres e depois às trincheiras, sua a decisão de perseguir Ares e salvar vidas inocentes. Ela é protegida por uma armadura divina ou dotada de superpoderes (tal como era Pentesileia) e não hesita em arriscar a própria segurança pelos humanos que encontra presos à guerra.

Porém, ao contrário das versões antigas de Antíope, Pentesileia e Hipólita, Diana – a amazona inteiramente moderna – não morre. Ela sobrevive tanto à guerra quanto ao filme, e há uma nova reviravolta na narrativa esperada: ela própria é revelada como a Godkiller; a espada que empunha nada mais é que uma espada como outra qualquer. E, enquanto sua batalha final está por vir, fica claro que alguém precisa interceptar um enorme suprimento de gás venenoso para evitar a morte de inúmeros civis. Nessa história "amazônica", é o herói masculino, Steve, quem morre, sacrificando a própria vida para salvar a dos demais. Assim como ocorreu com suas antigas contrapartes, Diana se apaixona pelo homem que chegou a Themyscira, e ele a ama também. Mas a relação deles não se estabelece ao custo da vida dela. Ambos estão dispostos a sacrificar sua felicidade para salvar a humanidade, só que ele morre e ela, não.

Esse desdobramento do papel da amazona, que lhe permite sobreviver ao contato com uma narrativa heroica masculina por ter sua própria narrativa heroica, é uma mudança marcante. E é também extremamente recente, pois quase não há exceções nas fontes antigas. Em 1955, Robert Graves publicou um poema intitulado "Pentesileia". Foi nesse mesmo ano que ele publicou seu *Greek Myths*, de modo que certamente estava imerso em seu material de base. Sua Pentesileia está morta no início do poema, e seu corpo dilacerado torna-se objeto de necrofilia na linha quatro. O comportamento de Aquiles provoca espanto, cochichos e indignação entre os circunstantes, mas aparentemente isso não lhe importa porque estaria "transtornado pela dor".[47] Presumivelmente, essa dor é provocada por seu "amor àquele valoroso cadáver branco e nu". Térsites, um dos presentes, solta um "risinho obsceno", e Aquiles o mata "com um só bofetão vingativo no queixo". É uma fúria que "poucos poderiam entender", mas Pentesileia "fez uma pausa para agradecer-lhe/ Por vingar com um sacrifício/O insulto à sua feminilidade".

Ainda que se trate de um poema ligeiro, ele é opressivamente desagradável. Pentesileia perde tudo que a fizera heroica, poderosa, uma guerreira. Ela é apenas um cadáver que alguém profana, e esse comportamento revoltante é então descrito como amor. Apesar de tudo, pelo menos seu espírito teve a chance de agradecer a um homem que morreu por zombar disso: vamos combinar, qual de nós não sentiria que nossa feminilidade insultada foi vingada por um homem rindo presunçosamente?

O poema é uma ilustração sucinta da maneira como as personagens femininas do mito grego foram marginalizadas por escritores do mundo (relativamente) moderno: os escritores e artistas antigos não tinham problema em ver uma rainha guerreira que lutava e matava homens, cuja bravura no campo de batalha era igual à de qualquer homem e superior à da maioria dos homens. É só em fontes posteriores que surge a sugestão de amor entre Aquiles e Pentesileia. E, mesmo nessas fontes, isso é acrescentar um elemento romântico à batalha entre eles; talvez para conectá-la às histórias de Hipólita e Héracles, Antíope e Teseu.

A metamorfose do amor em degradação sexual nessa história é um fenômeno recente, e o apagamento total da vida e do caráter é também uma deprimente mudança moderna. O poema pode ter Pentesileia como título, porém ela mal é humana em sua representação. Leia sobre ela em fontes antigas para ter uma noção de quem ela poderia ser, de como ela poderia lutar, do que ela gostaria de vestir: indicações básicas de seu caráter. Ler a seu respeito (ou desrespeito?) em Graves é vê-la simplesmente como um cadáver branco e nu, vítima de abuso, com uma pitada de pudor vitoriano pós-morte para disfarçar o fracasso total da tentativa de conjurar uma pessoa real. Não é a única vez que um escritor do século XX ou XXI que afirma propor-se contar a história das mulheres partindo do mito grego faz toda a história centrar-se numa personagem masculina, mas é um dos exemplos mais flagrantes.

Se estivermos em busca de recriações contemporâneas de guerreiras amazonas, a Mulher Maravilha encontra equivalência em uma californiana que rivaliza com ela em coragem, força e habilidade: Buffy, a Caça-Vampiros. A Buffy de Joss Whedon é páreo não só física como mentalmente para qualquer vampiro, seja homem ou mulher. Como se isso não bastasse, ela também possui uma característica bastante incomum em qualquer lutador: ela é engraçada. Espirituosidade não é uma qualidade tradicionalmente valorizada entre guerreiros: eles tendem a ser valorizados pela força, pela velocidade ou pela coragem. O lutador sarcástico é um fenômeno moderno, que realmente ganhou seu lugar ao sol com a ascensão dos filmes de super-heróis. Os lutadores do cinema já foram durões e calados – Clint Eastwood, John Wayne – ou ocasionalmente se permitiam ser o alvo da piada pensando no bem maior (o desajeitado Clark Kent *nerd* de Christopher Reeve).

A grande maioria dos heróis de ação são homens, assim como (desde o fim da comédia maluca) a maioria das personagens que têm falas engraçadas em filmes de quase qualquer gênero. Buffy quebrou muitas regras quando apareceu em Sunnydale, na Califórnia, como a Escolhida, pronta a lutar para salvar o mundo, mas também pronta a tentar uma vaga na equipe de animadoras de torcida.

Como Buffy é a forasteira que se muda de Los Angeles para a pequena cidade de Sunnydale, ela não tem uma tribo quando a conhecemos. Mas, no final do primeiro episódio, ela encontra uma: a dos Scoobies (que é o nome que terá futuramente). O elenco de apoio de Buffy é masculino e feminino, diferentemente da tribo de amazonas com quem vimos crescer a Mulher Maravilha. Buffy luta ao lado de Willow, Xander, Giles, Angel, Cordelia e, mais tarde, Faith, Spike, Anya e Tara. Para seus incontáveis fãs, o ponto forte de Buffy é que, embora possa ter mais poderes que as pessoas comuns, ela não é menos humana. Assim como suas antecessoras amazonas, ela está sempre impecavelmente vestida em sua versão do melhor traje de guerreira possível: talvez use menos *leggings* estampadas e menos peles de leopardo, mas ela compensa isso muito bem com minivestidos chiques e tops que valorizam os bíceps, além de uma prática bolsa ou estojo para armazenar sua estaca de madeira. Sua bravura na luta – como a de Pentesileia antes dela – é impressionante, tremenda. Ela pode ser derrotada em um duelo, mas só por um guerreiro excepcional (O Mestre, um vampiro de idade e força prodigiosas; Glory, que é uma deusa). Na primeira temporada, em sua penúltima batalha com O Mestre, ela se afoga, mas é ressuscitada. Assim que pode, ela corre para lutar com ele novamente e, dessa vez, consegue empalá-lo com uma estaca.

A segunda morte de Buffy, na quinta temporada, é particularmente tocante. Percebendo que terá que morrer ou ver Dawn, sua irmã, morta, ela faz o supremo sacrifício: morrer por amor. Como podemos ver em tantas das representações de amazonas em pinturas de jarros, essa é uma morte amazônica: uma guerreira que desiste da própria vida para que outra mulher possa viver. Trata-se de uma parte crucial da mitologia de Buffy, como vemos na sexta temporada, quando ela é arrancada da vida após a morte e devolvida a Sunnydale por um poderoso encantamento. "É fazer ou morrer", cantam os Scoobies no episódio musical seminal, "Once More With Feeling". "Ei, eu morri duas vezes", responde Buffy. Podemos certamente concluir que agora ela não tem mais medo da morte: parece-se ainda mais com Pentesileia.

Assim como as amazonas suas ancestrais apareceram na poesia, na prosa e nas artes plásticas, Buffy é um fenômeno multimídia: cinema, televisão, musical de teatro, videogame, quadrinhos e muito mais. Há muitas razões para que a série continue tendo tanta repercussão anos depois de ter acabado, em especial o arco que cria um eco da história das amazonas no enredo da temporada final. Buffy salva o mundo muitas vezes antes de chegar à sétima temporada. Então, ela e sua gangue decidem que há uma alternativa: por meio de um artefato raro e um feitiço mágico, todo potencial caçador de vampiros do mundo tem o poder de transformar-se num caçador de vampiros de verdade. A (única) Escolhida é agora As (muitas) Escolhidas. Buffy consegue afastar-se de sua incansável caça aos demônios ajudando a treinar muitas outras jovens para lutar em seu lugar. A mensagem é simples: as mulheres são mais fortes juntas que separadas, mesmo as que são dotadas de superpoderes.

E é isso que faz de Buffy uma amazona contemporânea: ela pode ser excepcionalmente talentosa, como Pentesileia, mas se afasta da glória individual. Seu *status* não é ameaçado pela formação de mais mulheres heroicas, muito pelo contrário: com isso, ele se consolida. Mesmo quando se é excepcional, as amazonas são uma equipe, uma tribo, um bando, e é justamente isso que Buffy capta tão perfeitamente: um grupo de mulheres que luta para salvar a todos nós.

CLITEMNESTRA

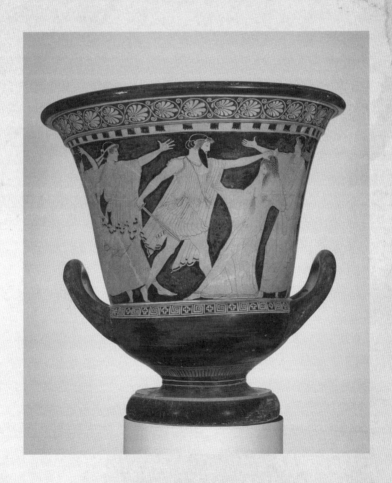

No fim do século V a.C., um jovem levantou-se no mais antigo tribunal do Areópago de Atenas e acusou a madrasta pela morte de seu pai. Certa noite, anos antes, o pai do queixoso visitara um amigo, Filoneu, para jantar com ele. Após o jantar, os dois adoeceram. Filoneu morreu quase de imediato; o pai do queixoso resistiu por três semanas. A escrava de Filoneu fora acusada de envenenar o vinho que lhes servira, torturada e condenada à morte. O jovem era apenas uma criança quando isso aconteceu, mas ele diz ao júri que prometeu ao pai que, um dia, levaria ao tribunal o caso contra sua própria madrasta pelo que acreditava ser a parte que ela tivera no crime. A madrasta foi defendida no julgamento pelo filho, o meio-irmão do autor da ação.

O argumento da acusação é que essa mulher havia conspirado com a escrava agora morta e a convencera a cometer o assassinato. O jovem não tem provas de suas alegações, mas isso não o impede de imaginar os momentos em que a escrava realizou o envenenamento, depois que a comida fora degustada. E ele não acredita que a ideia tenha sido dela. Em vez disso, ela estaria apenas realizando o plano *tēs Klutaimnēstras tautēs*, "dessa Clitemnestra aí".[1]

Não sabemos o veredito, nem temos o discurso apresentado pelo filho da mulher em sua defesa. Podemos supor que este último teria se concentrado na falta de provas, na falta de motivo e na ausência de uma conexão estreita entre a madrasta e a mulher condenada à morte pelo envenenamento. Um assassinato não é algo que se cometa assim levianamente, por sugestão de outra pessoa: toda a trama de *Strangers on a Train*, de Patricia Highsmith, depende da pura e simples improbabilidade de tal comportamento. Dado que os anos se passaram desde a morte do pai – e dado que é seu meio-irmão quem está defendendo o caso contra ele – parece mais provável que o queixoso estivesse envolvido em uma disputa de propriedade com a família adotiva e usasse essa acusação de homicídio para promover suas reivindicações ou para pressionar a família a compensá-lo financeiramente.

O único elemento de prova que o jovem apresenta – e "prova" é uma palavra forte no contexto – é a alegação de que a madrasta tentara envenenar seu pai em uma ocasião anterior. Ela ingressa com reconvenção, alegando que a substância que havia dado na época ao pai do queixoso não era veneno, mas uma poção do amor (um erro cometido também pela última esposa de Héracles, Dejanira, na peça *As Traquínias*, de Sófocles). Em uma sociedade na qual as mulheres tinham pouquíssima liberdade, enquanto seus maridos tinham por lei o direito de manter relações sexuais com outras mulheres, o medo de perder o marido (e, com ele, sua casa e seus filhos) deve ter sido imenso. O estímulo ao emprego de poções do amor era considerável.

Portanto, o jovem poderia ter comparado a madrasta a Dejanira, que inadvertidamente envenenara o grande Héracles. E também poderia tê-la comparado a Medeia, cujos sortilégios com veneno a tornaram uma das mulheres mais temíveis do mito grego. Mas, em vez disso, ele a comparou a Clitemnestra. Talvez isso se deva ao fato de que o envenenamento em si havia sido realizado por outra mulher, de modo que a comparação com Dejanira ou Medeia teria sido indireta. Ou talvez a razão para mencionar Clitemnestra fosse mais visceral, dado que os jurados dos tribunais atenienses eram todos do sexo masculino.

Clitemnestra é o exemplo máximo que pode haver da má esposa, da mesma maneira que Medeia é o exemplo máximo que pode haver da má mãe. Clitemnestra era a mulher que fazia qualquer homem ter medo de voltar para casa. Seria ela uma covarde diante da luxúria ou estaria movida pela vingança, determinada a exercer o poder na pólis – cidade – e também em casa? Qualquer que fosse a versão da história de Clitemnestra que os homens pudessem ler, assistir ou ouvir, teriam deparado com o mesmo fenômeno preocupante: uma mulher que não sabia qual era o seu lugar.

Podemos imaginar que a versão da história de Clitemnestra com a qual os homens do júri estariam mais familiarizados seria a versão sedenta de poder que encontramos na peça *Agamenon*, de Ésquilo, apresentada pela primeira vez em 458 a.C. A peça começa com uma sentinela que espera um sinal: a mensagem flamejante que lhe dirá que Troia finalmente foi tomada por seu rei, Agamenon, e seus companheiros gregos. Mas o homem fazia essa vigia sob as ordens de Clitemnestra, esposa de Agamenon e rainha dos argivos. Ela é quem tem governado a cidade grega de Argos nos dez anos de sua ausência.

Isso, por si só, é um estado de coisas muito irregular, aliás. A ansiedade masculina sobre o que as mulheres poderiam fazer em sua ausência era um tema que permeava tanto a sociedade ateniense quanto seu sistema legal. A clausura em que eram mantidas as mulheres da classe alta tornava improvável que falassem com qualquer homem, a não ser que fosse seu parente próximo. O medo de que uma mulher pudesse sair de casa e chamar a atenção de um homem que não fosse o marido era praticamente uma neurose coletiva: a pena para o adultério era mais severa que a pena para o estupro. O enclausuramento das mulheres torna difícil saber quando elas tinham permissão para ir a algum lugar, mesmo que estivessem acompanhadas pelos maridos. Mas é uma peculiaridade fascinante do teatro do século V a.C. que as peças de Ésquilo, Sófocles e principalmente Eurípides estejam cheias de mulheres poderosas e assustadoras, capazes de assassinatos, torturas e infanticídios. No entanto, como mencionado anteriormente, é mais provável que não houvesse nenhuma mulher na plateia das Dionísias para ver essas representações de suas contrapartes mitológicas. As próprias personagens, masculinas e femininas, eram interpretadas por homens que usavam máscaras, como ocorria com todas as personagens das peças gregas. E, igualmente estranho, os homens se reuniam para assistir e apreciar essas peças, apesar (ou será por causa?) do fato de elas apresentarem mulheres que se comportavam tão mal. Entretanto, existem algumas indicações de que esta peça, especificamente, não foi encenada muitas vezes após sua estreia,[2] de modo que talvez a versão de Clitemnestra proposta por Ésquilo tenha sido demais para todos, a não ser para os fortes da plateia.

A sentinela exulta ao ver a luz do facho sinalizar a derrubada de Troia: finalmente sua longa espera chegara ao fim. Ele corre ao palácio para informar sua rainha que Agamenon fora vitorioso em Troia e logo estará de volta. O coro agora ocupa o centro do palco: todos são anciões, velhos demais para partir para a guerra ao lado de seu rei uma década antes. Eles ainda não sabem que a guerra fora vencida e, quando Clitemnestra entra e começa a acender fogueiras em homenagem aos deuses, eles perguntam-lhe o que provocara essa efusão de entusiasmo religioso. Ela não responde, e eles voltam a atenção para o passado. Especificamente, cantam a morte de Ifigênia, filha de Clitemnestra, a quem descrevem em termos emotivos: uma vítima sacrificial, um animal acuado, em perigo.[3] E contam toda a feia história: como o exército grego ficara preso em Áulide dez anos antes, não tendo encontrado clima propício para zarpar rumo a Troia; como Ártemis tivera de ser apaziguada para que o tempo mudasse; como Calcas, seu sacerdote, explicara que Ártemis exigira um sacrifício de sangue, o sangue de uma jovem: da filha de Agamenon, filho de Atreu. Eles descrevem Ifigênia implorando ao pai quando percebeu o que estava prestes a acontecer, ou melhor, o que seu pai estava prestes a fazer com ela. Ele ordenou a seus homens que a amordaçassem para que ela não o amaldiçoasse. Emudecida, Ifigênia fitara seus agressores, desejando poder falar.

Nesse momento, quando nossa capacidade de suportar o horror está quase a ponto de explodir, o coro para abruptamente. Os anciões não descreverão o momento da morte de Ifigênia. Vale a pena ressaltar que, em todo esse trecho, eles nunca a mencionam pelo nome. Eles a desumanizaram, a transformaram em uma vítima sacrificial sem nome? Ou simplesmente não suportam aumentar a dor de lembrar essa jovem muito de perto? De qualquer modo, eles sabem que a mãe dela mantém viva sua memória: *mnamōn mēnis teknopoinos*:[4] "fúria, lembrança, vingança pela filha".

Haverá muitas outras versões de Clitemnestra em todos os meios artísticos, mas serão poucas as que comandam mais nossa simpatia do que esta, nesse momento. O sacrifício de Ifigênia é inteiramente repulsivo. Independentemente de nossos pontos de vista sobre a vingança que Clitemnestra adotará no decorrer da peça, bem como da retribuição que, por sua vez, lhe será exigida, ela é a mãe de uma filha que foi morta como um animal. É de admirar que nutra uma raiva insaciável contra o homem que cometeu esse crime? Acaso não a desprezaríamos se ela tivesse simplesmente perdoado Agamenon e seguido em frente? Essa é uma pergunta importante, até porque Ésquilo age de modo incomum por ter feito da morte de Ifigênia algo tão central na motivação de Clitemnestra. Ifigênia morreu dez anos antes do dia em que ocorre a ação da peça. Porém sua morte nos é apresentada, em toda a sua crueldade, logo no início da peça. A sentinela noturna viu o fogo que lhe indica que Troia caíra e correu para contar a Clitemnestra a notícia fora do palco. O coro então cantou, em detalhes, a morte da jovem princesa de Argos. Nada pode acontecer na peça antes que abordemos esse trauma não resolvido.

Quando o coro termina e seu líder vira-se para falar diretamente com Clitemnestra, este lhe diz uma frase extraordinária: "Venho em honra a seu poder, Clitemnestra".[5] A palavra grega para poder é *kratos*, a raiz de palavras como democracia, autocracia, cleptocracia. Não é uma palavra nebulosa, vaga, que possa implicar qualquer coisa, desde carisma vazio até ser figura de proa na ausência do marido. *Kratos* é específico: poder político, poder de governo. Esses homens não se curvam a Clitemnestra simplesmente porque seu marido é o rei; eles lhe dizem abertamente que respeitam seu próprio poder. Clitemnestra responde com um provérbio: Que o amanhecer nasça da mãe noite. A maternidade está em primeiro plano na sua mente. Podemos concluir que certamente nunca está em nenhum outro lugar; que essa mulher poderosa é motivada, em primeiríssimo lugar, por seu relacionamento com a filha assassinada.

Clitemnestra explica ao coro que Troia caiu. Ela parece já saber mais do que a sentinela poderia ter-lhe dito, pois faz uma referência direta ao comportamento dos gregos dentro da cidade de Troia: Contanto que respeitem os templos e santuários dos deuses troianos, eles ficarão bem, diz ela.

Será que ela sabe que os gregos fizeram o oposto absoluto disso ou se trata apenas de uma suspeita por já pensar tão mal de Agamenon e dos homens que ele comanda? Presumivelmente pela segunda das opções acima, do contrário como poderia ela saber que Príamo, o antigo rei de Troia, fora assassinado em um templo? Como poderia ela saber que Cassandra, uma sacerdotisa de Apolo, havia sido estuprada? Os gregos não mostraram respeito pelos deuses, e é difícil deixar de imaginar um tom de satisfação nessas palavras de Clitemnestra. Essa é uma mulher que passou dez longos anos esperando para vingar a filha. Ela sabe que há limites até mesmo para seu poder. Se os gregos e Agamenon se comportassem bem em relação aos deuses, talvez sua hora nunca chegasse, o que impediria uma reação ao assassinato de Ifigênia.

Mas seus desejos se tornaram realidade: a desenfreada crueldade dos gregos custara a vida de Ifigênia e não diminuíra ao longo de toda uma década de combate brutalizante. Como poderia?

O coro reage entoando outro cântico sobre os horrores da guerra e da queda de Troia. E então o arauto de Agamenon corre ao palco para anunciar a chegada iminente do rei. Clitemnestra explica que soube que isso aconteceria em breve assim que as fogueiras anunciaram que a guerra estava ganha. Ela não cede sequer um milímetro de seu terreno político: está à frente de todos esses homens que a rodeiam. O arauto e o coro trocam opiniões hostis a respeito de Helena (a quem atribuem a culpa pela guerra), que é, naturalmente, a irmã de Clitemnestra.

Por fim, praticamente na metade da peça, Agamenon chega em um carro e faz sua entrada. Essa peça pode ter seu nome, mas não é ele o protagonista: Clitemnestra tem mais tempo de palco e mais diálogos. Seu marido sobe ao palco com o espólio que trouxera de Troia, acompanhado por uma sacerdotisa de Apolo, Cassandra, filha de Príamo e Hécuba. Agamenon agradece aos deuses por ajudá-lo a arrasar Troia e a trazê-lo de volta para casa. A palavra que usa para descrever a destruição de Troia é *diēmathunen*, reduzir a pó, destruir completamente. Sua entusiástica oração parece fora de lugar quando nos lembramos da descrição anterior de Clitemnestra da profanação dos templos de Troia por seus homens, tanto mais por ele estar acompanhado por uma sacerdotisa, cujo corpo deve ser sacrossanto. Mas Agamenon fez de Cassandra sua noiva de guerra: ele a estuprou, profanando o templo em que ela atendia e a cidade em que vivia.

Agamenon fala primeiro aos deuses e, depois, ao coro dos anciãos argivos. Ele não se dirige à esposa, embora ela esteja no palco durante pelo menos a segunda metade de sua fala (as indicações de palco são uma invenção irritantemente moderna que nem sempre nos dizem com certeza quando as personagens entram e saem). Sua prioridade não é uma reunião em família, mas sim apresentar-se aos homens de

Argos. Quando ele termina de falar, Clitemnestra retribui na mesma moeda: ela também se dirige ao coro, mas para falar da solidão de uma mulher quando o marido parte para lutar numa guerra. Podemos suspeitar de seus motivos, mas há um quê de verdade na dor que ela descreve à medida que cada mensageiro chegava, um após o outro, trazendo notícias de ferimentos, desastres. Se seu marido de fato tivesse todos os ferimentos que supostamente teria sofrido, diz ela, precisaria ter no corpo mais furos que uma rede.

O que devemos fazer com essa fala? Sem dúvida, não acreditamos no retrato que Clitemnestra pinta de si mesma como solitária e infeliz, perdida num limbo entre esposa e viúva (embora, na maioria das vezes, esse retrato deva ter sido verdadeiro para muitas esposas gregas. Veremos as complicações que decorrem disso com Penélope, enquanto ela espera o dobro do tempo – vinte anos – até que o marido, Odisseu, volte para casa da Guerra de Troia). Sabemos que Clitemnestra está esperando avidamente pelo retorno de Agamenon, que mantém sentinelas em postos longínquos para ser a primeira a saber da queda de Troia. Estaria ela descrevendo com precisão o próprio comportamento e mentindo apenas sobre os motivos? Será que ela esperou a chegada de cada mensageiro, como afirma, desesperada por ouvir se Agamenon tinha sido ferido? Não pelo fato de querer ouvir que ele estava são e salvo, mas sim para ouvir que ele não estava em segurança? Teria ela amaldiçoado cada mensageiro porque eles pareciam querer provocá-la: Agamenon certamente já deveria ter morrido e, apesar disso, ainda vive? Ou ela estava sinceramente desesperada por notícias de que Agamenon estava ileso, mesmo que sua motivação fosse muito mais sombria do que qualquer um conseguira perceber? Será que Clitemnestra queria que Agamenon voltasse são e salvo para casa por uma única razão: matá-lo ela mesma?

Então Clitemnestra mostra-nos o tamanho de sua inteligência e de sua astúcia. Por fim, ela se dirige a Agamenon e diz-lhe que todos esses rumores a seu respeito foram tão traumáticos para ela que, mais de uma vez, atara um laço ao pescoço. Se não fosse por outros o terem cortado a tempo, ela não estaria viva naquele momento. E é por isso que Orestes, filho de ambos, não está presente: para seu próprio bem, ela o confiara aos cuidados de um amigo próximo para não testemunhar o sofrimento da mãe.

Assim, Clitemnestra apresenta uma desculpa preventiva para a ausência de Orestes no palácio. Agamenon certamente esperava que o filho estivesse em casa para dar-lhe as boas-vindas (ela não precisa dar as mesmas desculpas por Electra, a filha que sobrevivera. Talvez os pais não se preocupassem tanto em ser recebidos pelas filhas. Ou talvez Agamenon, especificamente, não pensasse muito nessa filha, já que matara sua irmã mais velha, como nos foi lembrado no início da peça). Clitemnestra não só ofereceu uma razão perfeitamente aceitável para Orestes estar ausente; ela também transformou a própria infelicidade numa arma para dar maior plausibilidade a sua história. Ela não mandara Orestes embora por ser uma mãe desnaturada que não se importava com o filho. Tampouco o fizera por ser uma má esposa que não se importava se o filho não estava presente para receber o pai. Ela só o fez afastar-se do palácio porque os relatos de ferimentos sofridos por Agamenon eram tão frequentes e tão angustiantes que suas repetidas tentativas de suicídio foram perturbadoras para Orestes, e é por isso que ele estava em outro lugar. Hesito em prejudicar sua leitura da peça, mas diria que é nesse exato momento que podemos descrever Clitemnestra como uma criatura dissimulada, perniciosa, detestável mesmo. Coitadinha, ela se preocupa tanto; simplesmente se preocupa demais. Bem, isso é o que ainda veremos. Ah, e vocês se perguntavam por que ela não estava com a cara inchada de tanto chorar por causa dos possíveis ferimentos de Agamenon durante todas essas noites? Claro, Clitemnestra também tem uma explicação para isso: em vez de dormir, já chorara todas as lágrimas que tinha nas longas noites que passara sofrendo.

Poderíamos pensar que, para cair em toda essa armação, Agamenon deveria ser bastante crédulo. E talvez fosse mesmo. Nada sobre sua personagem, conforme a apresenta Homero na *Ilíada*, sugeriria que estamos lidando com um homem astuto ou mesmo moderadamente inteligente: os cérebros do acampamento grego pertenciam a Odisseu, Nestor e outros. Porém, mesmo que de imediato Agamenon ouvisse com ceticismo as palavras de uma mulher cuja filha ele assassinou um dia, isso de pouco lhe valeria. Ele simplesmente acabaria superado. Veremos uma dinâmica semelhante em jogo entre Jasão (que é muito mais esperto que Agamenon) e sua mulher, Medeia, na peça de Eurípides.

Só que, então, Clitemnestra quase põe tudo a perder. Ela faz um gesto para chamar suas escravas, que haviam acabado de carregar as melhores tapeçarias dos salões do palácio para fora, e ordena-lhes que ponham essas lindas peças no chão para que Agamenon possa caminhar sobre elas. Ela não quer que ele ponha os pés no pó da terra que está sob as rodas de seu carro, mas que ande apenas sobre esses luxuosos tecidos cor de púrpura. Isso pode parecer-nos estranho, mas não especialmente chocante: talvez essas tapeçarias fossem algo como o que hoje representaria para nós o "tapete vermelho". Mas a resposta de Agamenon mostra-nos que, na verdade, o que Clitemnestra lhe pede que faça é algo profundamente transgressivo.

Agamenon quase aceita o louvor que Clitemnestra lhe oferece como se fosse o que de fato merecia. Porém, diz ele, seria mais adequado se viesse de outra pessoa que não sua própria mulher. O suntuoso tratamento que ela lhe propõe deixa-o pouco à vontade. Andar sobre essas tapeçarias seria arrogância; algo que só um deus ou um bárbaro poderia fazer. Vemos aqui uma divisão interessante em sua noção de masculinidade: luxo é algo bom demais para um homem mortal e pertence ao reino dos deuses, mas também é exótico, estranho demais, e qualquer um que ceda a ele dessa maneira se assemelha a um estrangeiro, a um bárbaro, a um homem que não seja um grego.

Como poderiam ser as tais tapeçarias para provocar reação tão extrema em Agamenon? Elas são claramente muito mais preciosas que tapetes. Durante a Idade do Bronze, quando essa peça se passa – talvez o século XII a.C., centenas de anos antes de ser escrita –, a riqueza de uma casa real não era mantida em dinheiro, que ainda não existia, mas sim em ouro e outros metais preciosos. E também em finas tapeçarias, como as que Clitemnestra propõe que suas escravas joguem sobre o chão. Sem nenhum tipo de processo industrial, a tecelagem era uma tarefa tremendamente demorada. A produção de tecidos feitos com fios mais finos levaria mais tempo que a de qualquer outro: um fio finamente fiado precisa de muito mais linhas de tecelagem para criar um tecido do mesmo tamanho que outro, que poderia ser produzido muito mais rapidamente caso fosse usado um fio grosso. E os padrões também seriam muito mais intrincados, pois a finura do tecido permitiria que ele tivesse muito mais detalhes.

A cor também era uma das razões de seu valor. Os tecidos de cor vermelha ou púrpura eram tingidos com múrex: um caracol marinho cujas secreções são a base de um corante roxo-escuro que se tornou símbolo da realeza. Ele era importado do Oriente, provavelmente da cidade fenícia de Tiro. O mesmo corante seria usado para criar a púrpura imperial em Roma, muitos séculos depois. Para colorir o fio de uma grande tapeçaria, seria necessária uma grande quantidade de múrex, cujo processo de produção era extremamente caro e trabalhoso. Clitemnestra e Agamenon referem-se ao enorme custo do corante: a púrpura equivale em valor à prata,[6] diz Clitemnestra. Para esclarecer, estamos falando aqui do valor apenas do corante, antes de usado para tingir os fios que compõem as delicadas tapeçarias.

Mais uma coisa a notar sobre o múrex é que ele produz uma cor que poderíamos chamar de vermelho, carmesim ou roxo. Mas teria que ser de um tom escuro como o das vísceras. Então, quando joga com a vaidade de Agamenon, diz-lhe que sua vitória é tão grande que merece ter essas tapeçarias sob seus pés e o convence a andar sobre elas com os pés descalços, Clitemnestra consegue duas coisas. A primeira diz respeito às demais personagens da peça, que veem como Agamenon se curva à vontade da esposa e caminha sobre essas tapeçarias de valor incalculável, exatamente como ela lhe ordenara. Ele foi bajulado para comportar-se como um potentado, e ela o vence no primeiro diálogo que os dois travam em dez anos: ele faz o que ela ordena.

A segunda diz respeito ao público que assiste à peça. Vimos Agamenon voltar para casa em seu carro, carregando seu espólio, acompanhado por uma noiva de guerra. E agora vemos esse homem descer, descalço, desse carro e caminhar até seu palácio sobre um rio de vermelho vivo. Mesmo os que não conhecem sua história não podem deixar de ver que ele caminha em meio a sangue para voltar para casa.

Ao descer do carro, ele exorta a esposa a cuidar "dessa mulher estrangeira",[7] lembrando-lhe magnanimamente que os deuses favorecem os senhores bondosos porque ninguém escolhe tornar-se escravo. Acaso essa atitude soaria mais razoável se vinda de um homem que não tivesse escravizado literalmente a mulher de quem está falando? Talvez. Mas, é claro, nossa resposta não tem a menor relevância: é com a de Clitemnestra que ele deveria preocupar-se. E ela está sendo apresentada à prova viva da infidelidade do marido, que ainda por cima lhe pede que a trate bem. Para o espectador, é impossível não se perguntar se Agamenon já havia conhecido sua esposa antes desse momento. Talvez ele tenha sofrido um golpe na cabeça quando estava no campo de batalha. É claro que poderíamos argumentar que, tanto na Idade do Bronze, quando a peça é ambientada, quanto no século V a.C., quando a peça é escrita e encenada, expectativas muito diferentes de fidelidade masculina e feminina eram comuns: os atenienses podiam fazer sexo com mulheres não atenienses (com ou sem pagamento) que seus casamentos seriam considerados completamente seguros. As mulheres, como sempre, não tinham a mesma liberdade. Mas simplesmente porque uma desigualdade é o *statu quo* não implica que o desfavorecido por essa desigualdade vai aceitá-la, muito menos se ela for exibida com alarde bem diante de seus olhos. E, de todas as mulheres que você pode não querer nunca irritar ainda mais, Clitemnestra é uma que deve estar bem perto do topo da lista.

Agamenon não se demora mais: cruza a soleira e entra no palácio. Esse momento limítrofe – no qual ele retorna, mas ainda não está em sua casa; reúne-se ostensivamente à esposa, mas sem sinceridade nem intimidade; sai vitorioso de Troia e, ainda assim, é derrotado pela esposa na questão das tapeçarias; está vivo e, no entanto, já condenado – finalmente se encerra. O coro reage com um presságio e é claro que, embora Agamenon possa ser estúpido demais para perceber os pensamentos sombrios que sua mulher acalenta, os anciões não são tão ingênuos. Quando eles terminam, Clitemnestra convida Cassandra a acompanhá-la ao palácio. É a primeira vez que alguém se refere a Cassandra pelo nome na peça. Agamenon se referira a ela com as palavras *tēn xenēn*, "essa estranha", "essa estrangeira"; mais uma razão para nos indagarmos sobre seus motivos quando pedira a Clitemnestra que fosse gentil com ela. Se ele tinha tanta empatia diante da condição recém-escravizada de Cassandra, por que não lhe fizera a cortesia de referir-se a ela pelo nome? Tratando-a como a tratara, ele a transformara num simples tipo, num objeto. Somente quando Clitemnestra lhe dirige a palavra é que vemos alguém que a trata, não como uma concubina nascida no exterior, mas como a pessoa que ela é. E Clitemnestra certamente tem interesse em Cassandra por quem ela é e pelo que ela é (uma sacerdotisa violada por Agamenon), só que não de uma maneira que pudesse ser interpretada como magnânima.

Cassandra não responde a Clitemnestra. Será que não a ouvira? Clitemnestra fica impaciente e pergunta aos anciões do coro se podem comunicar-se com ela. Eles se perguntam se há alguma barreira linguística; Clitemnestra perde o interesse e torna a entrar no palácio. Ao fim e ao cabo, ela não tem tempo nem foco para desperdiçar com Cassandra. O coro tenta falar com a sacerdotisa troiana, mas de repente ela invoca Apolo. Em seguida, pergunta ao deus onde ela está e, ao saber que se encontra na casa de Atreu (Atreu era o pai de Agamenon e de seu irmão Menelau), fica ainda mais perturbada. Ela descreve exatamente o que está prestes a acontecer com Agamenon. Ele está em um banho, uma rede ou uma armadilha o aguarda, ele está preso. Embora confusas, suas palavras são claras, inegáveis. O coro concorda que algo de ruim deve estar acontecendo. Cassandra profetiza a própria morte e, então, ela e o coro discutem a causa de seus problemas (ela os atribui a Páris).[8] Em seguida, há um momento que parece saltar de um filme de terror: Cassandra vê as Fúrias dançando no telhado do palácio.[9] Essas deusas sombrias punem delitos e, em particular, crimes cometidos entre parentes de sangue. A casa de Atreu está mergulhada exatamente em tais crimes familiares: adultério, filicídio e canibalismo não intencional, só para começar. Não admira que as Fúrias tenham se instalado nesse telhado.

O coro se surpreende com o conhecimento de Cassandra sobre a história do palácio. Ela explica que recebeu de Apolo o dom da profecia, mas que dele recebeu também a maldição de nunca ser acreditada por não ter cedido a seu assédio sexual. Não temos razão para duvidar de sua história e, no entanto, a vemos refutada enquanto assistimos, pois o coro comporta-se como se fosse imune às maquinações de Apolo. Acreditamos em vós, dizem os anciões;[10] para nós, isso soa como a verdade. Ela diz-lhes que verão Agamenon morto. Os anciões perguntam-lhe quem é o homem – *anēr* – que está cometendo tal ato.[11] Não haveis entendido nada do que eu disse, retruca ela. E então sua visão vai um pouco além no futuro: ela me matará, diz, a leoa de duas patas que acasala com um lobo na ausência do leão. É perfeitamente claro para nós que ela se refere a Clitemnestra. A leoa tornara-se companheira de cama do inimigo do leão: o lobo. Lembramos que, na ausência do marido, Clitemnestra estava tendo um caso com Egisto, inimigo de Agamenon.

Cassandra arranca suas insígnias sacerdotais e as atira ao chão, pois conclui que não pertence mais a Apolo, já que ele permitira que ela fosse levada para a morte em Argos. Ela ainda consegue ver o futuro, embora o coro não registre o que ela está dizendo: após a morte de Cassandra, e por causa dela, outra mulher será morta e também um homem. Ao que parece, aquelas Fúrias não vão descer do telhado da casa de Atreu tão cedo. E Cassandra adentra o palácio para morrer.

Só agora ouvimos o que Cassandra já previra: a morte de Agamenon. Ele grita que fora atingido e, novamente, um segundo golpe. Agora, o coro reconhece que o rei deve de fato estar morto. Embora pense em correr para dentro e pegar os assassinos, como acontece com quase todos os coros na tragédia grega, este também discute a ação, mas não age. Afinal, conforme dizem os anciões, não é possível trazer os mortos de volta à vida com palavras.[12] Por fim, as portas do palácio são abertas, e Clitemnestra surge por trás delas, tendo a seu lado os corpos do rei e da sacerdotisa assassinados. É interessante ressaltar que, embora tenhamos ouvido Agamenon gritar quando foi assassinado, de Cassandra nada ouvimos: tudo indica que, mesmo em seus últimos momentos, ela aceitou seu destino. O coro, que cai em silêncio diante da terrível visão, está prestes a chocar-se ainda mais porque Clitemnestra nem de longe se desculpa pelo que fizera, que é (da perspectiva dos anciões) ter matado seu rei. Em vez disso, deleita-se com os assassinatos. Ela descreve o ato: prendera Agamenon em uma armadilha ou rede, golpeara-o duas vezes até que ele desmaiasse e, em seguida, dera-lhe um terceiro golpe, o decisivo. Como o coro, nós só o ouvimos gritar duas vezes, o que implica que havia perdido a capacidade de falar após os dois primeiros. Alegrai-vos, diz Clitemnestra ao coro, se puderdes, alegrai-vos. Eu me glorio disso.[13] Agamenon encheu sua copa de más ações, diz ela, e, agora que voltou para casa, bebeu a borra.

A profecia de Cassandra de que Agamenon cairia numa armadilha não é a única menção a algum tipo de emboscada ou estratagema na peça. Aparentemente, Agamenon foi morto quando vestia um traje artificioso, que funcionou como uma camisa de força. Há um notável jarro do Pintor da Docimasia, hoje pertencente ao acervo do Museu de Belas Artes de Boston,[14] feito pouco antes ou logo após a primeira encenação dessa peça teatral (as datas são tão próximas que não é possível afirmar conclusivamente que a cratera mostra uma cena da peça, nem que a peça descreve uma cena já bem conhecida porque nessa tigela para mistura de vinho e água estaria um exemplo dela). Ela foi produzida em Atenas e, por isso, é possível dizer com certeza que, em meados do século V a.C., pelo menos alguns artistas da região estavam fazendo da armadilha um elemento na morte de Agamenon. Na cratera, podemos ver Agamenon vestido numa espécie de roupão fino, seu corpo nu pode ser visto por trás do tecido transparente. Ele estende a mão direita para a frente, embora ao mesmo tempo todo o seu corpo esteja inclinado para trás: ele tenta afastar-se da espada que seu atacante tem na mão. Nessa versão da história, o assassino não é Clitemnestra, mas sim seu amante, Egisto. Ela está atrás dele, segurando um machado. Essa é uma das variações mais frequentes nesse mito, o que levanta uma questão: Agamenon é morto por Egisto, por Clitemnestra ou pelos dois? Na versão de Ésquilo, Clitemnestra reivindica todo o crédito pelo assassinato. Egisto só estará no palco duzentas linhas depois que sua amante aparece ao lado dos corpos de Agamenon e Cassandra. Ela pode estar se vangloriando de sua capacidade homicida ou apenas a descreve com alegria, mas certamente não quer compartilhar a responsabilidade pelo feito. A cratera de Boston mostra-nos uma versão talvez menos chocante da história: um homem que mata o marido da amante, em vez de uma esposa que mata o assassino da filha.

Porém o roupão transparente que Agamenon usa nessa imagem é estranho. Ele tenta abrir a mão estendida, mas o tecido o impede, pois lhe prende os dedos: ele não consegue tirar os braços nem as mãos de dentro da vestimenta. Quase tocando o chão, ela parece funcionar para restringir os movimentos de Agamenon. Talvez isso explique sua postura: ele se inclina tanto para trás que, na verdade, acabaria caindo. Seu equilíbrio é dificultado porque o roupão o impede de usar os braços para estabilizar-se. E, assim, Egisto (na cratera) ou Clitemnestra (na peça) usou de trapaça antes da violência. Afinal, Agamenon é um guerreiro que retorna, de modo que não podemos surpreender-nos se Clitemnestra recorre a estratagemas para aumentar suas chances de sucesso. Deve-se registrar aqui que o recurso a truques para matar ou mutilar um oponente que é superior em força não é uma característica exclusivamente feminina: é isso que Odisseu constantemente faz.

O tema das redes e tecidos atravessa toda a peça de Ésquilo, desde as tapeçarias em que Agamenon pisa até o roupão que, se fosse como o que está pintado no jarro, aparentemente tem as extremidades das mangas costuradas, ou talvez nem tenha mangas. As imagens são consistentes: Clitemnestra é a caçadora e Agamenon, sua presa. E a tecelagem, que é no mito a tarefa idealizada das "boas" mulheres (adiante, veremos Penélope tecendo e destecendo uma mortalha), tornou-se algo mais sombrio, muito mais perigoso. Clitemnestra não passou dez anos tecendo tapeçarias: ela tramou metaforicamente enredos e esquemas e, literalmente, teceu o roupão (ou, melhor, a camisa de força) que usou para enganar Agamenon. O passatempo virtuoso foi distorcido para fins assassinos. Mesmo as tapeçarias, que aparentemente não representavam perigo para Agamenon, foram transformadas em armadilha quando Clitemnestra as usou para incitá-lo a um ato de arrogância.

O coro continua reagindo a Clitemnestra com choque e horror: os anciões dizem-lhe que merece ser banida por seu crime. Sua resposta é veemente: ele é quem deveríeis ter banido, diz ela. Ele foi quem matou a própria filha, como se ela não fosse nada mais que um animal sacrificial. E o que fizestes para reparar isso? Nada. Eu vos digo uma coisa: se conseguirdes derrubar-me, podereis governar este lugar. Se os deuses decidirem de maneira diferente, aprendereis a aceitar isso.

Não se enganem, essa mulher está disposta a lutar contra uma verdadeira multidão de homens, se preciso for. Eles tornam a criticá-la, e é então que ela finalmente explode: foi com Justiça, Ruína e Vingança (que, além de qualidades, também são deusas) que sacrificara Agamenon.[15] Sua linguagem é deliberadamente incendiária. Agamenon sacrificara sua filha como um animal; ela lhe dera o troco na mesma moeda. Além disso, Clitemnestra afirma ter contado com assistência divina para tal. E, em seguida, apresenta mais um argumento quando se volta para a questão de Cassandra: primeiro, Agamenon foi o queridinho de Criseida em Troia, diz ela (no Livro Um da *Ilíada*, antes de ser obrigado a devolvê-la ao pai, ele a tomara brevemente como noiva de guerra). E agora essa companheira de cama, essa amante sua, está morta a seu lado. Assim, apesar de todos os seus nobres ideais de vingar Ifigênia, Clitemnestra também tem um motivo mais básico: ciúme sexual. Porém, ela logo retoma seu argumento original: a lamentadíssima Ifigênia[16] é seu motivo. Ele havia matado sua filha e, por isso, ela o matara. Sua raiva se estende além da morte: ele não terá nada de que se gabar no Hades; Ifigênia é quem o receberá no Submundo, diz ela. O coro é derrotado por Clitemnestra, não apenas pelo caos que provocara, não apenas por não ter demonstrado nenhum arrependimento pelo que fizera, mas pela própria superioridade de seus argumentos.

Então, já bem perto do final da peça, Egisto, o amante de Clitemnestra, sobe ao palco, satisfeito com a excelência do dia. Ele explica que seu pai, Tiestes, tivera uma longa rivalidade com Atreu, pai de Agamenon. Tiestes tentara tomar o reino de Atreu, mas o ataque fora repelido. Os dois homens aparentemente chegaram a uma distensão e

Tiestes foi recebido de volta à casa de Atreu para um banquete. Porém o cardápio tinha um prato que faria revirar qualquer estômago: as mãos e os pés dos filhos de Tiestes, assassinados para esse repasto. O prato lhe foi servido, e ele o comeu sem saber o que era. Egisto, o filho caçula, sobreviveu ao banho de sangue porque era apenas um bebê quando o fato ocorreu. Ele também está agindo com espírito de vingança e reivindica o crédito pelo planejamento do assassinato de Agamenon. Se Clitemnestra pune o marido por seus atos terríveis como pai, Egisto o pune por ser filho de quem é. Como Clitemnestra, ele afirma ter agido com a Justiça a seu lado. E, também como Clitemnestra, não se arrepende diante da desaprovação social. A morte lhe pareceria boa, diz ele, agora que vira esse homem preso na armadilha da Justiça. O coro não se deixa convencer pelos argumentos de Egisto, assim como não fora convencido pela defesa nem pelo ataque de Clitemnestra. Egisto não se curva às críticas dos anciões e ameaça-os com prisão e fome. Independentemente do que possa ter unido Clitemnestra e seu amante (desejo sexual, um inimigo comum), vemos que ambos estão tremendamente deliberados em sua disposição. O coro tenta ferir Egisto da única maneira que sabe: ele pode ter planejado o assassinato, mas não teve a coragem de realizá-lo: isso, ele deixara a uma mulher, diz.[17]

O coro está prestes a entrar em combate com Egisto e seus homens, mas Clitemnestra não permitirá mais derramamento de sangue. Mais uma vez, não nos restam dúvidas quanto a quem assumiu o controle do palácio e da cidade após a morte do rei. Egisto pode reivindicar ser o mentor do assassinato, mas quando se trata de quem detém o poder, vemos que ele está nas mãos da rainha. Ela impede Egisto – "o mais querido dos homens" – de causar mais danos. O emprego de todo esse carinho certamente contribui para persuadir os anciões de que nada terão a ganhar desabafando ainda mais sua raiva e sua contrariedade.

Ela ordena-lhes que saiam. Eles soltam uma última farpa: e vós, esperai até que Orestes volte para casa.

Será que o coro se lembrava que Cassandra profetizara que sua própria morte seria seguida pelas mortes de uma mulher e de um homem? Será que entendia que, por mais que Clitemnestra e Egisto acreditassem estar servindo às deusas da Justiça e da Vingança, agora ambos poderiam ser destruídos por essas mesmas deusas? Essa é a sombra escura que paira sobre a casa de Atreu. Todo crime cometido requer um ato de retribuição para satisfazer os mortos: Ifigênia, os filhos mais velhos de Tiestes. Mas cada ato de retribuição exige outro: a filha de Clitemnestra é vingada, mas seus filhos sobreviventes, Orestes e Electra, estão agora em um dilema impossível, como ficará claro em *Coéforas*, a peça seguinte na trilogia. Se eles deixarem de vingar o pai, seu espírito os atormentará por ele ter sido assassinado e pelo fato de a responsável por sua morte ficar impune. Mas, se matarem a responsável, eles próprios estarão cometendo o imperdoável crime do matricídio. Tudo bem com a justiça retributiva, mas quando horrores desse tipo ocorrem no seio da família, não há solução que não piore uma posição já intolerável.

Clitemnestra pode impedir que o amante e o coro dos argivos entrem em luta, mas chega ao fim da peça sem nenhum sinal de humildade nem de arrependimento. Ignora seus latidos inúteis, diz ela a Egisto, desumanizando os anciões sem o menor esforço: para ela, eles não têm mais importância que os cães; suas palavras têm o mesmo mérito que os uivos dos animais. E ela tem, literalmente, as últimas palavras na peça: eu, e tu, governamos esta casa agora. A ordem dos sujeitos nessa oração pode até incomodar os gramáticos, mas é exatamente isso que Clitemnestra quer dizer: eu governo o palácio, a cidade e seu povo, e tu também. Egisto não é propriamente uma consideração *a posteriori*, mas sem dúvida ela não está lhe concedendo o primeiro lugar na lista. A peça se encerra com mais um motivo para matar Agamenon: o ganho do poder.

Se hoje ainda é inquietante, essa peça deve ter provocado muito mais inquietação quando foi apresentada pela primeira vez. É difícil mensurar o impacto de alguma coisa pela ausência de obras que inspira, mas é surpreendente que haja tão poucas pinturas em cerâmica que mostrem essa parte da história de Agamenon e Clitemnestra, e ainda menos que mostrem a versão de Ésquilo. Será que simplesmente tivemos azar naquilo que sobreviveu até nossos dias? Ou pode haver outra razão para essa escassez? Em geral, esses ornamentados utensílios para misturar água e vinho e servir essa mistura eram usados em festas frequentadas por homens e também por mulheres que não eram suas esposas. O *Simpósio* de Platão nos dá uma versão muito nobre e idealizada desse tipo de noite: discussão filosófica, bebidas, a chegada tardia de um convidado acompanhado por tocadoras de flauta. Não está além do alcance de nossa imaginação concluir que talvez os homens que frequentassem esse tipo de festa não estivessem desesperados para lembrar-se da raiva homicida de uma esposa deixada em casa à espera do marido. Se quisesse uma tigela para vinho decorada com mulheres empunhando machados, você poderia muito bem escolher as amazonas em alguma de suas batalhas, em vez de uma esposa furiosa trucidando um homem sozinho e desarmado.

Como mencionado acima, o jarro do acervo do MFA de Boston revela uma ênfase diferente: o assassino é Egisto; Clitemnestra é mais ou menos a animadora da torcida que empunha um machado. Mas uma cratera do século IV a.C. do Museu Hermitage, em São Petersburgo, mostra uma Clitemnestra mais assassina. Na verdade, ela mostra Agamenon nu, encolhido por trás de seu escudo, enquanto Clitemnestra se joga sobre ele com um machado levantado bem acima da cabeça, com o manto voando às suas costas. Essa peça foi feita na Magna Grécia (hoje sul da Itália, porém na época já povoado com assentamentos gregos), o que levanta uma questão interessante: será que os bebedores de vinho dessa região gostavam mais da visão de uma esposa homicida que os de Atenas? E, nesse caso, por quê?

Em geral, Clitemnestra é apresentada como a má esposa arquetípica. A única divergência tende a estar em sua motivação, que a torna mais ou menos simpática, mais ou menos ameaçadora para a sociedade que a retrata. As primeiras descrições que temos dela estão na *Odisseia*, onde ela atua (em termos narrativos) como um reflexo sombrio da boa esposa arquetípica, Penélope. O poema segue Odisseu em sua longa jornada de volta para o lar, para sua sofredora esposa, que lida com a invasão de sua casa por uma gangue de delinquentes juvenis, com o desrespeito do filho e muitas outras coisas mais. Ao longo de todo o mito grego, ela é vista como a esposa modelo de seu marido ausente. Mas a história da volta de Agamenon para casa pontua o poema, principalmente quando Odisseu visita o Submundo no Livro Onze e encontra seu agora morto camarada. Ele pergunta a Agamenon como tinha morrido; se Posêidon fizera naufragar seu navio ou se fora morto por homens cujo gado tentara surrupiar. Odisseu consegue evocar com maestria os cenários que ele mesmo conhecia e cenários que ainda conhecerá: sua autoabsorção heroica é um risco sempre presente para sua própria sobrevivência (e a de seus homens) nesse poema. Agamenon responde que não, não fora morto por Posêidon nem por homens que defendiam suas terras. Foi Egisto, diz ele, com a ajuda de minha mulher. Ele usa o vocabulário do abate ritual, assim como Clitemnestra fará na peça de Ésquilo. Porém a versão de Homero é mais um banho de sangue: seu Agamenon viu também seus homens serem abatidos, como porcos. E então o compara a uma batalha, o que torna os detalhes domésticos ainda mais chocantes: as mesas do palácio cheias de comida e de vinho, o piso sob elas coberto de sangue. Ele diz também que ouviu Cassandra ser assassinada por Clitemnestra enquanto sua própria vida se esvaía. Clitemnestra sequer olhara para ele enquanto morria; sequer lhe fechara os olhos e a boca quando tudo terminou. Ele aconselha Odisseu a voltar para casa com cautela, embora diga também que Penélope não é do tipo homicida, "não como a minha esposa".

Assim, a Clitemnestra da versão de Homero não é tão aterrorizante para os homens quanto a da versão de Ésquilo: ela não mata o marido, embora fique de braços cruzados enquanto ele é morto e tenha se envolvido no planejamento de seu assassinato. Obviamente para as mulheres, e especificamente para Cassandra, ela é homicida exatamente no mesmo grau. E, para o Agamenon de Homero, o caso de Clitemnestra com Egisto é a origem da maldade dela. Não há nenhuma sugestão de que essa Clitemnestra pudesse estar vingando a morte da filha e, menos ainda, que pudesse ter ambições políticas de governar no lugar do marido, ao passo que ambas as coisas faziam parte da personagem em Ésquilo. Pelo menos até o ponto em que Agamenon conta as coisas aqui, ela foi motivada unicamente pelo desejo que sentia por Egisto. Clitemnestra é simplesmente uma adúltera.

É essa motivação que virá a definir Clitemnestra quando os autores romanos se apoderarem dela. Para Ovídio, em sua *Ars Amatoria*, ou *A Arte de Amar*, ela é movida pelo ciúme sexual, que só se manifesta efetivamente quando ela vê de perto a infidelidade de Agamenon.[18] Enquanto imagina que o marido lhe é fiel, ela permanece casta. Ela ouvira rumores sobre Criseida e Briseida (ambas tomadas por Agamenon como noivas de guerra na *Ilíada*). Mas é somente quando ele volta para casa com Cassandra e Clitemnestra vê com os próprios olhos o relacionamento dos dois, é que ela começa seu próprio caso com Egisto por vingança. Assim, Ovídio continua uma tradição que priva Clitemnestra de seu *status* de rainha e de Fúria, mas também a exime da responsabilidade pelo assassínio de Agamenon. A implicação é que Agamenon é responsável pela própria queda: se tivesse tido o bom senso de manter a amante longe da esposa, ele poderia ter vivido até uma idade adiantada.

Claro, Ovídio escreveu um poema muito diferente da épica *Odisseia* de Homero ou da tragédia de Ésquilo, *Agamenon*. O *Ars Amatoria* é um guia brilhante, picante e divertido para o sexo ilícito em Roma (produzido num momento em que o novo imperador, Augusto, estava reprimindo o adultério. Pelo menos, o dos outros). Assim, Ovídio tem todos os motivos para transformar Clitemnestra e Agamenon em um casal suburbano que perde o controle sobre seus hábitos de *swing*, em vez de os tratar com a grandeza épica de nossos autores gregos anteriores. Aqui não encontramos nenhuma referência a Ifigênia, nenhuma referência aos desígnios de Clitemnestra em relação ao trono argivo. Ovídio sabe tanto sobre o mito grego que, aqui, podemos ter certeza de que ele está sendo deliberadamente atrevido quando reduz Clitemnestra (e Medeia, um pouco antes no mesmo trecho), duas mulheres notoriamente injustiçadas que respondem com extrema violência ao abuso que sofreram, a meras donas de casa que criam o maior barraco quando ficam irritadas.

O filósofo e dramaturgo romano Sêneca deve ter lido o tratamento que Ovídio dispensa a Clitemnestra porque sua versão da personagem em *Agamenon* (peça sua que é muito estranha e cheia de defeitos) é um ser igualmente sexual, atormentado por seu amor e intenso desejo por Egisto.[19] Ela menciona Ifigênia, mas não com angústia nem especial necessidade de retaliação. Tal como acontece na interpretação de Ovídio, a Clitemnestra de Sêneca tem ciúme das conquistas sexuais do marido durante sua permanência em Troia: Briseida, Criseida e Cassandra. Porém, ao contrário de nossas Clitemnestras anteriores, esta tem medo de que Agamenon a puna por seus próprios pecadilhos, chegando inclusive a cogitar suicídio. Esse foi o progresso desde a mulher furiosa e destemida que Ésquilo criou.

Mas voltemos a Clitemnestra na raivosa encarnação concebida por Ésquilo. Mais especificamente, vamos seguir sua história até o fim. A segunda peça da *Oresteia* é *Coéforas*, uma referência às oferendas feitas no túmulo do falecido Agamenon por Electra e pelo coro alguns anos após os eventos da peça anterior. Clitemnestra tem tido maus sonhos e acredita que a alma de seu falecido marido precisa ser apaziguada. Ela envia a filha, Electra, para fazer as honras. Electra ora para que seu irmão, Orestes, há muito ausente, volte para casa e vingue seu pai. Ficamos sabendo que Clitemnestra ainda governa com Egisto.

Mas Electra está prestes a ver seu desejo realizar-se: ela identifica uma mecha de cabelo deixada como oferenda ao lado do túmulo do pai e vê uma pegada que lhe parece muito familiar. Conclui que tanto o cabelo quanto a pegada pertencem a Orestes, e que finalmente seu irmão deve ter retornado. Se isso lhe parece forçar um pouco as coisas, você não está sozinho: Eurípides zomba de toda essa cena de reconhecimento em sua versão posterior da mesma história, *Electra*.

Assim que se reencontram, os irmãos resolvem – juntamente com Pílades, amigo de Orestes – tomar medidas contra a assassina de seu pai. Orestes recebe a ordem para tanto de ninguém menos que o deus Apolo. Clitemnestra sai do palácio para receber esses dois homens que acredita serem estranhos. Ela os convida a entrar, oferece-lhes pouso. Orestes não se identifica, fingindo ter conhecido um homem que o encarregara de dar-lhe uma notícia: Orestes está morto. A reação dela é a de uma mãe que perde o filho, não de uma mulher que teme represálias dele. Tu me tiraste a coisa que amo: estou totalmente destruída, diz ela.[20]

Depois que entram no palácio, Orestes mata Egisto. Mas, na iminência de matar a mãe, ele vacila. Clitemnestra percebe que será morta por alguém que usa de trapaça, assim como ela mesma a usara para matar.[21] Por um momento, temos a impressão de que Clitemnestra vai conseguir livrar-se da morte na lábia: eu te dei à luz, diz ela. Quero envelhecer a teu lado.[22] Ele fica horrorizado com essas palavras: depois de teres matado meu pai? Queres envelhecer a meu lado? Ela culpa Moira, o Destino, pela morte de Agamenon.

É então que ela e Orestes compartilham um momento que deve ser bem conhecido entre pais e filhos em circunstâncias menos extremas. Tu me expulsaste, diz ele. Ela vê as coisas de maneira diferente: mandei-te à casa de um aliado para colocar-te fora de perigo. Fui vendido como escravo, responde ele. Ah, foi mesmo? E quanto é que eu ganhei por isso?, pergunta ela. Podemos certamente ouvir os ecos de pais e adolescentes discutindo através dos tempos: eles concordam com os eventos que ocorreram, porém suas interpretações desses eventos são polos opostos e um não consegue ver o ponto de vista do outro. Mãe e filho são, nesse momento, estranhamente iguais. Mas Pílades lembra a Orestes que Apolo exige essa retribuição, e Orestes faz o que lhe fora ordenado. Clitemnestra morre lembrando-lhe que os cães da vingança o perseguirão até encontrá-lo.[23]

E assim fazem eles. Nessa trilogia, há mais uma peça: *Eumênides*, que significa "Amáveis", um novo nome para as Erínias, ou Fúrias (seguindo a teoria de que, se você der a uma coisa um nome melhor, ela pode comportar-se de maneira menos alarmante). Essa peça, que encerra a trilogia, faz uma pergunta simples: Orestes estava certo ao matar a própria mãe? E a responde. As Fúrias, que o perseguem incansavelmente, julgam que ele cometeu o crime imperdoável do matricídio. Mas Apolo, e depois também Atena, ficam do lado de Orestes: ele tinha a obrigação moral de vingar o pai, e o matricídio era a consequência necessária dessa vingança. Independentemente do que possamos pensar sobre a questão, a peça a resolve a contento na visão das personagens: Orestes é absolvido graças à intervenção divina, e as Fúrias – a contragosto – permitem-lhe viver sua vida sem ser molestado.

Porém a resolução da peça levanta em nossa mente outra questão: por que a vida de Agamenon é mais valorizada – por todos, com exceção de Clitemnestra – que a de Ifigênia? Por que Agamenon não foi perseguido pelas Fúrias pelo crime imperdoável de matar a filha? Por que coube a Clitemnestra vingá-la? Por que Electra e Orestes respeitam muito mais os desejos do pai, morto e assassino, que sua mãe, viva e assassina, e até mesmo sua irmã, morta e inocente? Mesmo que concordemos com a conclusão a que chega a trilogia (a de que, em vez de tomar as coisas nas próprias mãos, essa amaldiçoada família precisa expor suas queixas perante um tribunal e cumprir o veredito – nesse caso, proferido por uma deusa), certamente ficamos pensando que Clitemnestra tinha razão quando, na primeira peça, perguntou ao coro por que tanta revolta por causa de Agamenon e tão pouco interesse por Ifigênia: ele é quem deveríeis ter banido, diz ela.[24] Parece que Clitemnestra sela seu próprio destino quando valoriza a vida da filha tanto quanto a vida de um rei.

Uma nota final: na peça de Eurípides, *Ifigênia em Áulis*, que conta a terrível história da morte de Ifigênia, Clitemnestra menciona que tivera um marido antes de Agamenon: seu nome era Tântalo[25] e, acrescenta ela, Agamenon o matara e a tomara em casamento. Ela parece não ter tido alternativa na questão do casamento com o assassino de seu primeiro marido. E não só do marido, pois, quando apareceu, Agamenon matou também o bebê que ela estava amamentando. Ele arrancou-lhe o recém-nascido do peito à força e o esmagou no chão. Ou seja, nessa peça (e em outras fontes posteriores), Agamenon mata dois dos filhos de Clitemnestra, com mais de uma década de diferença.

E enquanto muitos autores posteriores abandonarão esse elemento de sua história, concentrando-se no adultério em detrimento da fúria materna, ele está estampado para quem quiser ver, com clareza dramatizada e espantosa, na tragédia do século V a.C. e, especialmente, na *Oresteia* de Ésquilo. Não é provável que ele tenha inventado esse aspecto de sua motivação (ele está em uma ode de Píndaro[26] que provavelmente foi composta alguns anos antes das peças de Ésquilo, embora também seja possível que tenha sido alguns anos depois). Assim, Clitemnestra é sinônimo no mundo antigo e, desde então, de má esposa e até da pior das esposas. Mas, para as filhas injustiçadas, silenciadas e desvalorizadas, ela é uma espécie de heroína: uma mulher que não se cala quando um filho é assassinado, que se recusa a aceitar as coisas e conformar-se, que não fará o melhor com o que tem. Ela arde como a fogueira que Ésquilo a faz aguardar no início de *Agamenon*. E se isso implica fazer os homens pensarem duas vezes antes de beber de uma copa de vinho que retrate sua fúria homicida, que assim seja. Pelo menos na representação de Ésquilo, ela se deleitaria horrores com esse medo.

EURÍDICE

Há no mito poucas histórias mais românticas que a de Eurídice e seu marido, Orfeu. Ela é uma saga em miniatura do *páthos* da juventude interrompida, da dor intolerável da perda e de um amor que sobrevive até à morte. E é também incomum, pois Eurídice parece não existir na história de Orfeu até o século V a.C., e ele próprio não está particularmente bem registrado antes disso: Orfeu não é mencionado em nenhum trecho de Homero nem de Hesíodo, por exemplo.[1] Antes de buscar antecedentes, vamos começar examinando a versão mais conhecida dessa história. Nesse caso, devemos voltar-nos para os romanos. Especificamente, para Virgílio, que a contou nas *Geórgicas*, poema sobre a vida no campo concluído em 29 a.C., após o qual Virgílio dedicou os dez últimos anos de sua vida à *Eneida*, poema épico sobre a queda de Troia e as aventuras de um príncipe troiano, Eneias. O poema foi composto de uma forma que é quase impossível de explicar. Embora seja ostensivamente um guia sobre como viver no campo e ser um agricultor, também está cheio de elogios à recém-pacificada cidade de Roma: as terríveis guerras civis que pontuaram o século I a.C. haviam finalmente cessado com o início do sistema imperial. Augusto, primeiro imperador de Roma, era patrono e amigo de Mecenas, que, por sua vez, era patrono e amigo de Virgílio. Nas *Geórgicas*, os temas gêmeos de país e cidade estão salpicados de histórias maravilhosas, fantásticas, que acompanham conselhos mais práticos sobre, digamos, o cultivo de vinhas e culturas arvenses.

No Livro Quatro, Virgílio volta-se para a apicultura. Isso é, sem dúvida, em parte porque as abelhas eram importantes num mundo em que o mel era a coisa mais doce que as pessoas tinham para comer. E certamente é também porque Virgílio adorava insetos: para ele, as abelhas e as formigas eram uma fonte especial de prazer. Então ele começa falando sobre a colmeia ideal, mas logo se desvia para a história de Aristeu, um homem que perdeu suas abelhas e quer substituí-las. Aristeu procura Proteu, o deus que muda de forma, na esperança de obter conselhos para melhorar sua sorte. Mas Proteu tem palavras duras para Aristeu, que incorreu na ira dos deuses pelo terrível crime que cometera.[2] Proteu conta então a história de como Aristeu atacara Eurídice, a mulher de Orfeu. Ela correra do agressor e atravessara um rio de uma margem a outra, desesperada para escapar-lhe. Muitas traduções adotam um vocabulário que atenua os fatos – Eurídice tenta evitar o abraço de Aristeu, por exemplo –, mas não é isso o que está no latim. Eurídice tenta evitar ser estuprada. Por causa disso, quando foge dele espavorida, ela não vê uma víbora escondida no capim bem diante de seu pé, essa *moritura puella*,[3] "garota prestes a morrer".

Mordida pela víbora, Eurídice desce a Dis, outro nome dado ao Hades, o Submundo; o deus que governa o Hades atende pelo mesmo par de nomes. Agora vem a parte da história que provavelmente conhecemos melhor. Orfeu penetra no Submundo tocando sua lira. As sombras dos mortos acorrem das regiões mais soturnas do Hades para ouvi-lo tocar. Até as Fúrias param para ouvir sua música, e Cérbero, o cão de três cabeças que guarda a entrada do Hades, abre bem abertas suas três bocas.[4] Íxion, que é atormentado no Submundo por estar preso a uma roda de fogo que nunca para de rodar, descansa porque o vento que sopra incessantemente contra ele de repente cessa. Virgílio não menciona a parte em que Orfeu faz o pedido para reunir-se à sua mulher, saltando direto para o momento em que Eurídice é entregue e começa a caminhar atrás de Orfeu, como ordenara Prosérpina (nome romano de Perséfone, rainha do Submundo). Mas quando eles já estão quase de volta à luz do dia, uma loucura o toma e o faz esquecer-se e olhar para trás de si. Em um instante, todo o seu árduo trabalho escorre pelo ralo.

Então Eurídice fala: que grande loucura me destruiu, em minha desventura, e a ti, Orfeu? Novamente as cruéis Moiras chamam-me de volta, e o sono se instala em meus olhos cheios de lágrimas. E agora, adeus. Desgraçadamente, sou levada, cercada pela vasta noite, estendendo-te minhas mãos indefesas. E, nesse instante, Eurídice desaparece de sua vista como fumaça na brisa. Orfeu tenta retornar ao Hades, mas não consegue. Passa sete meses chorando essa segunda perda, continua a lamentar a esposa e o inútil dom de Hades[5] e jura jamais tornar a casar-se. Por fim, furiosas diante dessa rejeição, as mulheres da Trácia o despedaçam durante uma de suas festas báquicas. Sua cabeça decepada flutua pelo rio Evros, gritando: "Pobre Eurídice! Eurídice..."

Há vários pontos dignos de interesse nesse trecho. O primeiro é que ele está sendo narrado para fins de censura: é claro que os deuses estão punindo Aristeu, ele é o responsável pela morte de Eurídice e, portanto (embora indiretamente), também pela morte de Orfeu. O segundo é que Virgílio passa quatro linhas descrevendo os últimos momentos da vida de Eurídice, enquanto ela foge de Aristeu. Ele usa outras quatro linhas para nos dizer que as dríades (ninfas das árvores, como era Eurídice nessa versão, pois Virgílio as descreve como suas iguais),[6] as montanhas e os rios choram por ela quando de sua morte. Em seguida, ele usa mais três linhas para descrever Orfeu sofrendo, tocando sozinho sua lira. A jornada de Orfeu para o Submundo leva muito mais tempo: dezenove linhas. Mas a parte dessa história em que praticamente todos os contos modernos se debruçam – a ascensão, com Eurídice seguindo Orfeu – é incrivelmente breve. O trecho do momento em que Eurídice lhe é devolvida até o momento em que ele a perde novamente tem apenas seis linhas. A onerosa condição que lhes é imposta – que Eurídice não pode acompanhá-lo, mas apenas segui-lo – é tratada numa única linha. A primeira vez que ouvimos falar da ressalva (Orfeu não pode olhar para trás) é quando ele a esquece e o faz.

Menciono esses números porque essa menção é uma maneira simples de mostrar a ênfase que Virgílio dá aos diferentes elementos da história. Podemos estar esperando uma longa narrativa de construção de suspense centrada na jornada de volta à vida, como serão muitas versões posteriores dessa história. A tensão dramática é inerente à jornada de saída do Submundo, à proximidade irresistível da liberdade e do reencontro. Mas, para Virgílio, a *katabasis*, "descida ao Hades", é de longe a parte mais interessante. O grau de detalhe com que ele pinta os espíritos dos mortos reunidos para ouvir o canto de Orfeu, a súbita imobilidade das Fúrias e de Cérbero e a cessação do tormento de Íxion diz-nos que essa é a cena que realmente importa. A barganha feita com os deuses do Hades, a condição específica de Eurídice ter que seguir Orfeu e de ele não poder virar-se nem olhar para ela, a jornada de volta ao mundo dos vivos: esses elementos interessam menos a Virgílio. Não há menção, aliás, do motivo pelo qual essa condição é imposta ao casal por Perséfone. A crueldade psicológica disso, que sentimos de perto porque a estamos vendo bem no cerne da história desses amantes destroçados, dispensa qualquer discussão. Virgílio diz apenas que Eurídice seguiu atrás de Orfeu porque essa fora a lei (ou condição) que Perséfone lhes impusera.

Além disso, podemos notar que a única pessoa que fala na história é Eurídice. Orfeu está cantando quando desce ao Submundo, mas não temos nenhuma descrição das palavras e ele não fala com Perséfone. Tampouco temos a resposta dela: somos informados da condição imposta, mas não a ouvimos proferi-la em discurso direto. A primeira vez que alguém diz alguma coisa é quando Eurídice é arrancada de Orfeu e lamenta o destino de ambos num monólogo de cinco linhas. Orfeu nada falará até o momento em que é esquartejado, e sua cabeça decapitada apenas chama por Eurídice. Obviamente, parte dessa história se passa no Hades, mas é interessante que apenas os mortos falem, não os deuses nem os vivos. Em termos de diálogo, o foco está em Eurídice e em sua tristeza por seu infeliz destino.

Algumas décadas depois que Virgílio escreveu sua versão da história de Eurídice e Orfeu, Ovídio o segue em *Metamorfoses*, seu relato de mitos gregos para o público romano. Mas Ovídio não parece querer que sua versão da história se sobreponha muito à de Virgílio. Assim, ele tira de cena Aristeu (embora não por uma questão de gosto: violência sexual é o que não falta ao poema) e aumenta o *páthos*. Sua Eurídice passeia sobre a relva com um grupo de náiades,[7] ninfas de água doce. Ela não é vítima de um predador sexual; está com amigas porque é o dia de seu casamento. Himeneu, deus dos casamentos, está presente. Mas, mesmo assim, Eurídice é mordida por uma cobra. Então, Orfeu desce ao Hades em tempo recorde. Cinco linhas após a morte de Eurídice, Orfeu fala com Perséfone (aqui novamente chamada de Prosérpina). E, nesse ponto, vemos mais um grande desvio da versão de Virgílio: esse Orfeu recebe uma fala imensa, na qual implora à rainha dos mortos que lhe devolva a esposa. Ele começa com um floreio tipicamente ovidiano, dirigindo-se a Perséfone em toda a sua grandeza e jurando de imediato que não fora ao Hades para roubar seu cão. Esse não é um momento pura e simplesmente anticlimático: Héracles já havia descido ao Hades e fugido com Cérbero. Portanto, Orfeu quer explicar de antemão que não é um ladrão, mas sim um homem que quer recuperar sua mulher porque ela lhe fora roubada por uma víbora quando ainda era jovem. Sem dúvida, há aqui uma sugestão (que veremos em mais detalhes adiante) de que os jovens não "merecem" morrer como morrem os velhos. Por mais irracional que isso soe para aqueles de nós que já não somos tão jovens, esse é o primeiro ponto de seu argumento: ela era jovem, jovem demais para morrer.

Em seguida, Orfeu explica que tentara resignar-se à perda, mas fora dominado pelo Amor. Ele apela para a história de fundo de Perséfone: vós não fostes raptada pelo rei do Submundo porque ele vos amava? O rapto como sinal de afeto era, obviamente, um fenômeno mais aceitável na época de Ovídio do que é hoje. E, então, ele apresenta um argumento mais forte: no fim, todos viremos a vós, diz ele.[8] Permiti que minha esposa tenha seu tempo, e ela voltará a vós. Por fim, ele faz seu último apelo: se ela não puder voltar comigo, ficarei eu com ela. Regozijai-vos com nossa morte.

E, enquanto fala, ele toca, e os espíritos inanimados do Hades choram. É uma imagem espantosa. Não é de admirar que tantos músicos e compositores tenham sido tentados a adotar essa história como base. O simples pensar nessa imagem me provoca um arrepio: música de beleza tão sublime que até os mortos choram ao ouvi-la. Agora temos uma versão um pouco mais longa da cena apenas vislumbrada nas *Geórgicas*, na qual todos os tormentos impostos aos habitantes do Tártaro sofrem uma suspensão temporária: até mesmo Sísifo faz uma pausa para sentar-se em sua rocha. Como não conseguem negar-lhe o pedido, o rei e a rainha convocam Eurídice à sua presença. Ela caminha a passos lentos devido à sua lesão.[9] Devemos supor que, mesmo após a morte, a picada da víbora continua a doer. Orfeu recebe Eurídice sob a estrita condição (*legem*, como em Virgílio) de não olhar para trás enquanto não tiverem deixado o vale do Averno (a entrada do Submundo). Caso contrário, seu dom será inútil, *inrita dona*.[10] Essas são também as mesmas palavras usadas por Virgílio em sua descrição. Mesmo quando se apropria da história, Ovídio pisca o olho para os leitores que estão prestando atenção.

Orfeu e Eurídice fazem a aterrorizante ascensão. O vocabulário de uma única linha nos diz quanto é difícil: *arduus, obscurus, caligine densus opaca*, "íngreme, escuro, envolto em espessa névoa".[11] Agora vemos um elemento da história com o qual estamos muito familiarizados: receando tê-la perdido, Orfeu volta-se para trás. Eurídice desaparece imediatamente na escuridão. Ela lhe estende as mãos, mas ele não consegue agarrá-las. Foi-se. O *páthos* é quase insuportável, e certamente é por isso que a história reverbera em nós com tanta força até hoje, como vem fazendo há centenas de anos de óperas, canções e pinturas. É o próprio fato de Orfeu amá-la tanto que causa a ruína do casal: a segunda morte dela, a segunda perda dele. Se a amasse menos, ou com menos ansiedade, ambos teriam saído e estariam livres para viver e amar mais uma vez, para desfrutar da união que fora interrompida no dia da cerimônia de casamento. Porém, se a tivesse amado menos, Orfeu nunca teria embarcado em sua terrível jornada ao Submundo para resgatá-la. O fracasso de sua missão está garantido a partir do momento em que ele a assume. Há nisso algo de tão verdadeiro que chega a ser paralisante, não? Muitas vezes, somos os responsáveis por nossos próprios infortúnios em decorrência das mesmas qualidades que nos tornam corajosos, esperançosos ou amorosos. Esse Orfeu não foi acometido de nenhuma loucura; ele foi afligido pelo medo. E porque o medo por fim o domina, o que ele mais temia se realiza.

A esposa não culpa o marido, diz-nos Ovídio. Pois o que mais poderia censurar-lhe, a não ser o amor que lhe tinha?[12] Eurídice só tem tempo para despedir-se, e mesmo isso é quase inaudível. Essa é uma inversão interessante da ênfase virgiliana. Virgílio deu a Eurídice um discurso breve, mas comovente, enquanto Orfeu ficou em silêncio, exceto quando, tardiamente, fala o nome da amada. Mas Ovídio mudou o foco para Orfeu, e Eurídice foi transferida para as margens da história antes mesmo de ser levada de volta para as sombras do Submundo.

E Ovídio mantém o foco em Orfeu, assim como fez Virgílio, nesse mesmo ponto. Poderíamos seguir Eurídice de volta ao Hades, mas não é o que acontece. Em vez disso, vemos Orfeu tentar persuadir o barqueiro a levá-lo de volta cruzando o Estige, mas recebe uma recusa. Sem nada comer durante uma semana, ele se alimenta de tristeza e lágrimas.[13] Tendo perdido o interesse pelas mulheres, Orfeu procura o amor junto a rapazes (muito) jovens. O resto do livro é uma série de canções interpretadas por Orfeu sobre vários temas mitológicos. Temos que esperar até o início do Livro Onze para uma versão mais longa da cena da morte, que já conhecemos por meio de Virgílio: Orfeu é desmembrado por mênades que, além da propensão ao frenesi religioso, estavam enfurecidas por sua rejeição.

Sua cabeça decapitada flutua até a costa de Lesbos, e uma víbora arma o bote para atacá-la. Mas Apolo intervém por Orfeu de um modo que ninguém fez por Eurídice: ele transforma a víbora em pedra. Nesse ponto, Orfeu desce ao Submundo pela segunda vez, mas agora sem chance de retorno. Ele vai reconhecendo todos os lugares por que já passara antes até que encontra Eurídice e a abraça com amor. Os dois caminham juntos, lado a lado, diz Ovídio.[14] Às vezes, ele a segue enquanto ela avança. E, às vezes, Orfeu vai na frente, seguro de poder olhar para trás para ver a sua Eurídice. É um final romântico tão adorável para tão trágica história que quase não percebemos que, enquanto nos preocupamos com a superação de Orfeu do medo de voltar a perder Eurídice, esquecemos totalmente de perguntar se ela não preferiria não ter que caminhar atrás dele. Aturdidos com a enormidade da perda dele, nós nos esquecemos da dela.

Esses dois poetas romanos, Virgílio e Ovídio, podem ter dado forma à narrativa de Orfeu e Eurídice, porém não a inventaram. A menção mais antiga a essa história da qual podemos ter certeza hoje está na peça de Eurípides de 438 a.C., *Alceste*.[15] Essa peça incomum é uma tragédia com um final feliz. Ela conta a história de Alceste, cujo marido

Admeto ganha um favor do deus Apolo: quando chegar a hora de sua morte, Admeto pode continuar a viver se, e somente se, puder encontrar alguém que aceite morrer em seu lugar. Obviamente, esse presente tem dois gumes: quem se ofereceria para morrer em seu lugar? Alguém cujo amor por você seja maior do que o amor que tem à própria vida. É provável que você também sinta o mesmo por essa pessoa. Nos meses ou anos que antecedem o dia em que transcorre a peça (como é habitual na tragédia grega, a ação se passa em um único dia), Admeto não conseguiu encontrar outro voluntário que não Alceste, sua mulher.

E chega o dia em que Alceste deve morrer. A morte, mostrada como uma personagem, vem para acompanhá-la até o Submundo. Mas, antes que o faça, Alceste profere um monólogo comovente sobre o futuro que deseja para Admeto e para seus filhos pequenos. Ela diz-lhe que ele precisa lembrar-se de seu sacrifício e não se casar de novo: não quer que sua prole sofra com o ônus de uma madrasta cruel. Essa é a aparição inicial do tropo da madrasta perversa, mas podemos permitir a Alceste seu momento de dor: ela está prestes a morrer, afinal. Admeto prontamente concorda com a condição – dificilmente poderia fazer qualquer outra coisa, quando sua mulher está morrendo para que ele possa continuar vivo. Alceste então diz a seus filhos que eles ouviram as palavras de seu pai: ele não se casará com outra mulher.[16]

Toda a cena é de uma tristeza desoladora: uma jovem mulher, mãe de filhos que estão a seu lado enquanto ela se prepara para a morte; um marido que reconhece a grandeza do sacrifício da mulher e lhe oferece em troca o seu próprio sacrifício. Podemos ver as terríveis ramificações da dádiva que lhe dera Apolo. Compreensivelmente, Admeto não queria morrer jovem (seu pai ainda está vivo, de modo que ele é um homem relativamente jovem). Porém, ao aceitar a oferta de Alceste de morrer em seu lugar, ele está privando seus filhos de uma mãe amorosa e privando-se de uma esposa amorosa. Não só isso, mas ele não tem sequer a perspectiva de uma segunda mulher, pois acaba de jurar à primeira em seu leito de morte, diante do coro e de seus próprios filhos, que permanecerá sozinho após a morte de Alceste. Podemos sugerir, com intolerância, que ele poderia ter pensado em tudo isso um pouco antes de ver a esposa deslizar para a inconsciência diante do olhar dos filhos. Mas, como a tragédia grega está cheia de gente que não percebe as coisas enquanto não sofre consequências terríveis, talvez não seja inteiramente razoável esperar maior previsão da parte de Admeto. Então um dos filhos do casal fala, mas a mãe já não pode ouvi-lo. Se nos deixares, diz a criança, nossa casa está destruída. Juro que essa peça tem um final feliz, embora neste momento isso possa não parecer provável.

O pai de Admeto, Feres, chega em seguida para dar seu último adeus à falecida nora e suas condolências ao filho enlutado. Mas Admeto o recebe com fúria, dizendo-lhe que ele não fora convidado para o enterro de Alceste: Não precisamos de ti agora; deverias ter demonstrado tua empatia quando eu estava à beira da morte, diz ele.[17] Ou seja, Admeto deve ter sido acometido por alguma doença terrível da qual Alceste se ofereceu para curá-lo morrendo ela mesma. Isso o torna, acho eu, uma personagem mais simpática. Se Admeto tivesse simplesmente aceitado a morte de Alceste como o preço a pagar para evitar um destino nebuloso algum dia qualquer, poderíamos legitimamente pensar que ele realmente não valia o sacrifício da esposa. Mas certamente todos nós podemos entender como um casal apaixonado poderia chegar a esse ponto: uma mulher que vê o amado marido definhando aos poucos pode preferir morrer ela mesma; um homem que sente dor pode concordar. Mas há um tom terrivelmente arrogante na segunda censura que Admeto dirige ao pai. Ele não queria só empatia enquanto estava morrendo; queria sacrifício. Admeto está profundamente magoado porque o pai não se ofereceu para morrer por ele, porque Feres deixou a difícil decisão para Alceste. Eu já deveria estar chamando o pai e a mãe dela, diz ele, friamente.[18] Sua argumentação prossegue:

Feres é velho, não tem tanto tempo de vida pela frente, de qualquer modo. Ele já foi rei, ele tem um filho que herdou o trono, seu legado está completo. Pois bem, é melhor que consigas outros filhos que o enterrem quando tu morreres porque eu é que não o farei, acrescenta. Os velhos reclamam dos longos anos que viveram, dizem que querem morrer. Mas, na verdade, nenhum quer morrer: a velhice em nada lhes pesa.

Mesmo o mais ardoroso dos guerreiros da nova geração poderia considerar a opinião de Admeto um tanto forte. Uma coisa é sentir que alguém – um pai, uma mãe – deve amá-lo mais que à própria vida, mas outra bem diferente é fazer-lhe essa exigência. Toda a simpatia que possamos ter sentido por Admeto como marido enlutado está diminuindo rapidamente. Que tipo de homem sai por aí exigindo aos entes queridos que morram para que ele possa viver? Só um que seja monstruosamente egoísta. E isso, por sua vez, nos faz questionar o sacrifício de Alceste. Seus filhos não estariam melhor com uma mãe altruísta que com um pai ganancioso?

Porém a resposta de Feres também é bastante forte: eu te criei para suceder-me, mas não sou obrigado a morrer por ti, diz ele. Um pai não tem que morrer por um filho.[19] E acrescenta: tu te deleitas com a vida; achas que teu pai, não? E então Feres passa a criticar Admeto por evitar a morte que lhe era devida, por permitir que a esposa morresse em seu lugar: Tu a mataste.[20] O coro tenta fazer os dois pararem de discutir, mas nenhum se arrepende e ambos continuam a lançar insultos um ao outro.

Esse acalorado debate que está no cerne da peça levanta questões sem respostas confortáveis: o que devemos esperar de nossos pais, de nossos filhos, de nossos cônjuges? Muitos de nós podemos achar que morreríamos de bom grado por aqueles a quem amamos, mas, quando chegasse esse momento, talvez também nos apegássemos à vida, como fizeram Feres e Admeto. Isso nos tornaria egoístas? Ou apenas humanos?

O pressuposto que respalda o argumento de Admeto é exatamente o mesmo que Orfeu oferece nas *Metamorfoses* de Ovídio quando tenta convencer Prosérpina/Perséfone a libertar Eurídice: ela morreu jovem demais. Não é apenas a inviabilidade de seu amor que é tão horrível, mas também a injustiça na interrupção de sua vida. A história desses amantes trágicos perderia alguma coisa se eles fossem mais velhos? Se fossem recém-casados, mas já tivessem 80 anos de idade, teríamos a mesma sensação de injustiça? Há algo que nos toca mais – não há? – na morte de alguém muito jovem que na morte de alguém muito velho: é mais difícil considerar uma tragédia a morte de uma pessoa que viveu uma vida longa e rica, mesmo que seja muito amada e lamentada. Ainda é uma grande tristeza, mas não é acompanhada da violenta sensação de injustiça que temos diante do absurdo que constitui a morte de uma criança ou um jovem.

Lamentamos de maneira diferente em cada caso: quando alguém morre muito jovem, sentimos que tanto ele quanto nós fomos roubados de seu potencial. Vemos o que deveria ter sido seu futuro em vislumbres quando outro jovem supera marcos que nosso ente querido nunca alcançou. Quando alguém mais velho morre, nós nos sentimos privados da experiência não apenas da pessoa dele quanto do enorme papel que desempenhou em nossa própria vida. Se tivermos muito azar, essa dor até azeda ou obscurece a alegria de sua lembrança.

Mas Feres também tem razão, não é verdade? Você quer viver: por que eu não desejaria o mesmo? Não podemos impor a morte aos velhos simplesmente por acharmos que eles já tiveram sua chance e que agora é a nossa vez. O que faria Admeto se seu filho pequeno tivesse recebido de Apolo oferta semelhante? Teria ele se oferecido para morrer para que o filho pudesse viver? Ou a expectativa de uma vida mais longa só vale mais que a de outra mais curta se for você a pessoa mais jovem na equação?

Eu lhes prometi um final feliz, então aqui vai ele: Héracles chega para visitar Admeto. Segue-se uma breve confusão porque ele não sabe que Alceste havia morrido, pois Admeto ordenou aos escravos que não mencionassem isso. Por fim, um deles desiste de guardar o segredo e Héracles entra em ação. Ele corre à tumba de Alceste, luta com a Morte e retorna com uma mulher velada e silenciosa. Depois de alguma resistência, Admeto aceita que a esposa lhe fora devolvida; que Héracles (o qual, devemos lembrar, será outro visitante sobrevivente do Submundo, assim como Orfeu) trouxera Alceste de volta. Mas ela não pode falar durante três dias: enquanto não se submeter a uma purificação ritual, pertence aos deuses do Hades.

Então, como essa história da mulher que morre para salvar a vida do marido pode influenciar a história de Eurídice? Embora o nome de Eurídice não seja dito, essa história é a nossa primeira referência à narrativa do Submundo. Quando responde ao grande monólogo de Alceste (aquele em que ela o faz prometer que não se casará novamente), Admeto atinge o clímax da tristeza por sua perda iminente. Se tivesse a voz e os cantos de Orfeu,[21] diz ele, se pudesse encantar Perséfone e seu marido, eu desceria, Alceste, e te arrancaria do Hades. E não haveria cão de guarda nem barqueiro que me segurassem enquanto eu não te trouxesse novamente à luz. Mas, como não posso fazê-lo, irei ter contigo quando eu morrer.

Admeto escolhe um exemplo interessante, dado que Orfeu malogra em sua tentativa de resgatar Eurídice. Mesmo que essa seja a versão mais antiga da história da qual podemos ter certeza, o público de Eurípides presumivelmente estaria familiarizado com ela a partir de fontes que estão perdidas para nós: Admeto faz uma recapitulação das partes importantes, mas soa como se estivesse mencionando um exemplo que ele acha que todos nós reconheceríamos, não uma história que nunca ouvimos antes.

A peça tem um final feliz precisamente porque Héracles faz o que Orfeu não consegue fazer: retirar uma jovem da fauce voraz da Morte. E certamente isso só acontece porque Héracles não tentava resgatar alguém a quem ele próprio amasse. Ele parece nutrir um sentimento caloroso de amizade por Admeto e Alceste, mas ela não é o objeto do desejo de seu coração, como é Eurídice para Orfeu. Mesmo que não fosse um homem tão forte (que consegue lutar contra a Morte e vencê-la) e mesmo que tivesse demorado mais para ir ao encalço de Alceste (ele a encontra na tumba, sem precisar viajar ao Submundo, como fará em seu último trabalho: o sequestro de Cérbero), Héracles ainda teria uma chance melhor de resgatar Alceste que a de Orfeu para resgatar Eurídice. Imaginem se Héracles tivesse recebido a ordem de sair do Submundo sem olhar para trás: não haveria problema. Ele não tem a força da emoção de Orfeu e, por isso, também não tem a ansiedade destrutiva que a acompanha. Héracles é um homem que pode dar uma voltinha até o Submundo para roubar uma novidade, um cão de três cabeças. Não seria ele o herói que se deixaria atormentar pelo medo da perda.

E enquanto estamos falando em heróis, devemos notar que, pelo menos para alguns gregos antigos, Alceste é uma heroína maior que Orfeu. Como mencionado no capítulo anterior, o *Simpósio* de Platão (escrito no século IV a.C.) apresenta-nos um debate sobre a natureza de eros, amor, entre convidados para um jantar. É uma representação um pouco mais rigorosa, do ponto de vista filosófico, desse tipo de noite do que muitos de nós conhecemos, embora Aristófanes tenha precisado trocar seu turno com outro orador porque teve uma crise de soluços. Sempre podemos confiar nos comediantes.

O primeiro discurso é proferido por um homem chamado Fedro, que afirma ser uma característica que define o amor: apenas amantes dão a vida um pelo outro,[22] e esse é o caso de mulheres e homens. O único exemplo de que precisa, diz ele, é Alceste, que foi a única que se dispôs a morrer pelo marido, mesmo que este tivesse pai e mãe vivos. Sua devoção ao marido fez os sogros parecerem estranhos se comparados a ela. Tão impressionante parecera seu comportamento a homens e deuses que estes a devolveram ao mundo dos vivos. Ao passo que

Orfeu, acrescenta, eles despacharam sem delongas. Deram-lhe apenas um *phasma*, um fantasma da esposa, porque ele era fraco, como seria de esperar de um tocador de lira. Ele não tivera coragem suficiente para morrer por amor, como fez Alceste, mas conseguira entrar no Hades vivo. Por isso, morrera nas mãos de mulheres [...].

O que podemos concluir desse trecho, além do óbvio fato de que Fedro nutre um enorme ressentimento por tocadores de lira? Em primeiro lugar, que Platão se lembrava muito bem do enredo da peça de Eurípides, considerando que o *Simpósio* foi escrito pelo menos cinquenta anos depois da primeira encenação de *Alceste*. Ainda mais quando pensamos que, da estreia da peça até o nascimento de Platão, passou-se no mínimo uma década. Com base nisso, podemos concluir que havia então encenações regulares de *Alceste*: a peça revelara-se muito popular. Na pior das hipóteses, Platão espera que seus leitores estejam familiarizados com o exemplo. Mas ele parece ter mais do que a familiaridade casual que teria o espectador de uma peça vista apenas uma vez. O argumento de Fedro é breve, mas o alinha inteiramente ao lado de Admeto no debate com o pai. Ele não tem nenhuma crítica em relação à aparente expectativa de Admeto de que um de seus pais possa morrer em seu lugar; na verdade, ele pensa da mesma maneira. Fedro é só elogios para Alceste e seu sacrifício heroico, mas se abstém de censurar Admeto por dispor-se a aceitar a morte da esposa como um preço que vale a pena pagar por sua própria vida.

No entanto, Fedro não vê nenhum problema em criticar Orfeu pelo menor calibre de seu sacrifício. Ele não se impressiona com a habilidade musical de Orfeu, com sua capacidade de encantar as sombras do Submundo nem com seu poder de persuasão sobre Perséfone e Hades. Para Fedro, Orfeu é fraco porque não morreu por amor.

Agora, em vez dos pontos de vista da personagem, isso bem pode ser reflexo dos preconceitos do autor. Platão é extremamente intolerante com muitas formas de expressão artística. Em sua opinião, somente a escrita da filosofia é realmente aceitável: outros tipos de criatividade são intrinsecamente suspeitos. Mas revela uma atitude interessante que não vimos em nossas demais fontes: o problema de Orfeu não é amar Eurídice tanto que não consiga deixar de infringir a restrição e olhar para ela. Seu problema é não a amar o bastante para ter morrido disso. E assim é que, tanto para os deuses quanto para Fedro, Orfeu deixa a desejar, pelo menos a julgar pelo que diz Platão. Ele não merece Eurídice, portanto não a recebe. De acordo com essa versão de sua história, ele nunca tem essa chance: a Eurídice que ele vê é um mero fantasma, não a mulher que queria resgatar.

A Alceste que é devolvida a Admeto não é um fantasma, é claro. Mas está velada e calada, de modo que não deixa de ter uma certa qualidade fantasmagórica. Mesmo quando pode vê-la e aceitar que voltou para ele, Admeto fica perplexo por ela recusar-se a falar. É Héracles quem lhe diz que, para os deuses do Submundo, ela ainda é sacrossanta e deve permanecer em silêncio por três dias. Isso, é claro, nos coloca além dos limites temporais da peça.

Se o dramaturgo fosse outro, poderíamos supor que ele simplesmente não estava interessado na resposta de Alceste ou que – como acontece com tantos escritores antes e, particularmente, depois de Eurípides – não atribuía às mulheres tanta importância e, por isso, não se dava ao trabalho de escrever-lhes nenhum diálogo. Mas, como já disse em outro trecho deste livro (e continuarei a dizer sempre que surgir a oportunidade), Eurípides é um dos maiores escritores de vozes femininas da Antiguidade e, para dizer a verdade, da história do teatro. Ele sempre está interessado nas perspectivas das mulheres, e há poucas coisas que lhe agradem mais que lhes dar falas fantásticas para emocionar, angustiar ou horrorizar seu público. A volta de Alceste levanta uma pergunta que a peça opta por não responder: era isso que ela queria? Ela é a heroína epônima da peça, mas seu ato heroico – morrer por amor – foi ofuscado pelo de Héracles, que luta contra a Morte e sai vencedor? E, naturalmente, podemos supor que nos dias seguintes Admeto e Alceste estarão muito felizes juntos, tendo recebido dos deuses uma segunda chance graças ao poder do amor e do sacrifício dela. Mas certamente pode haver momentos, nas horas sombrias das noites seguintes, em que Alceste olhará para o vulto do marido adormecido e se perguntará quanto ainda pode amar um homem que tão abertamente se importava mais consigo mesmo que com ela. Comparada à maioria das tragédias, *Alceste* tem um final feliz, mas talvez só porque a peça termina antes que a verdadeira tragédia tenha tempo de se desenrolar.

É curioso que a história de Eurídice e Orfeu seja muito mais conhecida entre nós que a de Alceste e Admeto, tendo em vista que na Grécia clássica parece ter ocorrido o contrário. Não temos registro sequer do nome de Eurídice até uma obra obscura chamada *Lamento de Adônis*, de Bíon de Esmirna, escrita provavelmente no século I a.C. Acreditava-se que fosse de Moscos, um poeta um pouco anterior, mas agora geralmente se aceita como obra de um escritor desconhecido do sul da Itália.[23] Eurídice só ganhou um nome talvez trezentos e cinquenta anos depois que *Alceste* estreou em Atenas, trezentos anos depois que Fedro achou que o amor de Orfeu pela esposa deixava a desejar no *Simpósio* de Platão: foi quando esse poeta explicou que Perséfone permitiu o retorno da Eurídice de Orfeu.[24] Sua história certamente começa na Grécia, e é impossível dizer com certeza quando ganhou seu nome. Mas o primeiro exemplo que dele temos é desse poeta, cujo nome, por sua vez, é desconhecido para nós. O Pseudo-Apolodoro também menciona Eurídice pelo nome em sua *Bibliotheca*[25] alguns séculos depois. Novamente, como nas versões anteriores de sua história, ela morre quando é mordida por uma víbora. Orfeu a reconquista com sua lira, como de costume, mas dessa vez é Plutão, e não Perséfone, quem lhe impõe a condição de não olhar para trás. E Plutão é ainda mais exigente que a esposa: nessa versão, Orfeu não pode olhar para Eurídice antes de chegarem à sua casa.

Podemos ver vestígios e ecos de várias dessas versões antigas da história de Orfeu e Eurídice em algumas de suas muitas encarnações operísticas. A ópera de Gluck *Orphée et Eurydice*, de 1774, tem em si mais que um simples toque de *Alceste*. Trata-se de uma reformulação da versão anterior do compositor com libreto de Ranieri de' Calzabigi, que mais tarde também escreveria o libreto da *Alceste* de Gluck. A ópera inicialmente segue a história que conhecemos tão bem: a morte de Eurídice, a descida de Orfeu ao Submundo, o retorno, o olhar, a segunda perda de Eurídice. Mas então, tocado por sua devoção e seu desespero, o deus do amor aparece e os reúne mais uma vez. O amor triunfa, como diz o libreto. E, ao contrário de Alceste, essa Eurídice nunca precisa perguntar-se se o marido pode não a amar tanto quanto ela o ama: ele a ama o suficiente para segui-la até o Hades, ama-a o suficiente para entrar em pânico e fracassar e finalmente a ama o suficiente para que os próprios deuses intervenham. Um final verdadeiramente feliz.

Enquanto isso, a ópera maluca de Philip Glass *Orphée*, de 1993, baseada no filme homônimo de Cocteau de 1950, toma a condição de não olhar para Eurídice até muito depois da saída do Submundo e joga com ela com ainda mais. Como no filme, na produção de 2019 da English National Opera (ENO),[26] Orfeu e Eurídice não conseguiam olhar-se mesmo quando já estavam em casa. A história dos amantes trágicos dá uma guinada inesperada para o pastelão. Eurídice se esconde atrás de portas, Orfeu se esconde debaixo de toalhas de mesa, tudo para evitar o olhar fatal. Eles fracassam – claro; como não poderiam? – e Eurídice volta ao Submundo. Na opereta de Offenbach *Orfeu no Submundo*, de 1858, Eurídice nem merece ter o nome no título, na tradição daquelas primeiras versões gregas de sua história, quando ela não aparece identificada. E, no entanto, a ópera se concentra mais em

Eurídice que no marido, sobretudo porque ela consegue dançar cancã no Hades no quarto ato.[27]

É fácil entender por que os compositores foram atraídos pela personagem de Orfeu, e não pela de Eurídice. Quem não gostaria de assumir o desafio de criar a música que fez rochas e árvores desejarem seguir o músico, que trouxe os mortos dos confins mais sombrios do Hades para ouvi-lo tocar? É a suprema história do poder de mudar corações e mentes que tem a música. Mesmo que, para Eurídice, mude muito pouca coisa e, certamente, não para melhor.

Em *Hadestown*, de Anaïs Mitchell, que estreou em Londres em 2018,[28] vemos o que acontece em uma visão americana inventiva da história. Orfeu é um compositor atormentado que encontrou o que acredita ser uma melodia especial. Ele conhece Eurídice enquanto esta tenta lidar com as pressões da pobreza: sem roupas que a abriguem do frio, sem o suficiente para comer. Há indícios musicais e estilísticos de que estamos na Grande Depressão, mas não há nenhuma alusão mais específica à época em que transcorre o musical. O casal se apaixona e parece destinado à felicidade. Entretanto, a absorção de Orfeu em sua música o impede de perceber que a esposa continua com fome e com frio, e que a busca da melodia perfeita não contribui para mantê-los nutridos e aquecidos. Eurídice é seduzida pelo baixo profundo Hades e viaja voluntariamente para a industrializadíssima Hadestown, até dar--se conta de que cometeu um erro e agora está presa. Quando finalmente vê que a perdeu, Orfeu a segue até Hadestown antes de tentar usar sua melodia para resgatá-la. Ela cala fundo em Hades e Perséfone, lembrando-lhes de quem eram quando se apaixonaram. Perséfone quer que os amantes se reúnam e intercede junto ao marido. Mas esse Hades também é astucioso, e o casal é separado mais uma vez quando Orfeu não consegue conter-se para não olhar para trás. A inevitabilidade da tragédia é explicitada nos momentos finais, quando Hermes nos lembra que a história de Orfeu e Eurídice é "uma velha canção, uma velha canção de muito tempo atrás". O tom do musical é triunfalmente moderno, mas o apelo da história está em ser contada repetidas vezes e sempre terminar da mesma maneira. Apesar disso, Hermes diz: "Mas aí é que está/Saber como termina/E ainda tornar a cantá-la/Como se, por fim, pudesse acontecer desta vez". As histórias que não mudam nos trazem conforto, mesmo que sejam tristes.

Porém, sob risco de contradizer o deus mensageiro, a história de Orfeu e Eurídice pode e muda de maneiras as mais inesperadas. O talento musical não precisa estar nas mãos e na voz de um homem, por exemplo. No filme brasileiro *Orfeu Negro*, de 1959, uma coprodução franco-brasileira dirigida por Marcel Camus,[29] esse talento é democratizado. Orfeu (Breno Mello) é um músico talentoso, mas o Rio de Janeiro está repleto de música e de músicos incríveis: é época de carnaval. O filme começa na comunidade, onde transcorrerá grande parte da ação. Ela pulsa com canto, música e dança, aliás, uma característica muito forte nessa versão da história. Aqui, a música não é apenas uma coisa que deve ser ouvida; é uma coisa que deve fazer as pessoas dançarem. Depois dessa sequência de fundação que atravessa todos os créditos, há um corte para o porto, aonde está chegando uma balsa. A bordo está Eurídice (Marpessa Dawn), que veio ao Rio para ficar com a prima porque um homem – uma espécie de predador, embora não saibamos mais que isso – a obrigara a fugir de casa.

Eurídice pega um bonde no qual todos tocam ou cantam alguma coisa. Orfeu é o condutor desse bonde: mesmo se encontrando tão casualmente em uma cidade lotada, sabemos que os dois estão predestinados a ficar juntos. Uma charanga toca pelas ruas, praticando para o carnaval, que começará no dia seguinte. Nesse filme, a música é representativa tanto da ordem quanto da desordem. É altamente pessoal – pessoas que tocam e dançam para alguém querido ou para si mesmas – e também é pública, uma *performance*.

Por uma feliz coincidência, a prima de Eurídice mora ao lado de Orfeu. Ela se entrosa imediatamente com os moradores das vizinhanças e recebe de Benedito, uma criança local, um amuleto feito por ele. Você vai guardá-lo mesmo depois de morrer?, pergunta ele. É o primeiro indício que temos de que talvez nem tudo tenha final feliz para Eurídice. Quando Orfeu e Eurídice tornam a encontrar-se e descobrem os nomes um do outro, ele fica encantado. Eu já estou apaixonado por você, ri Orfeu. Mas eu não te amo, diz ela. Tudo bem, não precisa, responde ele.

Serão eles o Orfeu e a Eurídice originais da Antiguidade, de algum modo reencarnados no Brasil moderno? Temos uma sensação muito forte de que eles são, sim; de que esse casal da década de 1950 está revivendo uma história que já aconteceu muitas vezes antes. Há uma pista disso na cena de abertura do filme, quando um conjunto de esculturas gregas desaparece para dar lugar a um grupo de músicos brasileiros. Orfeu e Eurídice não são apenas estátuas, mas parte de uma história viva.

Durante os preparativos para o carnaval, e no próprio dia do carnaval, Eurídice é perseguida por uma visão aterrorizante da Morte, um mascarado monocromático de quem ela não consegue escapar. Não importa aonde vá, não importa o quanto se disfarce com a ornamentada fantasia de carnaval da prima, não há como superar a Morte. Tentando fugir desse mascarado, Eurídice corre até que se vê no andar superior de uma construção abandonada, agarrada a um cabo para não cair. Mas a Morte continua a esperá-la, e ela já não tem mais o que fazer. Quando chega, Orfeu liga um interruptor na parede. O cabo a que Eurídice se agarra serpenteia: ele está vivo, ela é eletrocutada e cai para a morte. Nessa narrativa, além da história mais declarada de Eurídice, notamos uma reminiscência da história de Alceste (o cabo serpenteante é um toque particularmente inteligente): a morte como personagem, à espera de que uma jovem mulher morra para poder levá-la.

Orfeu está longe dessa cena, mas depois não consegue aceitar que Eurídice se fora. Ele tenta desesperadamente encontrá-la acionando a Delegacia de Polícia de Investigação de Pessoas Desaparecidas. Depois de atravessar um pesadelo burocrático após o outro, chega a uma sala cheia de pilhas de papel. O faxineiro diz-lhe que não a encontrará ali; que deve chamá-la para que ela venha. Orfeu e o faxineiro vão procurá-la em outro lugar, não sem antes passar por um cão de guarda chamado Cérbero (embora nessa ocasião ele tenha só uma cabeça). O faxineiro então leva Orfeu a uma reunião ritual onde tentam invocar Eurídice: esse faxineiro certamente se destina a lembrar-nos de Caronte, o barqueiro que conduz os mortos na travessia do rio Estige. Eurídice é parcialmente conjurada à sala, mas Orfeu não pode virar-se ou verá que quem fala com a voz de Eurídice é uma velha. Ele sai e, por fim, encontra o corpo de Eurídice no necrotério. Orfeu a leva nos braços de volta à comunidade e, enquanto sobe o morro, sua noiva, Mira, o vê carregando Eurídice. Furiosa, ela atira-lhe uma pedra e o atinge na cabeça; ele cambaleia e cai da ribanceira para morte. Orfeu e Eurídice se reencontram, afinal. Zeca, um amigo de Benedito, toca o violão de Orfeu ao amanhecer. Para eles, Orfeu conseguia fazer o sol nascer com sua música, portanto, agora, Zeca precisa assumir seu posto. Uma garotinha o observa e diz: Você é Orfeu agora. Só nos resta esperar que sua história tenha um final mais feliz.

Orfeu Negro recebeu enorme aclamação em seu lançamento: ganhou a Palma de Ouro em Cannes em 1959 e o Oscar de Melhor Filme Estrangeiro no ano seguinte. Por si só, a trilha sonora da bossa nova consegue afugentar qualquer pensamento sombrio: a fusão do mito grego com a música brasileira funciona perfeitamente. O filme é cheio de referências espirituosas e alegorias (o amigo de Orfeu se chama Hermes: é ele quem guia Eurídice para a casa da prima, como seu homônimo grego que é, ao mesmo tempo, deus mensageiro e psicopompo, divindade que escolta as almas até o Submundo). E permite que Eurídice ocupe tanto espaço narrativo quanto Orfeu, o que é raro em qualquer narrativa de sua história até então. As primeiras partes do filme alternam-se entre ela e Orfeu: nós a seguimos descendo da balsa, a vemos ajudar um cego, testemunhamos a acolhida que ela recebe da prima e de toda a vizinhança. Isso é intercalado com cenas de Orfeu e sua namorada, Mira, que pôs na cabeça que ele tem que comprar uma aliança de casamento para ela, embora ele só pense em tirar sua guitarra da loja de penhores: o único amor que ele consegue recuperar. A história de Orfeu e Eurídice tem um peso mais dramático porque vemos a ambos como personagens, em vez de uma personagem e sua musa (que é como eles são retratados com tanta frequência na ópera). Pelo fato de termos a ideia de que os dois estão destinados a ser amantes e destinados a morrer – eles podem ser o Orfeu e a Eurídice dessa geração, mas antes deles já houve muitos e inúmeros ainda virão –, precisamos senti-los como indivíduos se não quisermos vê-los como simples engrenagens de uma triste máquina. A vibração e a complexidade da música, das fantasias e da dança que acompanham essa história tão familiar a transformam em algo mais que uma tragédia.

Os compositores e libretistas de versões encenadas de Eurídice e Orfeu quase sempre partiram da mesma premissa: e se eu fosse Orfeu? E se eu fosse o herói falível, o grande artista, o grande amante, o grande persuasor do mundo? É fácil entender por que tantos sentiram atração por sua perspectiva: essa é uma história talhada para a música, e Orfeu é o músico. E não é de surpreender que esse fascínio continue quando a história é contada em tinta em vez de música: o ponto crucial da história diz respeito literalmente ao poder do olhar masculino.

Emil Neide, artista alemão do século XIX, pintou Orfeu emergindo das trevas em direção à luz.[30] Na mão direita, ele leva uma lira dourada extremamente decorada e, na esquerda, uma espécie de cajado bem resistente. Seu peito está inflado, e uma capa escura ondula em torno de seu corpo. Meio agachada atrás dele, nas sombras, está Eurídice. Ela usa em torno do bíceps esquerdo uma braçadeira de ouro em forma de serpente para lembrar-nos como morreu. A luz capta-lhe o rosto logo abaixo dos olhos: há ali uma sutil sugestão de impaciência? Exultante, seu marido parece extremamente satisfeito consigo mesmo, quase como se tivesse se envolvido em toda essa missão de resgate para manter as aparências. Ela se esconde ostensivamente da luz para evitar que ele a veja caso se volte para trás. Entretanto, não consigo livrar-me da ideia de que ela está se perguntando se não poderia simplesmente esgueirar-se em meio às trevas e voltar para o Hades em paz.

E a imagem de um homem que avança com tanta confiança, quando sabemos que ele está prestes a fracassar, levanta também uma questão importante sobre Orfeu. Ele quer fracassar? Preferiria ter Eurídice de volta a seus braços ou ter glória eterna como o grande músico da musa tragicamente perdida? Ou seja: ele prefere perder a Eurídice real se essa perda lhe trouxer a possibilidade de criar sua própria versão da esposa sem que a realidade macule sua arte? Pensemos naquela versão inicial da história, contada por Virgílio, na qual Eurídice fala, mas Orfeu não. Ele não fala enquanto sua cabeça decapitada não flutuar rio abaixo e, então, a única coisa que diz é o nome dela. Orfeu não tem palavras, só tem música e canto, ao passo que Eurídice pode falar. Porém, depois que ela morre, quem passa a ditar como a música toca é ele.

Os leitores tiveram que esperar muito tempo para que Eurídice contasse essa história com suas próprias palavras. Mas algumas das mais memoráveis versões modernas desse mito são aquelas que fizeram exatamente isso. A poetisa norte-americana Hilda Doolittle, que usava o pseudônimo H.D., escreveu "Eurydice" no início do século XX, publicado em 1925 em seu *Collected Poems*.[31] Sua Eurídice não é das que levam desaforo para casa. O poema começa com uma raiva gélida: "Então você me varreu de novo/A mim, que poderia ter andado com as almas vivas sobre a terra". A causa de sua tragédia é dupla: "sua arrogância e sua rudeza". Ovídio nos disse alegremente que Eurídice não tinha nada de que se queixar, a não ser de que Orfeu a amava um pouco demais. Mas, embora funcione muito bem no contexto de sua narrativa do mito, essa elisão romântica sempre me deixa pensando: sério? Será mesmo que não? Eurídice é mordida por uma víbora, arrastada para o Submundo, arrancada da escuridão enquanto ainda está mancando, devolvida a Orfeu sob uma rigorosa condição e, quando afinal recebe o bafejo mais próximo da liberdade, é arrastada de volta para o Hades e morre de novo. Nada de que se queixar? Se pararem de pensar em Orfeu e pensarem só por um instante em Eurídice, vocês verão que ela tem muito de que reclamar, mas só não faz isso porque ninguém nunca lhe pergunta se está tudo bem com ela.

Quando escreve a história, H.D. devolve a voz a Eurídice: é revelador que o poema – escrito em primeira pessoa – nunca se refira a Orfeu pelo nome. Ele de fato trata apenas da perspectiva de Eurídice. E é sua segunda morte a que realmente lhe dói: "Eu tinha saído da apatia e estava em paz,/se você me tivesse deixado descansar com os mortos, eu teria esquecido você/e o passado". Se nos concentrarmos na perspectiva de Orfeu quando ele perde seu amor (como fazem praticamente todas as versões da história), corremos o risco de ignorar o outro lado dessa história: a salvação prometida e depois cruelmente arrebatada. A Orfeu, nada mais resta que sua dor e sua lira. Eurídice fica de mãos abanando. Embora, como diga H.D., isso não seja necessariamente uma coisa ruim: "O inferno não é pior que a sua terra". Esse poema transpira uma raiva latejante, como se Eurídice tivesse esperado alguns milênios para tirá-la do peito. Porém não termina em raiva; termina com uma declaração de fidelidade a si própria: "É preciso que o inferno se rompa para que eu me perca", diz ela na estrofe final. Eurídice pode estar morta, mas triunfa em ainda ser ela mesma.

E, depois que encontra sua voz, Eurídice reluta em abrir mão dessa voz. Em 1999, Carol Ann Duffy publicou *The World's Wife*, uma coletânea de poemas que oferecem perspectivas femininas de histórias que geralmente foram contadas do ponto de vista de seus maridos. Em

"Eurydice", ela nos dá uma versão gloriosa e sarcástica dessa personagem, que fica encantada ao ver-se no Submundo: "Mais conveniente para mim, impossível".[32] E nos convida a imaginar sua cara "No único lugar que se pensaria que uma garota estaria a salvo/do tipo de homem/que a segue por toda parte/escrevendo poemas". Essa Eurídice fica horrorizada quando Orfeu – a quem considera um perseguidor obsessivo e convencido – aparece no Hades para tentar obter seu retorno à terra. Além disso, está muito menos impressionada com o talento de Orfeu, tendo, como diz, "feito sozinha toda a digitação,/eu bem sei". Ela não tem – nunca teve – interesse em ser sua musa: "E, se eu voltar de novo à vida,/pode ter certeza de que prefiro falar por mim mesma".

Duffy capta o problema de Eurídice nas versões tradicionais do mito: ninguém jamais lhe pergunta o que lhe agradaria. Ela não exerce nenhuma agência em sua história, e não sabemos o que pensa a respeito disso. Como Orfeu faz sua grande *katabasis* na busca por ela, ficamos deslumbrados com o poder romântico de seu compromisso e com o poder persuasivo de seu domínio da lira. Mas por que Eurídice deveria sentir por Orfeu o mesmo que ele sente por ela? Pelo fato de ser silenciada com tanta frequência, nós simplesmente pressupomos que seja assim. Em uma das melhores guinadas dessa excelente coletânea de poemas, Duffy aproveita o momento do olhar de Orfeu e da segunda morte de Eurídice e o vira de cabeça para baixo. Sua Eurídice está tentando desesperadamente fazer Orfeu olhar para trás, para poder retornar em paz ao Submundo. Depois de várias tentativas ("o que eu ainda tinha que fazer, pensei com meus botões,/para que ele visse que chegáramos ao fim?"), afinal ela encontra a solução: toca-lhe o pescoço e diz que quer ouvir seu poema novamente. Incapaz de resistir a esse apelo a seu ego, Orfeu se vira e Eurídice "acena uma vez e desaparece". Finalmente, obtém a paz pela qual tanto anseia longe do homem que a aborrece com sua arrogância e sua fama. Eurídice conhece o homem por trás do gênio e, ao que parece, preferiria a morte.

FEDRA

A madrasta perversa é um dos tropos mais antigos da narrativa. Onde estaria Cinderela sem uma madrasta e meias-irmãs cruéis? A história nos atrai em vários níveis: uma jovem trágica vive uma espetacular virada da sorte (e uma subsequente transformação), e as pérfidas mulheres que a perseguiram recebem a merecida punição. Tudo isso, além de amor verdadeiro e sapatinhos que são uma graça.

Mas, comparada a Fedra, esposa de Teseu, a perversa madrasta de Cinderela parece um anjo de candura. Fedra se apaixona por Hipólito, seu enteado. Ele a rejeita e ela se enforca, não sem antes deixar um bilhete em que o acusa de estupro. Ao encontrar a esposa morta e o filho denunciado, Teseu lança sobre Hipólito uma maldição que resulta na morte do jovem. Fedra consegue o que as madrastas más sempre desejam em segredo: a eliminação da prole rival de seu amado. Mas não é só isso: ela confirma uma convicção implícita (e, às vezes, explícita) de grande parte de nossa sociedade: a de que as mulheres mentem sobre o estupro porque são más e tentam incriminar ou punir homens inocentes.

Esse rápido esboço de Fedra é preciso, embora apenas parcialmente. Ele ignora uma grande parte do material de origem que temos sobre ela, além de acrescentar em grande medida o nosso próprio preconceito: contra as madrastas, contra o desejo sexual feminino e, sim, também contra as mulheres que acusam, com e sem razão, homens que as machucaram. Fedra comete um terrível ato de desonestidade cujas consequências são catastróficas. Mas ela não é uma vilã: pelo menos, não em uma das peças mais célebres da Atenas do século V a.C. que sobreviveram até nós. Fedra é uma das metades de uma tragédia, o que não é a mesma coisa.

Assim, antes de analisarmos mais detidamente seu retrato na peça *Hipólito*, escrita por Eurípides em 428 a.C., comecemos pela história de sua família. Nascida e criada na ilha de Creta, Fedra é uma das filhas do rei Minos e da rainha Pasífae. Dizer que sua dinâmica familiar é complexa seria um eufemismo. Ela é irmã de Ariadne, com quem Teseu deixou Creta depois de matar o Minotauro. E ambas as mulheres são meias-irmãs do Minotauro (também conhecido como Astérion).[1] Em geral, dizem-nos que o Minotauro é produto de um fascínio inatural exercido por um belo touro sobre Pasífae, que notoriamente pediu ao artesão Dédalo que lhe esculpisse em madeira uma fantasia de vaca para poder induzir o animal a confundi-la com uma vaca de verdade. Mas isso faz de Pasífae a parte culpada, pois quem mais sairia por aí com impulsos bestiais e depois se esconderia em uma engenhoca bizarra em forma de vaca? Na verdade, como explica o Pseudo-Apolodoro,[2] Pasífae é vítima da blasfêmia e da ganância de seu marido, Minos. Minos pede a Posêidon que faça um touro erguer-se do oceano (touros que saem do mar são um tema importante na história de Fedra, embora ela mesma não invoque nenhum). Em troca, ele promete que sacrificará o touro em honra a Posêidon. Seu objetivo é convencer os súditos de que governa Creta por direito divino e, como prova, quer mostrar-lhes que tudo que pede aos deuses lhe é concedido por eles. Posêidon ouve seu pedido e envia-lhe um magnífico touro (a palavra grega *diaprepē* é geralmente traduzida como "distinto", mas isso faz parecer que o touro está usando um monóculo, o que não é o caso). Só que então Minos realiza uma troca escandalosamente óbvia: guarda para si o touro de Posêidon e, em seu lugar, sacrifica um touro comum, não oceânico. Posêidon então pune Minos fazendo Pasífae criar uma intensa afeição pelo touro que enviara a ele. E é aí que ela convence Dédalo a ajudá-la preparando-lhe o disfarce de vaca de madeira com rodas. Só nos resta supor que tal disfarce é mais convincente para o touro do que nos pareceria, já que o resultado foi o Minotauro. Portanto, essa pobre criatura deve tanto sua existência quanto sua prisão a Dédalo, que constrói também o labirinto em que a encerram. E nós podemos ver, não pela primeira vez, que muitas vezes faltam informações cruciais à versão popular de uma história, neste caso, as que exoneram a pobre Pasífae de pelo menos uma parte da responsabilidade. A trapaça de Minos e a consequente vingança de Posêidon são a dupla causa de sua paixão deslocada. Como veremos ao longo deste capítulo, você ofende os deuses por sua própria conta e risco: neste, talvez ainda mais que na maioria dos outros mitos. E, como sempre deve lembrar-nos a história de Pasífae, quando querem vingança, os deuses raramente se importam com aqueles a quem machucam.

Teseu mata o Minotauro com a ajuda de Ariadne, que lhe dá um carretel com um longo fio para que ele se oriente no labirinto e consiga sair de lá são e salvo. Os dois fogem juntos ou, como diz Homero no Livro Onze da *Odisseia*, Teseu tenta levá-la de Creta para Atenas.[3] Mas eles não conseguem fugir, pois Ártemis a mata em decorrência de uma acusação feita por Dionísio. Ou, como em muitas versões dessa história, Teseu abandona Ariadne na ilha de Naxos. De maneira nada heroica, ele geralmente vai embora enquanto ela está dormindo.[4] Várias fontes sugerem que Dionísio queria tomar Ariadne como noiva, mas Plutarco[5] oferece duas alternativas: quando percebe que fora abandonada, Ariadne se enforca; Teseu a deixa porque se apaixonara por outra mulher, chamada Egle.

Em seu sexagésimo quarto poema, o autor romano Catulo descreve a cena em Naxos, quando Ariadne desperta e percebe que Teseu a deixara: ela havia renunciado aos pais e ao abraço da irmã, diz ele,[6] e

Teseu a abandonara enquanto ela dormia. Curiosamente, em sua descrição, Catulo usa a palavra *coniunx*, que significa "marido": esse não é um relacionamento trivial. Ele descreve Teseu como *immemoris*, palavra que muitas vezes se traduz como "esquecido". Mas não podemos imaginar que Teseu tenha esquecido Ariadne no sentido literal da palavra no decorrer de uma noite. Em vez disso, ele simplesmente não lhe dava atenção ou talvez não fosse grato o bastante por tudo o que ela fizera por ele. Afinal, devia a ela (e a seu auxílio luxuoso no labirinto) a própria vida. Não é de admirar que Ariadne tenha ficado arrasada quando descobre que Teseu a deixara para trás. Catulo lhe atribui furiosas palavras de recriminação: Traidor, vais levar teu perjúrio de volta contigo? A fala tem dezenas de linhas, mas seu momento mais contundente – pelo menos no que diz respeito à história de Fedra – vem logo depois: Que doravante mulher nenhuma acredite em um homem que lhe faz promessas; que mulher nenhuma espere encontrar verdade nas palavras de seu homem. Ariadne conclui com um apelo às Eumênides, ou Fúrias, de cabelos serpentinos para que o punam: Não deixai que meu sofrimento desapareça, diz ela. Mas, com a mesma ideia que tinha ele quando aqui me abandonou, fazei Teseu acabar consigo mesmo e com os seus. Se soubesse com quem seu errante parceiro se casaria, teria ela parado antes das palavras finais: *seque suosque*, consigo mesmo e com os seus? Mas, é claro, Ariadne não pode saber enquanto o amaldiçoa que um dia sua irmã Fedra estaria incluída nessa descrição.

Teseu continua navegando de volta para Atenas e tem outro estranho surto de esquecimento. Quando partiu em viagem a Creta, ele prometeu a seu pai, Egeu, que mudaria a cor de sua vela, que era negra, para a cor branca, caso estivesse voltando para casa vivo. Teseu se lembra dessas instruções cuidadosamente por séculos, mas de repente as esquece: como se o vento tivesse soprado para longe as nuvens do topo de uma montanha. Egeu vê o navio retornando com a vela errada, acredita que o filho morrera e lança-se para a morte. E assim, observa

Catulo, o poderoso Teseu faz cair sobre si o mesmo tipo de tristeza que, com sua desatenção, dera à filha de Minos. Catulo compara explicitamente a perda de Ariadne a um profundo luto, à dor da perda de um pai. Essa história de amar Teseu acaba sendo um negócio muito arriscado.

Dada a complicada história familiar dos dois, podemos muito bem imaginar que Fedra tenha um relacionamento conflituoso com o marido. Teseu havia, na melhor das hipóteses, conspirado com a irmã dela para matar o meio-irmão de ambas. Embora possamos estar acostumados a pensar no Minotauro como um monstro, basta lermos o belo conto de Jorge Luis Borges, "La Casa de Asterión", para perceber que nem todos o consideram um monstro. E, ainda que deixemos de lado qualquer sentimento fraternal que Fedra possa ter tido por Astérion, podemos entender que talvez ela não se sinta segura nesse casamento. Teseu decidira deixar Creta com Ariadne, não com ela. Ninguém gosta de ser a segunda opção. Na verdade, já que estamos falando de Teseu, digamos que o número é um tanto maior que dois.

Além disso, as esposas de Teseu não tendem a morrer de velhice. Quer Ariadne tenha ou não se enforcado, temos também a morte de Antíope (às vezes chamada de Hipólita), a amazona com quem Teseu foge (ou a quem ele rapta e leva consigo à força) de Temiscira. Como vocês devem lembrar-se, às vezes Antíope é morta por outra amazona, mas em alguns relatos ela é morta por Teseu, na guerra travada pelas demais amazonas pelo retorno da irmã. Plutarco também nos fala de outra versão[7] no poema hoje perdido sobre Teseu, a *Teseida*. Nesse poema, Antíope e as amazonas atacam Teseu no dia de seu casamento com Fedra, e é nessa batalha que ela morre pela mão de Héracles. Plutarco descarta essa variação como uma ficção (a seu ver, a maior parte dessas histórias não é mito, é história antiga).

Devemos ter cuidado, é claro, para não julgar personagens antigas com base em padrões modernos: esperar que as pessoas que viviam milhares de anos atrás pensassem da mesma maneira que nós sobre as nuances da vida das mulheres é simples perda de tempo. Portanto, convém ressaltar que o próprio Plutarco considera Teseu uma figura bastante dúbia. Sobre a história de Fedra e Hipólito, ele diz que há consenso entre historiadores e autores trágicos, então é provável que tenha acontecido (ao contrário do banho de sangue do dia do casamento, em relação ao qual ele se mostra cético imediatamente antes). Ele não considera Fedra uma vilã nem uma criminosa, aliás. Plutarco descreve os eventos de sua história como *dustuchias*,[8] ou seja, catástrofes. Mas então ele passa a fazer uma distinção ainda mais interessante: Existem, diz ele, outras histórias sobre os casamentos de Teseu que não começam bem nem têm finais felizes. Mas essas não foram encenadas no palco.[9] E prossegue: Diz-se que Teseu teria raptado Anaxo [...] e que, depois de matar Sínis e Cércion, teria tomado suas filhas à força; teria se casado com Peribeia [...] e, depois, com Feribeia, com Íope, filha de Íficles; teria abandonado Ariadne por causa de seu desejo por Egle [...] e teria raptado Helena, levando a guerra à Ática.

Vamos dar uma rápida olhada nesse catálogo de desagradabilidades variadas. Teseu é muitas vezes acusado de ser algo bem pior que um mau marido (embora ele certamente seja um mau marido. Não posso ser a única quando me pergunto se ele se casa consecutivamente com mulheres chamadas Peribeia e Feribeia para não correr o risco de esquecer nomes tão parecidos). Ele rapta Anaxo e, mais tarde, Helena: isso está dito sem eufemismos no grego. Teseu é um estuprador em série; um viciado contumaz em noivas de guerra. Ele não sequestra as filhas de Sínis e Cércion, mas mesmo assim as estupra depois de matar seus pais. Plutarco deixa isso bem claro: ele as toma à força, *bia*. Isso é estupro. Helena tinha 7 ou 10 anos quando Teseu a raptou, vocês devem estar lembrados. Em algumas versões da história, ela deu à luz a filha dele antes de ser resgatada pelos irmãos.

E, embora concisamente, Plutarco frisa um aspecto seminal no início dessa lista: essas "outras histórias" do violento histórico sexual de Teseu não foram mostradas no palco. A professora Edith Hall declarou, com o vigor acadêmico que a caracteriza, que detesta o *Hipólito* de Eurípides porque legitima os mitos do estupro.[10] Ao dramatizar uma história em que uma mulher cria uma falsa alegação de estupro, damos muito mais destaque ao delito de Fedra que, por exemplo, à longa lista de estupros, raptos, casamentos forçados e estupros de crianças de Teseu, que até hoje continua em grande parte não dramatizada. *Phaedra's Love*, de Sarah Kane – uma releitura brutal do mito que culmina com a castração e a estripação de Hipólito, enquanto Teseu estupra a enteada e depois lhe corta a garganta – é uma rara exceção. Até Plutarco consegue ver que há um problema com as histórias que são e com as que não são contadas, e convém lembrarmos que ele escreve isso quase dois milênios antes de as mulheres conseguirem votar. Existem algumas histórias de mulheres inventando acusações de estupro no mito grego, sendo as de Fedra e Estenebeia as duas mais conhecidas. Mas há literalmente centenas de exemplos de estupro: principalmente de mulheres e, ocasionalmente, também de homens jovens.

As traduções e adaptações – particularmente de mitos gregos para crianças – tendem a encobrir esse fato desconfortável. Evidentemente, ninguém desejaria traumatizar uma criança que está começando a conhecer os gregos, mas o problema de higienizar essas histórias é que desenvolvemos uma percepção distorcida. Quando lemos que um sátiro tenta "raptar" uma ninfa ou "agarrar" uma náiade, estamos lendo eufemismos.

Para vermos um exemplo específico e notório, Hades muitas vezes "rapta" Perséfone, cuja mãe enlutada, Deméter, por fim consegue resgatá-la para perto de si durante parte do ano. O restante deve ser passado no Submundo porque Perséfone comeu sementes de romã enquanto estava lá e, por isso, precisa retornar ao Hades todos os anos. Esse é o preço por ter consumido algum alimento no reino dos mortos. Mesmo as pessoas que conhecem muito pouco mito grego geralmente conhecem essa história; ela é uma das que muitas vezes aprendemos quando ainda crianças. Mas a palavra "rapto" conta apenas parte da história. Ela pode fazer com que a situação soe mais como uma aventura da qual Perséfone é parcialmente resgatada e menos como uma agressão sexual constante e um casamento forçado. Nós nos concentramos no detalhe da romã, que torna Perséfone cúmplice ou mesmo parcialmente responsável por sua própria prisão continuamente repetida. No entanto, se lermos o *Hino Homérico a Deméter*, veríamos que, neste, uma das primeiras narrativas da história de Perséfone, Hades a engana para fazê-la comer: ele lhe dá as *lathrē* de romã sem lhe dizer que isso poderia custar-lhe a liberdade.[11] Só quando se reúne a Deméter é que Perséfone descobre as consequências: ela explica que Hades pôs-lhe a fruta na boca e, usando de força, a obrigara a prová-la.[12] Essa imagem da jovem alimentada à força por seu carcereiro para garantia adicional de sua prisão é genuinamente chocante. O *Hino Homérico* diz-nos também que Zeus foi conivente com Hades para que este tomasse Perséfone contra sua vontade. Não há como ler essas palavras sem pensar que Perséfone foi estuprada. "Contra sua vontade" é uma expressão bastante específica. E Zeus é o pai de Perséfone; Hades, seu tio. Dois deuses todo-poderosos, responsáveis, um, pelo mundo dos vivos, o outro, pelo mundo dos mortos, conspirando contra uma jovem para traficá-la para o Submundo, estuprá-la e depois esconder a verdade de sua mãe pelo maior tempo possível: essa é uma maneira mais precisa, embora menos agradável, de descrever a mesma história.

Só para esclarecer, longe de mim sugerir que o mundo antigo não esteja repleto de sua própria misoginia, pois ele está, sim. A literatura e a arte que sobrevivem hoje foram criadas em sociedades extremamente patriarcais que davam imenso poder a um pequeno grupo de homens ricos. Porém, muitas vezes, o que estamos lendo é a misoginia de épocas mais recentes. O *Hino Homérico* diz-nos que Perséfone foi forçada a comer contra a vontade; ele não omite esse elemento da história. No entanto, os contadores de histórias modernos rotineiramente o ignoram. Vejamos novamente como Teseu se sai quando suas façanhas são contadas nos muito amados *Tales of the Greek Heroes*, de Roger Lancelyn Green, publicados em 1958. O autor nos conta sem pestanejar que Teseu mata Sínis e Cércion (e outros "meliantes"). Mas não menciona o estupro das filhas desses homens, algo que Plutarco sabia que valeria a pena incluir em sua descrição. Para autores mais modernos, parece que assassinar vilões é bom, mas estuprar as filhas deles não merece nenhuma consideração. Claro, podemos muito bem achar que um livro infantil clássico não é lugar para estupro: particularmente, não discordo. Mas esses mitos estão cheios de violência e deveríamos pelo menos perguntar-nos por que é só a violência contra as mulheres que é removida para transformar nossos heróis em aventureiros descomplicados.

Porque certamente é isso o que acontece com Teseu na versão de Green. Quando chegamos a Ariadne em Naxos, Dionísio a vê e a faz cair em um sono mágico, "e quando acordou, ela não se lembrava de nada a respeito de Teseu, nem de como chegara a Naxos, mas por vontade própria tornou-se a noiva de Dionísio".[13] Me perdõe se eu estiver estragando seu prazer de infância nessas histórias, mas isso é extremamente conveniente para Teseu. Todos nós podemos desejar que nosso mau comportamento possa ser esquecido com essa mesma facilidade. Na página seguinte, o novo rei de Creta envia a Teseu "Fedra em casamento, de modo que, apesar da perda de Ariadne, ele ainda se casaria com uma filha de Minos". Ainda bem. Eu já estava começando a achar que Teseu fosse a verdadeira vítima aqui.

As histórias são contadas de uma maneira encantadora. Para muitos de nós, elas foram (e continuam sendo: o livro ainda é reimpresso) a porta de entrada para o mito grego e o mundo clássico. Mas, como as lemos quando crianças, nem sempre as consideramos do ponto de vista crítico: tendemos a vê-las como a versão oficial e neutra, da qual outras versões se desviam. Além disso, como acontece com qualquer livro, elas refletem os valores de seu tempo. Então, embora não queira dissuadi-lo de ler essas histórias para crianças, eu gostaria de estimulá-lo a dar-lhes um desconto para contrabalançar o preconceito silencioso que se esconde por trás delas.

A propósito, caso vocês pensem que só os livros infantis é que são reescritos para tornar as personagens masculinas mais heroicas e as femininas menos lesadas, Robert Graves muitas vezes fez exatamente isso em seu *Greek Myths*. Voltemos a Perséfone e Hades. A versão de Graves de Perséfone e da romã não faz nenhuma menção de que Hades a fez comê-la à força. Em vez disso, ela é denunciada por "um dos jardineiros de Hades, Ascálafo",[14] por ter colhido "uma romã de uma árvore em seu pomar e comido sete sementes". Isso deve um tanto à versão do Pseudo-Apolodoro em sua *Bibliotheca*. Porém, nessa versão, a profissão de Ascálafo como jardineiro – que, até onde eu tenha podido descobrir, é invenção de Graves – não é mencionada. Para o Pseudo-Apolodoro, Ascálafo testemunhou Hades/Plutão fazer Perséfone comer uma única semente de romã. Ele a delata, e Deméter dá-lhe o troco prendendo-o sob uma rocha no Hades.[15] Graves omite esse último detalhe, além de mudar o número de sementes que Perséfone come (o consumo voluntário de sete sementes está no Livro Cinco das *Metamorfoses* de Ovídio, porém, também nessa versão, Perséfone ainda não sabe do interdito da alimentação), e o transforma num roubo sorrateiro de Perséfone, em vez de alimentação forçada por parte de Hades. E a irrepreensível profissão atribuída a Ascálafo só contribui para referendar a acusação: os jardineiros geralmente parecem honestos e confiáveis. Essas escolhas podem parecer irrelevantes, mas Graves apresenta seu trabalho como erudito e neutro. Erudito, certamente é; mas é tudo menos neutro: Graves preferiu contar um misto das versões do Pseudo-Apolodoro e de Ovídio e ignorar o *Hino Homérico* e, depois, omitiu informações sobre a romã para que Perséfone parecesse mais responsável pelo próprio infortúnio. Por si só, cada exemplo pode ser pouco, mas, ao longo de uma compilação de dois volumes, eles se somam. E, lamentavelmente, as escolhas editoriais de Graves raramente funcionam bem para as mulheres.

Perséfone é apenas uma num vasto número de exemplos que eu poderia ter escolhido para ilustrar esse argumento. Porém, certamente nenhum dos inúmeros estupros que ocorrem nos mitos gregos faz a menor diferença para Hipólito, que é inocente de qualquer crime. Ele é morto por causa de uma acusação injusta de estupro feita por sua madrasta. No caso deste livro, pensei mais sobre incluir Fedra que qualquer das outras mulheres escolhidas justamente porque acusações falsas de estupro são um tema muito difícil de discutir de uma maneira mais matizada. E de um modo que não contribua de forma inadvertida para piorar o que já é um problema. Falsas acusações de estupro são incrivelmente raras. Dada a sua extrema raridade, elas recebem muito mais espaço na mídia do que merecem. Entretanto, omitir a história de Fedra, por mais difícil que ela seja, parecia-me desonesto. Assim como as outras, ela é uma mulher cuja história foi contada e recontada ao longo dos séculos.

Evidentemente, o problema é que Fedra pode ser usada para legitimar o mito de que muitas mulheres mentem a respeito do estupro. Porém a verdade é muito diferente: no Reino Unido, o percentual das acusações de estupro que são consideradas falsas ou suspeitas de falsidade é de cerca de 4%, de acordo com dados do Home Office.[16] Portanto, 96% das alegações de estupro são consideradas verdadeiras pelo Home Office, embora apenas uma pequena minoria dessas acusações verdadeiras acabe desembocando em condenações. E esses números são importantes: de acordo com o Office for National Statistics (Instituto Nacional de Estatísticas Britânico), aproximadamente 85 mil mulheres e 12 mil homens sofrem estupro ou tentativa de estupro na Inglaterra e no País de Gales a cada ano. Apenas 15% das vítimas o denunciam à polícia. Ou seja, 85% das pessoas que sofrem agressão sexual e estupro nunca os denunciam. E essas estatísticas chocantes exigem ocupar muito mais de nossa energia e de nosso empenho que a pequena porcentagem de falsas denúncias feitas à polícia. Para cada falsa denúncia feita, ocorrem 199 estupros ou agressões, dos quais cerca de 170 não são denunciados. Devemos falar sobre Fedra, mas não devemos perder de vista a realidade: o estupro ocorre, mas não é relatado muitíssimas vezes mais do que é falsamente relatado.

Agora que temos um pouco mais de contexto, voltemos a Fedra. Especificamente, voltemos a seu retrato na peça de Eurípides. Na verdade, estamos falando de sua segunda versão de *Hipólito*; a primeira não chegou a nossos dias.[17] No entanto, temos algumas referências a ela, e estas sugerem que o caráter de Fedra era bastante diferente nas duas peças. Aparentemente, na primeira versão, Fedra era apresentada como uma mulher sedutora e adúltera, uma vilã que nutre um forte desejo sexual por um homem e age movida por esse desejo.[18] Mas a peça não foi bem recebida e Eurípides a reescreveu. Na segunda versão, ele pinta um quadro muito mais empático de uma mulher atormentada por uma aflição que nada fez para merecer.

A peça começa com uma explicação da deusa Afrodite: como os deuses gostam de ser venerados, ela favorece os que a reverenciam e massacra os que não o fazem.[19] Afrodite tem um problema específico com um jovem chamado Hipólito, filho de Teseu e da amazona, porque ele se refere a ela como *kakistēn daimonōn*, "a pior entre os deuses". Hipólito passa seus dias com Ártemis, que é notoriamente virginal. Por sua ofensa a mim, prossegue ela, hoje me vingarei dele.[20] Já cuidei de quase tudo; não há muito mais o que fazer.

Afrodite continua explicando os detalhes: dois anos antes, Fedra viu Hipólito pela primeira vez e, de acordo com os planos da deusa, foi tomada de um terrível amor por ele.[21] Fedra construiu um templo para Afrodite e deu-lhe o nome de Hipólito. Agora, a infeliz está morrendo da agonia do amor e em silêncio.[22] Ninguém sabe qual é sua doença. Mas Afrodite revelará tudo a Teseu para que ele mate o próprio filho com três maldições (ou orações) que recebera de Posêidon. Ela se refere a Hipólito como seu inimigo. Fedra manterá seu bom nome, mas também morrerá. Afrodite percebe que Hipólito está prestes a chegar ao palco e conclui: os portões do Hades estão abertos para ele, a luz deste dia será a última que verá. Com isso, ela deixa o palco.

É uma maneira vertiginosa, até mesmo para Eurípides, de começar uma peça. O que, como público moderno, podemos pensar dessa deusa petulante e mesquinha? E o que teria pensado dela o público ateniense em 428 a.C.? Um insignificante mortal não quer casar-se nem se envolver sexualmente, e esta é a resposta da poderosa deusa: destruição total. E destruição pelas mãos do próprio pai. E que pensar de sua afirmação inicial, favorecer os que a reverenciam e punir os que não o fazem? Algumas dezenas de linhas depois, ela diz sem nenhum pudor que Fedra – que reverenciara Afrodite construindo um templo para homenageá-la – morrerá em consequência de sua divina vingança contra Hipólito. Na verdade, Fedra já fora punida com dois anos – anos – de amor torturante. Talvez a princípio isso pareça uma queixa trivial, mas só se tivermos esquecido a angústia devastadora de querer alguém que não podemos ter.

E todo esse sofrimento lhe fora imposto externamente, por Afrodite. Na tragédia grega, os deuses desempenham vários papéis, como se dispostos em camadas, e um deles é essencialmente psicológico. Embora possamos dizer que nos apaixonamos ou temos uma queda por alguém inadequado, os gregos tendiam a atribuir esse tipo de experiência a causas externas. Nós nos apaixonamos; eles eram atingidos por uma flecha disparada pelo deus Eros, por exemplo. Simplesmente não existia um discurso de psicologia sofisticado na época em que Eurípides escrevia. Desse modo, coisas que, para nós, vêm de dentro, para os gregos muitas vezes vinham de fora.

Pela fala de abertura, sabemos que Afrodite é absolutamente cruel e muito bem organizada em seus planos de vingança. Ela passou dois anos se preparando para destruir Hipólito, sem o menor interesse pelas vítimas secundárias de sua vingança: Fedra e Teseu. Eles são simplesmente danos colaterais que não podem ser evitados. Também sabemos, por mais que isso possa custar aos que querem condenar a vilania de Fedra, que nessa trama ela é uma vítima tanto quanto Hipólito. Em todo o desalmado monólogo, não há palavra mais angustiante que *sigē*, "ela se mantém em silêncio". Será que Fedra não teria contado à suas escravas ou a alguma amiga (obviamente, não à irmã, que é uma das ex-namoradas de seu marido, se é que ainda está viva) o tormento pelo qual estava passando? Não, ela não o fez, sofreu em silêncio, sozinha. Podemos certamente concluir que Fedra está profundamente envergonhada de suas emoções indesejadas: esse não é o comportamento de uma sedutora nem de uma adúltera. Ela não desfruta de sua paixão; ela sofre fisicamente e é esse sofrimento que a está matando.

Hipólito sobe ao palco, cheio de elogios a Ártemis. Um de seus criados sugere-lhe que tenha o cuidado de não depreciar Afrodite. Mas Hipólito se recusa: Venere sua deusa, diz ele, com empáfia.[23] Não tínhamos nenhum indício de que Afrodite pudesse dispor-se a mudar sua trama assassina, mas certamente Hipólito parece estar empenhado em ofendê-la.

Em seguida, o coro feminino nos dá mais alguns detalhes sobre o mal de Fedra. Ela não tem condições de sair de casa, não come há três dias,[24] não quer dizer o que a entristece, só quer morrer. Elas tentam adivinhar qual poderia ser a razão: teria ofendido algum deus, estaria sendo punida? Elas não imaginam que Afrodite seja a causa. Então se perguntam se Teseu estaria dormindo em outra cama ou se Fedra teria recebido más notícias de Creta. Obviamente, as mulheres do coro estão perplexas diante da enfermidade de Fedra, mas parecem gostar dela e querer ajudá-la.

Fedra e sua ama agora sobem ao palco. Fedra precisa ser carregada por escravas: ela não consegue caminhar. Está febril, desesperada para estar nas florestas, caçando cervos. Lembranças de sua infância, em Creta? Ela nem sempre foi a esposa de um rei ateniense. Ou está simplesmente imaginando-se ao lado de Hipólito, que sabemos ser um excelente caçador: afinal, ele passa os dias na companhia de Ártemis, que é a deusa da caça. Ou está dando um passo adiante e imaginando-se ela própria como Hipólito? Quanto de seu desejo é por ele e quanto é ser ele? A fantasia chega ao fim e Fedra implora aos deuses que lhe tenham misericórdia e a deixem morrer. Como já sabemos por Afrodite, os deuses não têm misericórdia, certamente não por Fedra.

O coro pergunta à ama o que há de errado com Fedra: ela não conseguiu descobrir? A ama responde que tentou, mas fracassou. Só que, então, faz uma última tentativa de arrancar a verdade e volta-se para Fedra com uma declaração brutal: se morrerdes, estareis traindo vossos filhos.[25] Eles não herdarão o que pertence ao pai; quem o herdará é ele: Hipólito, aquele filho bastardo da rainha amazona. Ele é quem reinará, não teus filhos. Fedra chora de tristeza. Isso vos toca?, pergunta a ama. Tu me destróis, responde Fedra. Peço-te, pelos deuses, que fiques em silêncio no que diz respeito a esse homem. A ama exulta por ter conseguido trazer Fedra de volta a si mesma. Então não quereis salvar vossos filhos, pergunta ela, e vossa própria vida? O ataque cruel força Fedra a admitir o que está causando sua grave enfermidade. Já sabemos, pelo monólogo de Afrodite, que é um mal do coração. Fedra usa a palavra *mi-asma*,[26] que pode ser tanto uma doença quanto uma desonra. A ama a pressiona ainda mais até que, finalmente, Fedra admite que é Hipólito quem ela ama.

Esse primeiro quarto da peça é uma verdadeira aula magistral de caráter, mesmo pelos padrões vertiginosamente altos de Eurípides. Fedra não é – como poderíamos esperar que ela fosse, de tantas peças e óperas posteriores – uma sedutora. Ela é uma mulher reservada e privada que passa dois anos escondendo um segredo de culpa, até mesmo dos mais próximos (embora os mais próximos possam não ser aqueles em quem ela deva confiar, como deixarão claro os eventos dessa peça). A leviandade com que Afrodite abordara o caso de Fedra, seu sofrimento e sua morte iminente parece ainda mais cruel quando a conhecemos. Pelas representações de Afrodite e, mais tarde, Ártemis nessa peça, podemos ver que Eurípides é um pensador crítico das questões divinas. Ele não questiona a existência dos deuses, mas certamente questiona sua natureza. Essas deusas são inteiramente amorais: no que lhes diz respeito, o que elas querem e o que é certo são a mesma coisa. E qualquer um que atravesse seu caminho será destruído.

Fica claro que Fedra teria ido para o túmulo sem jamais falar com Hipólito ou de seus sentimentos por ele. Ela não quer agir como lhe manda o desejo; ela simplesmente quer morrer para que seu sofrimento se acabe. A ama explora seu ponto fraco, que é a ansiedade quanto à vida que seus filhos terão depois que ela se for. Da mesma maneira que Alceste temia que Admeto pudesse escolher uma nova esposa que tratasse mal seus filhos, aqui vemos Eurípides dramatizar o lado oposto da mesma moeda: uma madrasta induzida à terrível ansiedade de que seus filhos sejam preteridos em favor do filho mais velho de seu marido (a quem a ama, aliás, chama de *nothon*, "bastardo")[27] após sua morte. E esse é um medo real e plausível: Hipólito é mais velho que seus filhos, ele pode muito bem herdar o reino de Teseu se Fedra não estiver por perto para defender a causa de sua própria prole. Já vimos que Hipólito é imune à sugestão de que seria melhor não insultar uma deusa poderosa. Se ele é tão impermeável aos costumes sociais, Fedra pode muito bem temer que ele deserde seus filhos.

E agora Fedra faz seu grande monólogo, no qual conta ao coro e à ama como tentara manter silêncio, sufocar seu desejo, desejar a morte. Ela não quer envergonhar o marido nem os filhos.[28] Se escreveu Fedra como uma adúltera impudente em sua primeira tentativa de contar essa história, Eurípides a mudou completamente nessa segunda versão. A vergonha é uma perspectiva que ela não vai enfrentar; a isso, ela prefere a morte. Então, o que deu errado?

É aqui que entra a ama com o tipo de argumento malicioso e imoral que faria o dramaturgo cômico Aristófanes divertir-se horrores sugerindo ser aquilo em que o próprio Eurípides acreditava. Como podeis vós, pergunta ela, uma mortal, resistir ao poder da deusa do amor? Se até mesmo Zeus é dominado por ela? Afrodite dobra o rei dos deuses a seu bel-prazer e vós tentais resistir-lhe? Não é arrogância desejar ser mais forte que um deus?[29] De qualquer maneira, os homens não resolvem os problemas; as mulheres é que têm que encontrar as respostas. Podemos pensar que a ama é tão imoral quanto seu argumento implica, e talvez ela seja mesmo. Certamente ela é uma serva involuntária de Afrodite, aquela que catalisa toda a carnificina que está prestes a ocorrer. Por mais tentador que seja condená-la sem mais, devemos lembrar-nos de que ela teme sinceramente pela vida de sua senhora. Embora torne as coisas infinitamente piores para Fedra, Hipólito e Teseu, ela parece agir movida pela melhor das intenções.

Porém Fedra resiste a seu argumento e ordena-lhe que nunca mais fale assim. Tu falas de forma convincente, mas vergonhosa, diz ela.[30] A ama diz que sairá em busca de um tratamento para seu mal. Por favor, não digas nada a Hipólito, implora Fedra. Cuidarei disso, responde a ama. Resolverei tudo.[31] E, claro, ela faz exatamente o que Fedra teme: vai direto a Hipólito – que, como nós e ela sabemos, detesta a ideia de sexo com quem quer que seja, ainda mais com a madrasta – e conta-lhe que Fedra o ama. Como qualquer um, exceto a ama, poderia ter previsto, ele reage com fúria, e Fedra o ouve do palco. Ela destruiu-me,[32] diz Fedra ao coro.

Hipólito torna a subir ao palco, embora não veja Fedra nem fale com ela. Contudo, ela ainda pode ouvi-lo. Antes de revelar a Hipólito o segredo de Fedra, a ama conseguiu convencê-lo a jurar manter silêncio a seu respeito. Ele fez voluntariamente a promessa, mas agora se arrepende e pretende desconsiderá-la: minha língua jurou, diz ele, mas não minha mente.[33]

Essa frase seria citada por Aristófanes como arquetipicamente euripidiana: que influência terrível deve ter tido o dramaturgo sobre os homens comuns de Atenas. Todos capazes de desonrar a própria palavra porque, para Hipólito, uma promessa não significava nada. Mas, bem, geralmente os públicos não são tão crédulos. Além disso, apesar do que diz nesse momento de raiva, Hipólito mantém sua palavra. O problema é que Fedra acredita nele quando diz que não a manterá.

Então Hipólito profere um longo e misógino discurso: não é perversa só a sua madrasta; todas as mulheres o são. Todas elas são vadias, e a única razão pela qual ele manterá a palavra que dera à ama é seu temor de que os deuses punam os que perjuram. Ele deixará a casa até o retorno de Teseu. E assim faz.

Que miserável destino o de ser mulher,[34] diz Fedra após a saída de Hipólito. E agora? Ela dispensa a ama, faz o coro jurar guardar sigilo e diz que pensou em uma maneira de salvar a reputação de seus filhos.[35] Ela dará cabo de sua própria vida, destruída por Afrodite. Estamos na metade da peça e tudo está correndo conforme o plano da deusa. Fedra deixa o palco, o coro canta e, quando termina, ouvimos uma escrava gritar do palácio que a rainha está morta. Fedra se enforcara.

Nesse ponto, surge Teseu, perguntando se alguém pode dizer-lhe o que está acontecendo. Ele corre até o corpo de Fedra e encontra em sua mão um bilhete endereçado a ele. Nele, descobrimos que ela denunciara Hipólito como estuprador, alegando que a agressão a levara a tirar a própria vida. Teseu amaldiçoa o filho, testando o suposto presente que lhe dera Posêidon (ele parece não estar certo de que as maldições de Posêidon funcionarão, mas sabemos pelo monólogo de abertura de Afrodite que elas fazem parte de seu plano). Agora Hipólito também chega ao palco e descobre que Fedra mentira a seu respeito. Teseu, convencido de sua culpa, condena-o ao exílio. Curiosamente, Hipólito não quebra seu juramento, apesar de ter ameaçado fazê-lo. Ele mantém silêncio sobre a paixão de Fedra por ele, como havia jurado que faria. Mas se defende dizendo que despreza a ideia do amor e que, de qualquer maneira, Fedra dificilmente seria a mulher mais bonita do mundo.[36] Ele jura uma última vez que não pusera as mãos em Fedra e que não sabe o que a levara a suicidar-se.

Esse monólogo é uma peça literária realmente extraordinária. Sabemos que Hipólito é injustamente acusado, sabemos que tudo que está acontecendo com ele é produto do rancor de uma divindade que se ofendera por sua falta de veneração. Apesar disso, ele é tão persistentemente desagradável que temos muita dificuldade em sentir empatia, mesmo sabendo que ele está sendo vítima de uma injustiça. A horrenda diatribe que faz depois que a ama lhe fala do amor que Fedra lhe tem ainda paira sobre nós: Hipólito não tem apenas desinteresse por sexo, ele tem nojo; as mulheres que querem sexo o deixam enojado. Claro, cabe ao diretor decidir como esse monólogo deve funcionar: se Fedra for interpretada por uma mulher mais velha, torna-se uma história desse tabu, assim como do fato de eles estarem relacionados por afinidade, já que ela é a mulher de seu pai. Mas não pelo sangue: não haveria nada que impedisse Fedra e Hipólito de casar-se se Teseu morresse. Para o público da Antiguidade, seu crime é mais o de um desejo adúltero que o do desejo incestuoso por um homem mais jovem. É perfeitamente possível que os dois tivessem praticamente a mesma idade. Fedra é a irmã mais nova de Ariadne e seus filhos ainda são pequenos. Além disso, em algumas versões posteriores da peça, Teseu esteve ausente por tanto tempo que as personagens já acreditam que ele esteja morto, o que também elimina o problema do adultério (isso, para o público antigo; nós ainda podemos considerá-lo preocupante) até que ele reapareça, vivo afinal.

Nossa antipatia por Hipólito já se estabelece na primeira metade da peça: ele é abominável quando um de seus criados sugere que ele deve ter um certo respeito por Afrodite, ele é odioso quando a ama lhe revela o segredo de Fedra. Seu desprezo não é só por Fedra, mas por todas as mulheres, como ele explica detalhadamente. Ele ameaça não cumprir o que havia prometido, o que destruiria Fedra e, conforme ela crê, também o futuro de seus filhos. E, agora, Eurípides cria esse segundo monólogo memorável, no qual Hipólito só diz a verdade: ele foi injustamente acusado, ele é virgem e sabemos que ele não pode dizer mais nada sem incorrer em perjúrio. Ele não é totalmente sincero uma ou duas vezes, ao louvar-se por reverenciar os deuses[37] (quando sabemos que sua reverência não se estende a Afrodite) e ao jurar que não faz ideia do motivo que teria levado Fedra a enforcar-se (embora seu juramento o impeça de dizer mais).

No entanto, graças à habilidade e ao controle de Eurípides, Hipólito já se mostrou tão antipático que precisamos lutar para compadecer-nos da terrível injustiça de que ele é vítima. Isso se aplica também às personagens que estão no palco: Teseu é inabalável em sua convicção de que o filho é um monstro. Podemos achar que isso seja simplesmente um sinal de que Teseu é um bom marido e acredita na esposa. Mas sequer lhe ocorre supor, por exemplo, que a carta de Fedra tenha sido escrita por outra pessoa. Aliás, no mito grego, as cartas são vistas com uma desconfiança intrínseca. A escrita em geral é tratada com muito ceticismo. O coro tampouco é especialmente útil: embora creia que Teseu acreditará em Hipólito, o coro não se apressa a demonstrar nenhuma empatia pelo filho, mesmo quando este e o pai continuam a discutir. Teseu bane Hipólito e ordena que seus homens escoltem o jovem para longe imediatamente. Então, momentos depois, chega um mensageiro para dizer a Teseu que seu filho está morrendo: fora esmagado contra as rochas quando os cavalos de seu carro fugiram aterrorizados por um touro gigante que surgira do mar. A maldição de Posêidon era real e mortal.

Teseu não se arrepende, mas permite que os homens tragam seu filho de volta ao palácio para vê-lo antes que morra. Por fim, aparece Ártemis. Ela diz a Teseu que Fedra mentira e que Hipólito era inocente. Diz-lhe que sua maldição fora o motivo da morte de Hipólito. Diz-lhe também que a causa fora Afrodite e que ela, Ártemis, tivera que permitir que isso acontecesse, ainda que Hipólito fosse seu favorito. Ela acrescenta que Teseu não é inteiramente culpado, pois agira movido pela raiva antes de conhecer os fatos. Moribundo, Hipólito é levado ao palco e perdoa Teseu. Quando Ártemis revela que aquele terrível dia havia sido minuciosamente tramado por Afrodite, Hipólito replica: ela destruiu-nos aos três.[38] Ártemis deixa o palco explicando que, assim como Afrodite matara seu amado favorito, ela o vingará fazendo a mesma coisa. Hipólito expira.

Há uma melancólica simetria nessa peça: a primeira metade termina com a morte de Fedra, a segunda, com a morte de Hipólito. Todas as partes culpam Afrodite: Fedra, Hipólito, Teseu (cujas palavras finais na peça são uma repreensão à deusa) e Ártemis. Para nenhum deles há dúvida de que foi ela a responsável por tudo o que aconteceu. Fedra é um agente humano de destruição: ela se mata e faz uma acusação falsa e mortal. Mas a ama também tem alguma responsabilidade: por mais bem-intencionada que possa ter sido, sua ida a Hipólito para revelar o segredo de Fedra é o que exacerba a crise.

Uma questão desconfortável é saber se Fedra pretendia que Hipólito morresse. Ela faz a acusação antes de tirar a própria vida, o que implica sua impossibilidade de ser interrogada. Mas, embora presumivelmente soubesse que Teseu tinha pavio curto (eles estavam vivendo em exílio porque ele havia matado um grande grupo de jovens, conforme nos disse Afrodite no início da peça), teria Fedra condições de saber que ele reagiria tão violentamente como reagiu? O próprio Teseu não tinha certeza de que as maldições de Posêidon eram verdadeiras. Ele bane o filho, o que implica uma dúvida a respeito de sua eficácia: por que se preocupar em banir uma pessoa se você achar que em minutos ela será morta pela ira divina? Então, para concedermos a Fedra o benefício da dúvida, talvez ela acreditasse que Hipólito seria exilado, em vez de assassinado.

Entretanto, é difícil defendê-la à luz do que realmente acontece: Hipólito morre em um terrível acidente de carro. E ele é mais gentil, mais ameno, em seus últimos momentos de morte que em qualquer outro momento da peça: não culpa Teseu, pela cruel maldição, nem Fedra, pela mentira. Ele culpa Afrodite e talvez (em grau bem menor) Posêidon: Os dons de Posêidon têm sido amargos para vós, que sois seu filho,[39] diz ele ao pai. Assim, embora nenhuma das personagens procure defender a mentira de Fedra, elas não a responsabilizam: na peça, todos aceitam que Afrodite seja a responsável por desencadear essa destruição. Nos últimos momentos, Ártemis liga o nome de Fedra ao de Hipólito: Tu serás lembrado em canção, promete-lhe ela, e o amor de Fedra por ti não mais será mantido em silêncio.[40] Em português, como no original grego, as palavras "Fedra" e "ti" estão separadas apenas pela palavra "por". Na morte, Fedra finalmente consegue a proximidade de Hipólito que Afrodite tornara seu desejo em vida.

Para Eurípides, a história de Fedra e Hipólito é uma lição objetiva da malevolência divina. Como a peça foi premiada com o primeiro lugar na Dionísia de 428 a.C., obviamente o júri ficou menos chocado com essa segunda versão que com a primeira, que teve má aceitação. Apesar disso, sua popularidade não foi universal. Como mencionamos anteriormente, Aristófanes a parodiou várias vezes, especificamente naquela fala de Hipólito para a ama: Minha língua jurou, mas não minha mente. Trata-se de uma lição salutar sobre a maneira como os valores mudam ao longo do tempo: de que nos importa se Hipólito quer dizer aquilo que de fato diz? Vivemos em uma sociedade burocrática na qual temos a nosso dispor muita papelada a que recorrer caso as pessoas reneguem suas promessas. Mas, para o público ateniense do século V a.C., que (em sua maior parte) dispunha de recursos escritos limitados, o poder dos juramentos e promessas era imenso. O próprio Zeus punia os perjuros. Se as pessoas saíssem por aí fazendo juramentos e depois se recusassem a honrá-los, todo o sistema de valores em que se baseava a sociedade estaria em perigo. Aristóteles até nos diz[41] que Eurípides foi processado por *asebeia*, "impiedade", justamente por causa dessa fala da peça.

Então, o que acontece se os deuses forem removidos da história? Essa é uma pergunta respondida por Racine, cuja peça *Phèdre*, de 1677, é provavelmente mais conhecida do público moderno que *Hipólito*, de Eurípides, sobretudo no Reino Unido, pois o papel-título foi interpretado por Diana Rigg e Helen Mirren em produções de uma adaptação de Ted Hughes. Para Racine, os deuses quase não estão em cena; não são personagens da peça. E, embora grande parte da história permaneça a mesma, a mudança de ênfase – e suas consequências no modo como os personagens vivenciam a culpabilidade e a culpa, em particular – é notável.

Nessa versão, Teseu está desaparecido e é dado como morto. Hipólito tem um amor (até então) não expresso por uma jovem chamada Arícia, cuja família é inimiga ferrenha de Teseu. Hipólito também mudou: sua devoção à castidade não é porque ele despreze o sexo e todas as mulheres, mas porque só deseja uma, a qual ele acredita não poder ter. Seu amigo Terâmenes o provoca por muitas vezes ter feito pouco caso de Vênus no passado: por fim, agora ele se tornara sua vítima sacrificial. Porém Hipólito não se deixa escravizar por Afrodite/Vênus: ele gostaria de poder apagar da memória as conquistas sexuais do pai (Plutarco poderia ter ficado aliviado ao ver aqui uma menção a Peribeia, Helena e Ariadne, embora a extrema juventude de Helena quando "roubada de sua cama em Esparta" seja mais uma vez omitida).

Se Hipólito é menos casto na peça de Racine que na de Eurípides, a mesma coisa acontece com Fedra. Ela não apenas constrói um templo para Vênus como gasta "metade da minha riqueza para decorá-lo. Do alvorecer ao anoitecer, sacrifiquei animais,/Procurando em seus corpos a minha sanidade". Aqui, Hughes seguramente faz uma referência ao comportamento de outra rainha trágica que se apaixona e não é correspondida: Dido, no Livro Quatro da *Eneida* de Virgílio, que perscruta as entranhas das vítimas sacrificiais como se fosse ela mesma o harúspice e estivesse encarregada de ler entranhas e interpretar o futuro. Fedra "fingi[ra] odiá-lo como meu enteado". Para disfarçar seus sentimentos, ela desempenhou de fato o papel da madrasta perversa. Um servo chamado Panopeu ("aquele que tudo vê") entra em cena para dizer a Fedra que Teseu está morto. A ama (aqui chamada Enone, mas continuaremos a chamá-la de ama para evitar confusão) fica encantada: Fedra agora pode declarar seu amor a Hipólito e casar-se com ele. Ela está livre.

Hipólito também ouve a notícia sobre Teseu e, também para ele, ela significa liberdade. Ele parte para libertar Arícia, que era mantida prisioneira por ordem de Teseu. A política em torno da sucessão de Teseu no trono de Atenas – as consequências para Hipólito, tanto como potencial governante quanto como potencial amante – expande-se para preencher o espaço deixado pela ausência das deusas de Eurípides. Hipólito declara seu amor a Arícia. Mas então chega Fedra e diz-lhe – de maneira bastante indireta – que o ama. Especificamente, ela ama o quanto ele parece ser um Teseu mais jovem. Hipólito fica chocado com essas declarações apaixonadas; Fedra afirma que se detesta "mais do que tu jamais poderias detestar-me". Hipólito tem consigo sua espada e Fedra implora-lhe que a golpeie: "Este coração está totalmente corrompido". A ama interrompe essa cena extremamente constrangedora, e Hipólito diz a Terâmenes que ambos precisam partir. Terâmenes explica que Atenas escolheu o filho de Fedra para ser o novo rei: pelo menos na política, Hipólito sai perdendo.

O terceiro ato começa com Fedra contorcendo-se de mortificação pela aversão que Hipólito claramente sentia por ela. A ama a consola: ele odeia todas as mulheres, então, pelo menos, vós não tendes uma rival. Mas então chega a notícia de que Teseu está vivo, afinal, e voltará a qualquer momento (como acontece com as peças gregas, definir a ação em um dia ocasionalmente promove um ritmo vertiginoso). Fedra fica arrasada: tendo revelado seu amor a Hipólito quando pensara ter enviuvado, agora ela será acusada de infidelidade. E preocupa-se especialmente com o dano que isso causará à reputação de seus filhos. No entanto, a ama tem um plano.

Teseu chega acompanhado de Hipólito, mas Fedra recusa-se a falar com ele e deixa o palco. Hipólito não quer explicar a razão, de modo que Teseu sai atrás da esposa para descobrir o que está acontecendo. Mas, no início do quarto ato, descobrimos que Teseu acredita que a esposa foi estuprada por Hipólito: a ama já colocou seu plano em ação. Diante da ama, Teseu critica a mulher apenas pela tentativa de poupar Hipólito, tendo "adiado demais sua exposição". É uma grande mudança na história: quem faz a falsa alegação é a ama, não Fedra.

Teseu e Hipólito discutem e, assim como na versão de Eurípides, Teseu amaldiçoa o filho. Mas, aqui, Fedra ainda está viva. Hipólito foge, e ela sobe ao palco para admitir o engodo da ama e defender a reputação do enteado. Mas, quando ouve de Teseu que Hipólito ama Arícia, o ciúme a domina. Esse homem, que por ela tinha tanta repulsa, tem sentimentos por uma mulher; portanto, ela tem uma rival. Tendo estado à beira de destruir sua reputação para proteger o jovem inocente que ama, ela muda de ideia: "Eu sou a única que ele não consegue suportar! E pensar que corri até aqui para defendê-lo!".

Embora novamente possamos sentir empatia pelas castigadas emoções de Fedra, não há como desculpar o que ela faz em seguida: ela não alerta Teseu a respeito de seu erro. Em vez disso, enfurece-se com a ama: seu ciúme a leva a querer também que Teseu mate Arícia. Ted Hughes investe absolutamente tudo nesse monólogo: "Minhas próprias mãos se contraem/Para arrancar a vida dessa mulher,/Para livrar sua carcaça desse sangue inocente/E esmagá-la até que não seja mais nada".

No quinto ato, encontramos Hipólito e Arícia pensando no que devem fazer, tendo em vista que Hipólito foi amaldiçoado e que sua reputação está arruinada. Hipólito sai e Teseu entra, após o que Arícia tenta desempenhar o papel dado a Ártemis na versão de Eurípides. Ela diz a Teseu que Hipólito é vítima de uma calúnia. Porém, como Teseu despreza a família dela e, de qualquer maneira, falta-lhe a autoridade de uma deusa, ele não lhe dá crédito. Panopeu, o servo que tudo vê, surge no palco para dizer que a ama atirou-se ao mar e que Fedra deseja a morte. Teseu percebe, por fim, que o filho pode ser inocente e ordena que o tragam de volta. Mas Terâmenes aparece sozinho porque, como em Eurípides, um touro ergueu-se do mar e causou a morte de Hipólito. O filho do rei está morto. Novamente, como em Eurípides, suas últimas palavras foram: "Os deuses tomaram-me a vida".

Mas Terâmenes e Teseu são muito menos indulgentes que Hipólito: ambos culpam Fedra pela morte do jovem. "Ele é uma vítima tua", acusa-a Teseu. Ela confessa a mentira e se diz um monstro "louco de paixão incestuosa". E, com a confissão, Fedra morre. Teseu deseja que os resultados de sua maldade pudessem morrer com ela. Mas a peça termina com a adoção da anteriormente desprezada Arícia como filha por Teseu.

O conflito central da peça de Eurípides é essencialmente linear: na linha traçada entre a castidade, personificada por Ártemis, e a paixão sexual avassaladora e indiscriminada, personificada por Afrodite, onde nos colocamos? Para Hipólito, está bem em uma das extremidades, a da castidade total. Para as demais personagens da peça, as coisas são mais matizadas. Mas, na peça de Racine, a estrutura tem múltiplas dimensões: Fedra ama Hipólito, por isso finge odiá-lo; Hipólito ama Arícia, por isso finge ignorá-la; Arícia ama Hipólito, mas é odiada pelo pai deste, Teseu, que ama Fedra e não confia em Hipólito. E depois há Enone, a ama, que ama Fedra, mas que não pode salvar a si mesma nem à amante do desastre. A política de quem sobe ao trono quando um rei morre e quem é enquadrado se, de repente, ele aparecer vivo constitui uma grande mudança dos absolutos que encontramos em Eurípides. Sua Fedra é motivada a fazer a falsa alegação pela convicção de que seus filhos cairão em ruína caso ela cruze os braços. A Fedra de Racine certamente preocupa-se com os filhos, mas sua motivação para manter a falsa alegação é o ciúme sexual que sente por causa de Arícia.

É interessante que possamos simpatizar mais com a Fedra de Eurípides que com a de Racine. A primeira cria a calúnia que mata um jovem inocente. Mas sua absoluta impotência diante de uma trama divina que ela não pode controlar nem mesmo influenciar a torna mais digna de pena que vilã. Por outro lado, a Fedra de Racine age em meio a uma escala muito mais humana de luxúria e ciúme. Além disso, mesmo que não crie a calúnia que acarreta a morte de Hipólito, ela a defende por motivos totalmente mesquinhos, desprezíveis mesmo.

Mas... e se lermos a peça de Eurípides à luz de tudo o que sabemos sobre Ariadne e as inúmeras e destrutivas aventuras sexuais de Teseu? Isso mudaria a maneira como vemos sua desgraçada Fedra? A ama finalmente convence a rainha a confessar que é o amor, especificamente o amor por Hipólito, que a está fazendo adoecer até quase a morte. E ela o consegue lembrando a Fedra que Hipólito lançará seus filhos na obscuridade se ela morrer enquanto eles ainda forem jovens demais.

No fim da peça, Fedra está morta, Hipólito está morto e seus filhos são os únicos herdeiros de Teseu. Ela talvez tenha alcançado sua ambição sem nunca a ter cristalizado em seus pensamentos. A linhagem de Teseu de sua anterior esposa, parceira sexual ou vítima de estupro (não podemos esquecer que Antíope/Hipólita, a mãe amazônica de Hipólito, tem um *status* mutável na vida de Teseu, dependendo de quem conta o mito), foi obliterada. Um filho mais velho saudável foi removido da equação para que os filhos de Fedra pudessem herdar as posses e os títulos do pai. Poderíamos ler essa peça como uma terrível vingança contra Teseu, pelo dano que ele causara à família de Fedra ao matar seu irmão Astérion (o Minotauro) e abandonar sua irmã sozinha em Naxos? Certamente que sim. Leiam-na da seguinte maneira: embora ainda possa ser um peão de Afrodite (assim como todas as personagens da peça de Eurípides, à exceção de Ártemis), Fedra também está agindo movida por justiça retributiva. A peça não é menos inquietante nessa leitura, mas talvez adquira uma dimensão extra. E a mesma coisa acontece com Fedra, a madrasta perversa que defende sua prole e destrói todas as ameaças a seu futuro, mesmo ao custo da própria vida.

MEDEIA

O vídeo de "Hold Up" começa com Beyoncé nadando pelos quartos de uma casa cheia de água. "Eu tentei mudar", diz ela narrando em *voiceover*. "Fechei mais a boca, tentei ser mais suave, mais bonita, menos desperta". Ela parece estar falando por todas as mulheres que já foram informadas de que, de algum modo, são demais. As coisas que ela vai listando tornam-se cada vez mais extremas, cada vez mais simbólicas: jejuou por sessenta dias, vestiu branco, banhou-se em água sanitária. Ela se move pela água como uma sereia. "Mas, ainda assim, dentro de mim, bem no fundo, estava a necessidade de saber: você está me traindo?" E então a câmera corta para um enorme par de portas, ladeadas por quatro enormes colunas jônicas: o estilo dessa casa ou palacete é neoclássico. Beyoncé abre as portas e a água inunda o espaço a seu redor, flui por uma escada de pedra. Ela desce as escadas com um vestido cor de açafrão (no mito grego, frequentemente usado por mulheres jovens: Ifigênia foi descrita usando um vestido dessa cor no *Agamenon* de Ésquilo.[1] Há até uma palavra em grego, *krokotophoreo*, que significa "usar um vestido amarelo"). Enquanto caminha pelas ruas, ela surge com um par de sapatos de saltos portentosos e um taco de beisebol, com o qual quebra hidrantes, câmeras de segurança e janelas de carros os mais variados. "O que é pior, parecer enciumada ou louca?", canta ela. Por fim, ela quebra a câmera que a filma e deixa o taco cair no chão. Enciumada ou louca? Talvez ela seja as duas coisas. A mensagem é clara: quem quiser traí-la, precisará assumir o risco. Sua vingança será pública e espetacular. Como já dizia William Congreve, "Não há no céu ira comparável à do amor que se transforma em ódio, nem no inferno, fúria igual à de uma mulher desprezada".[2]

Em 431 a.C., a *Medeia* de Eurípides foi encenada pela primeira vez nas Grandes Dionísias, em Atenas. A história da mulher que se faz a mesma pergunta – enciumada ou louca? – e dá uma horripilante resposta deve ter espalhado ondas de choque pela cidade. O grupo de tragédias a que a peça pertencia ficou em terceiro lugar em uma competição entre três. Mas será que o público ficou chocado com a história da mulher que cometeu a vingança mais cruel contra seu infiel marido? Tendemos a pensar que o público de tragédias sabia mais ou menos o que receberia quando um dos grandes dramaturgos abordava uma história conhecida de todos. Porém, como já vimos muitas vezes neste livro, os mitos mudam, e raramente é possível dizer que uma história é indubitavelmente original e que todas as demais versões constituem desvios, variações. É bem provável que Eurípides tenha feito uma mudança crucial no enredo da história de Medeia, e foi isso que causou tamanha consternação entre seus públicos mais antigos. Voltaremos a essa questão em breve.

Como vimos com Clitemnestra, havia poucas coisas mais alarmantes para os homens gregos da Antiguidade que as maquinações de uma mulher inteligente, e Medeia é, de todas, a mais inteligente. Se Clitemnestra é a pior esposa do mito grego, Medeia é uma forte candidata a ser a pior mãe. Mas antes de tornar-se isso (na segunda metade do século V a.C.), ela já era uma figura perigosa: inteligente, feminina, estrangeira e mágica.

Para os gregos, Medeia é uma bárbara: eles consideravam bárbara qualquer pessoa que não fosse grega. Ela cresce na Cólquida (atual Geórgia), às margens do Mar Negro. É filha de Idiia (uma das filhas de Oceano) e Eetes, filho de Hélio e irmão de Circe, a deusa que transforma os homens de Ulisses temporariamente em porcos. Assim, Medeia é, no mínimo, uma bruxa poderosa, capaz de fazer magia negra para os amigos e contra os inimigos. Porém Hesíodo a inclui na *Teogonia*,[3] seu relato do nascimento dos deuses e do início do mundo, o que sugere que ele a vê mais como divina que como mortal. Medeia ocupa um estado liminar entre deusa e mulher, dependendo de quem conta a história.

Como Ariadne, Medeia é uma aliada valiosa para um homem com uma missão. Nesse caso, é Jasão quem ela ajuda em sua busca para conquistar (ou roubar) o velocino de ouro de Eetes, seu pai. A história de Jasão descende de uma clássica linhagem de sagas de aventura, contadas por todos, desde Homero (no Livro Doze da *Odisseia*, Circe recomenda a Odisseu uma rota de navegação que evite as Rochas Errantes, pois só Jasão havia conseguido passar são e salvo por elas) até Don Chaffrey em seu filme de 1963, *Jasão e os Argonautas*. Como costuma ser o caso com esse tipo de história, as versões relativamente recentes muitas vezes diminuem o papel desempenhado pelas personagens femininas mais que suas contrapartes antigas. Isso certamente se aplica a Medeia no filme de Harryhausen, que provavelmente já vi cem vezes, como muitos representantes da minha geração.

A deusa Hera (Honor Blackman, provando que, mesmo interpretando uma personagem que era feita de madeira – Hera é a figura de proa do *Argo* –, poderia torná-la *sexy*) tem nessa versão das aventuras de Jasão um papel intervencionista como o que desempenha em Homero.[4] Infelizmente, o filme segue a regra tácita de tantos filmes de Hollywood e só expande o foco para enquadrar apenas uma mulher em qualquer que seja o momento. Vários argonautas e um exército de esqueletos podem estar na tela ao mesmo tempo. Mas Medeia fica em segundo plano entre esses argonautas porque Hera é sua protetora e colaboradora.

Isso é uma pena, pois significa que a versão da história com a qual tantos de nós crescemos marginaliza sua personagem mais interessante.

Também permite que acreditemos que os homens que partem em buscas e missões fazem tudo sozinhos, quando raramente é assim que a história era contada. Toda narrativa de um mito é tão válida quanto qualquer outra, é claro, mas as mulheres são retiradas da equação com frequência monótona. E isso dá munição àqueles que preferem acreditar que é assim que as histórias sempre foram e sempre são.

Poderíamos lembrar que um dos momentos de destaque do filme ocorre quando os argonautas encontram Talos, o gigante de bronze. O autômato desperta quando Hércules rouba o alfinete de um broche do tamanho de um dardo num esconderijo de tesouros na Ilha do Bronze (trata-se de Creta, de acordo com Apolônio de Rodes).[5] Talos ataca os argonautas, que não têm como defender-se de um homem de bronze que não tem pontos fracos. Jasão consulta Hera, sua fiel deusa colaboradora, e ela o instrui a mirar numa espécie de cavilha que havia no pé do gigante. Ao que parece, Talos tinha um calcanhar de Aquiles. Jasão faz o que ela mandara, consegue abrir a cavilha e vive para contar a história quando o gigante cai no chão, derrotado. Isso o coloca muito à frente do amigo de Hércules, Hilas, que é esmagado por Talos na queda.

Leia sobre essa mesma parte da busca em *As Argonáuticas*, poema épico escrito no século III a.C. por Apolônio de Rodes, e verá que esse Talos é derrotado por outra pessoa: Medeia. Segundo nos diz Apolônio, o homem de bronze circunda a ilha três vezes por dia.[6] Talos é invulnerável, exceto por uma veia no tornozelo. Ele lança enormes pedras nos argonautas, que ficam aterrorizados. Mas Medeia, não: Ouvi-me, diz ela. Só eu posso dominar esse homem, seja ele quem for. [...] Mantende o navio fora do alcance de suas pedras até que eu o vença. Medeia está calma quando os argonautas estão em pânico, ela tem coragem quando eles têm medo e, acima de tudo, ela é poderosa. Ela usa sua magia para derrubar Talos com um feitiço (aqui, parafraseio Apolônio: ele diz "pela força de seu conhecimento de poções"[7]), e o homem de bronze roça o tornozelo com a pedra afiada que tem na mão. O licor da vida – que corre nas veias dos deuses em lugar do sangue – jorra de seu corpo como chumbo derretido, e ele desaba no chão. Essa é Medeia em seu momento mais impressionante: usando a magia para forjar uma conexão com Hades e causar a queda dessa figura de bronze que aterrorizou a tripulação de um navio cheio de heróis. Há também algo de sinistro na maneira como consegue isso: se tivesse usado de inteligência ou de esperteza para derrubar o inimigo, ela ainda seria impressionante. Mas fazê-lo destruir-se, vencê-lo no próprio campo em seu único ponto fraco? Essa é uma mulher que não se pode de modo algum subestimar.

Evidentemente, Medeia não pode desempenhar esse papel no filme de Harryhausen porque a trama foi reorganizada. Para Apolônio, o encontro com Talos acontece na volta para casa, já com o velocino de ouro a bordo do Argo. No filme, é um dos obstáculos que os argonautas enfrentam no caminho de ida. Mas, independentemente da ordem, os feitos heroicos de Medeia são apagados várias vezes. O filme tem o nome de Jasão, e não temos dúvidas de que ele deve realizar todos os feitos heroicos sozinho, mesmo que uma deusa tenha que intervir e dizer-lhe o que fazer. Para pôr as mãos no velocino, Jasão luta com uma Hidra que o protege da cobiça de aventureiros e saqueadores. Que tipo de herói seria Jasão se não conseguisse matar sequer uma serpente gigante de várias cabeças? Píndaro, em sua quarta Ode Pítia, faz Jasão matar uma serpente multicolorida de olhos cinzentos,[8] antes de levar Medeia consigo. Mas, para Eurípides, Jasão não mata serpente alguma, de qualquer cor que seja, tenha ela uma ou muitas cabeças. Você já adivinhou: quem faz isso também é Medeia.[9] Nesse momento da peça, ela e Jasão estão tendo uma tremenda altercação, mas mesmo assim ele não a questiona quando Medeia afirma ter matado a serpente, que descreve como *aupnos*, "desperta". Portanto, não fora simplesmente uma questão de se aproximar sorrateiramente do portentoso réptil enquanto ele cochilava. No filme, Medeia morre ferida por uma flecha durante a luta de Jasão com a Hidra, mas revive pela ação dos poderes terapêuticos do velocino, que reluz como ouro enquanto ela volta à vida. Essa é uma Medeia muito menos impressionante que a de nossas fontes antigas, que certamente não permitiriam que nada tão banal quanto uma flecha a detivesse.

Talvez o momento mais aterrorizante desse filme para nós, que o assistimos ainda crianças, fosse aquele em que Eetes, o pai de Medeia, semeia as presas da Hidra no chão, e os guerreiros esqueletos erguem-se para lutar contra Jasão. Hoje, os efeitos especiais podem parecer meio fracos, mas juro que na década de 1980 eles eram bem assustadores. Esse momento é inspirado, mais uma vez, em Apolônio, embora seus guerreiros ctônicos sejam gigantes e brotem das presas de uma serpente da Aonia, morta muito tempo antes por Cadmo, lendário fundador de Tebas. Como tantas vezes em Apolônio, Medeia é a razão pela qual Jasão sobrevive ao encontro com esses gigantes. Antes que eles saiam da terra (em As Argonáuticas, eles não são esqueletos),[10] ela lhe passa um truque para derrotá-los: arremesse uma pedra bem grande entre eles, pois se agarrarão a ela como cães selvagens e se destruirão uns aos outros. Em As Argonáuticas, isso acontece logo depois que Jasão sobrevive a outra prova imposta por Eetes, a qual consiste em pôr um jugo num par de touros que soltam fogo pelas ventas e com eles arar um campo. Tenho certeza de que você já adivinhou quem ajuda Jasão com essa tarefa impossível: é Medeia quem lhe dá um unguento protetor que, se esfregado na pele, o tornará invulnerável durante vinte e qautro horas. O unguento fica guardado numa caixa que contém muitas outras drogas e poções.[11] A mesma história aparece na quarta Ode Pítia de Píndaro,[12] em que novamente Medeia fornece a Jasão uma poção que o torna impermeável ao fogo. Para Píndaro, Medeia é uma heroína romântica, forçada a isso por Afrodite, que ajuda Jasão em sua busca e faz Medeia apaixonar-se por ele. E também para Apolônio, no terceiro livro de As Argonáuticas, Medeia é uma garota apaixonada. Sua irmã Calcíope a persuade a ajudar aquele belo estranho, e grande parte desse livro centra-se na tensão que se constrói enquanto acompanhamos a decisão de Medeia de trair o pai por ter-se apaixonado por Jasão.

Os paralelos entre a história deles e a de Ariadne e Teseu – outra filha que decide ajudar um visitante aventureiro a desimcumbir-se das tarefas letais que lhe impõe seu pai – são explicitamente mencionados por Jasão[13] quando pede a Medeia, que está ponderando se deve ajudá-lo ou obedecer ao pai, que não se esqueça da opção de Ariadne. Medeia pede-lhe que fale mais sobre Ariadne (que é sua prima, pois Pasífae e Eetes são irmãos), mas Jasão sensatamente muda de assunto antes que ela descubra o que acontece com Ariadne depois que resolve abandonar a família e fugir com Teseu.

Assim, Medeia, mesmo quando jovem, é uma interessante figura dupla. Como Ariadne antes dela, é uma jovem inocente que se apaixona por um herói e ajuda-o a cumprir as tarefas aparentemente impossíveis impostas por seu pai. Ela é persuadida por Afrodite ou por uma irmã a ajudar Jasão. Mas em *As Argonauticas*, um épico em quatro livros, temos tempo para ver sua personagem desenvolver-se e percebemos que ela não é uma princesa comum. Ariadne só precisa trair a família e dar a Teseu um carretel de linha, mas Medeia tem uma caixa repleta de poções e poderes. Ela não é apenas uma feiticeira inocente; é também uma feiticeira formidável, como discutem os argonautas antes de Jasão ir a seu encontro para implorar-lhe ajuda. Argos conta a Jasão que ouvira de sua própria mãe que no palácio havia uma garota (Medeia) extremamente habilidosa, que fora iniciada por Hécate, a própria deusa da feitiçaria.[14] Ela consegue interromper o curso de rios caudalosos, das estrelas e até mesmo da Lua. Portanto, Medeia se apresenta com um caráter duplo: jovem e ingênua, mas, ao mesmo tempo, poderosa e forte. E, como vemos quando os argonautas encontram Talos, ela faz coisas que ninguém mais sabe fazer: seu conhecimento de magia negra e sua relação com a deusa Hécate fazem dela a figura mais poderosa do *Argo*, um navio cheio de heróis. Ela enfrenta Talos de igual para igual (em grego, é olho no olho)[15] e sua malignidade supera a dele.

Todos os heróis que embarcavam em missões para combater ou derrubar monstros – como Perseu, Teseu, Jasão – precisaram de ajuda em momentos cruciais. Medeia, não: ela aprendeu o que sabe com Hécate; quando preciso, pode invocar seu próprio poder. Isso é um tanto diferente de contar com a ajuda de um deus-cisne, de um elmo protetor ou de uma espada especial. Mas, apesar disso, em matéria de amor, ela é pouco mais que uma menina que nem conhece – pelo menos, segundo Apolônio – a salutar lição da aventura amorosa de sua prima Ariadne com Teseu. Temos, nessas descrições de seu poder mágico, forte indício de que Medeia é uma aliada muito valiosa e uma formidável adversária. Seria de esperar que a pessoa mais consciente disso tudo fosse Jasão.

Apesar disso, ele a trairá. E sua vingança por essa traição é o que a torna uma figura tão memorável no mito e na tragédia. Quando toma sua história, Eurípides cria uma das peças mais intensas e dramáticas de sua época – e de qualquer outra. A razão pela qual *Medeia* ainda hoje é encenada com tanta frequência é o fato de oferecer um dos maiores papéis que existem para uma atriz de teatro. Ainda mais porque, quando a peça estreou em 431 a.C., o papel-título (como todos os papéis femininos no teatro grego) foi interpretado por um homem.

A peça se passa em Corinto e começa com um monólogo da ama de Medeia, desejando que o Argo nunca tivesse zarpado do porto. Ela gostaria que Pélias (tio de Jasão) nunca tivesse ordenado ao sobrinho que buscasse o velocino de ouro. Deseja que Medeia e Jasão nunca tivessem navegado da Cólquida (onde Medeia crescera e o velocino era mantido) para Iolcos, onde Pélias era rei: usurpara o trono do pai de Jasão. Se ao menos, deseja a ama, isso não tivesse acontecido, Medeia não teria levado as filhas de Pélias a matá-lo.

Sejamos honestos, essa é uma maneira e tanto de apresentar uma personagem: eu gostaria que minha senhora não tivesse feito aquelas jovens matarem o pai. O assassinato de Pélias não exige de Medeia nenhum tipo de magia, mas sim o que poderíamos chamar de um passe de mágica ou de prestidigitação, e foi dramatizado na peça perdida de Eurípides, *As Filhas de Pélias*, escrita em 455 a.C.[16] Medeia diz às filhas do rei que é capaz de fazer rejuvenescer um carneiro velho cortando-o em pedaços e pondo-o para ferver em um grande caldeirão. E eis que, momentos depois, surge da panela um borrego lépido e fagueiro. Medeia tinha mesmo esse poder ou simplesmente tirara da cartola um carneiro jovem e o trocara pelo velho sem que as jovens percebessem? Seja qual for a resposta, diante da demonstração, elas se convencem a fazer o mesmo com seu idoso pai. Só que ele não sai rejuvenescido do processo. Esse episódio já consta em alguns dos primeiros relatos da história de Medeia: Píndaro refere-se a ela como "a assassina de Pélias".[17] O Museu Britânico tem em seu acervo uma linda jarra para água que retrata essa cena.[18] O jarro de figuras negras foi feito por volta de 500 a.C., quando Píndaro ainda era menino. Um velho de cabelos brancos senta-se à esquerda da cena, segurando na mão esquerda um bastão. Medeia está de pé ao lado de seu caldeirão, com a cabeça virada para trás como se estivesse falando com Pélias, o velho. O borrego, sem dúvida, está saindo do caldeirão; a julgar pela posição dos cascos dianteiros e da cabeça, ele parece estar cheio de vida. No lado direito do caldeirão, uma das filhas de Pélias o observa, aparentemente pensando que certamente a condição frágil de seu pai vai melhorar se ela e a irmã o cortarem em pedaços e o ferverem.

Então, a primeira coisa que ouvimos sobre Medeia na peça de Eurípides é que ela conseguira persuadir umas certas jovens a matar o pai: de imediato, ela nos dá a impressão de ser alguém a quem não devemos irritar. Por causa desse crime, Jasão e Medeia vão para Corinto, onde estão vivendo em exílio. Lá, ela é estimada pelos habitantes locais e obediente ao marido. Então, além da pequena questão de ter orquestrado o assassinato de Pélias, está tudo bem, certo? Isso é o que saberemos em seguida.

Na linha dezesseis, descobrimos que o mundo de Medeia acaba de desmoronar. Jasão a traíra e aos filhos de ambos quando iniciou um novo relacionamento com a filha de Creonte, o rei de Corinto (na peça, seu nome não é mencionado, mas, como geralmente é chamada de Glauce, assim a chamaremos aqui). Ou seja, Medeia viu-se numa posição semelhante à de sua pobre prima Ariadne: ajudara o herói na busca do velocino de ouro e na destituição de Pélias, e agora se vê descartada pelo herói em favor de uma nova colaboradora, mesmo que Jasão já não esteja incumbido de missão alguma. Ele continua banido de Iolcos, de modo que uma aliança com o rei coríntio lhe cairia muito bem. No entanto, o relacionamento entre Medeia e Jasão durou muito mais que o de Teseu e Ariadne, como mostram seus dois filhos.

Mas ninguém conseguiria fazer Medeia cair num sono cheio de sonhos para acordar sem lembrança de seu casamento. Como explica a ama: Sua honra fora afrontada e ela está conclamando os deuses para testemunhar a ruptura dos votos feitos por Jasão. Ela não come, fica jogada no chão, entregue às lágrimas. Seus amigos tentaram animá-la, mas ela não se mexe: é como uma rocha ou uma onda do oceano. Ela chama por seu querido pai, a quem enganara e abandonara para ficar ao lado desse homem que a trai.

Nossa solidariedade por Medeia não poderia ser maior: essa é uma mulher que está sofrendo um trauma profundo. Já nos lembraram que ela é perigosa (para Pélias, para Eetes). Porém, apesar disso, Medeia é vulnerável. Ela está em um país estrangeiro, não tem apoio algum da família. Abandonara a terra natal por um homem que agora a abandona: não admira que esteja tão arrasada. E então a ama diz algo que nos faz endireitar as costas na poltrona: Ela odeia os filhos; não lhe inspiram prazer algum. Tomara que não esteja planejando alguma coisa. É uma mulher terrível e ninguém que a hostilize terá vitória fácil.[19]

Esse é o primeiro indício, antes mesmo de a peça chegar a suas quarenta primeiras linhas, de que os filhos de Medeia estão em risco. A dor que ela está vivendo é perigosa, destrutiva, e não só para si mesma. Essa mulher prostrada, de bruços no chão, que nem comer consegue é potencialmente um risco também para outros. Como leitores ou como espectadores, estamos a mundos de distância da dramática abertura de *Hipólito*, embora Eurípides a tenha escrito apenas três anos depois de *Medeia*. *Hipólito* começa com uma deusa declarando sua intenção de ditar todo o enredo, no intuito de levar à ruína aqueles que a desagradaram. *Medeia* começa de uma maneira tão humana – uma mulher que teme por sua senhora e amiga, pois sua vida fora destruída pela infidelidade – que ainda fala muito de perto a nós, seu público moderno. O que o público ateniense do século V a.C., (provavelmente) constituído apenas por homens, poderia ter pensado a respeito da situação de Medeia é algo que abordaremos em breve.

As crianças agora sobem ao palco levadas pelo tutor, o que nos propicia um pouco mais de contexto sobre Jasão e Medeia: seus filhos já têm idade suficiente para ter um professor. Mais uma vez, isso nos mostra que essa relação durou muito mais que a de Ariadne e Teseu. Medeia tem mais a perder. A ama e o tutor conversam sobre Medeia e seu sofrimento, e o tutor tem novas más notícias sobre a família: ouvira dizer que Creonte pretendia banir Medeia e seus filhos. É certo que Jasão defenderá os filhos?, pergunta a ama.[20] Novos amores substituem os antigos, replica o tutor. Ele não é um amigo nesta casa.

Esse é um dos mais sombrios diálogos de toda a tragédia grega que chegou a nossos dias, e isso é dizer muita coisa. Como essas duas crianças acabaram numa posição tão terrível? Uma mãe que é perigosa e está desesperada, e um pai que não se importa que elas sejam exiladas?

A ama e o tutor concordam que é melhor não dizer nada a Medeia a respeito do exílio.

Agora ouvimos Medeia chorar de dentro da casa, desejando poder morrer. O tutor leva os meninos para dentro, concordando mais uma vez com a ama em manter os dois longe da mãe. Medeia lamenta-se novamente: Filhos malditos de uma mãe odiada, quem me dera que morresseis e também vosso pai, e que toda esta casa caísse em ruínas.[21] Diante disso, a ama fica alarmada, como também nós poderíamos. As mães geralmente não saem por aí desejando que os filhos morram. A ama diz ao coro que é melhor ser uma pessoa comum que ser rica ou poderosa. E na tragédia grega, pelo menos, ela está certa: chovem catástrofes sobre os que nascem no alto. É muito melhor ser a ama ou o tutor caso se pretenda chegar vivo ao final de uma peça. O coro de mulheres coríntias vem manifestar sua solidariedade a Medeia: podemos ver que a ama estava certa quando descreveu sua senhora como querida na região. O coro pede à ama que traga Medeia para fora de casa a fim de confortá-la e talvez estimulá-la a não sentir tanta raiva e aflição. Elas se dizem *philai*, suas "amigas".[22]

E então Medeia enfim vem para fora de casa. Ouvimos muito sobre sua intensa aflição física: sobre como desabara de bruços no chão, surda às súplicas para que se levantasse, para que comesse. Nós a ouvimos gritando de raiva e de mágoa. Porém, quando surge no palco, ela se mostra calma e articulada, o que constitui mais uma indicação do quanto é assustadora. Medeia é uma mulher de emoções profundas e, ainda assim, consegue disfarçar o grau extremo de suas emoções por trás de uma fachada de argumentos cuidadosamente construídos. Ao longo da peça, a veremos assumir uma *persona* diferente a cada conversa que tem: contrita, enraivada, afável, humilde, furiosa. Todas essas mulheres estão dentro dela. Não é à toa que seja um papel que as atrizes implorem para interpretar. Medeia é uma *performer* até a medula. E, quando a ocasião exigir, ela sempre representará.

O monólogo que Medeia profere em seguida é uma das maiores falas da escrita teatral em qualquer que seja o idioma (assim como o segundo, um monólogo deliberativo que ela faz mais tarde na peça). Começa por dirigir-se às mulheres do coro, explicando que saiu para falar com elas porque não quer ser considerada orgulhosa nem distante só por ser calada ou reservada. As pessoas às vezes julgam-nos muito, diz ela, mesmo quando nada fizemos. É especialmente importante para ela, uma estrangeira, fazer o que se espera que faça.[23] Tendo lembrado ao coro – e a nós – que sabe qual é o seu lugar, ela apela para nossa simpatia. Esse ato (a infidelidade de Jasão) não foi previsto, diz ela, o que soa como a fala de um advogado que acaba de notar algo estranho na negociação de um contrato. E então: Demoliu minha *psyche*, "espírito", "alma", "vida". A alegria saiu de minha vida, amigas, e quero morrer. Pois meu marido era tudo para mim, ele bem o sabe, e acabou por revelar-se o pior dos homens.

Mais uma vez, torno a ressaltar o contraste entre a maneira como Fedra se apresenta quando a encontramos pela primeira vez no *Hipólito* de Eurípides – incapaz de caminhar, febril, desesperada para morrer – e a conduta de Medeia aqui – desprezada, injustiçada e absolutamente calma enquanto descreve a destruição que Jasão promoveu em sua vida. Seu autocontrole é tão desconcertante quanto suas emoções extremas. O que ela diz em seguida é tão notável que foi citado em reuniões de sufragistas mais de dois mil e trezentos anos depois de ter sido escrito. De todas as criaturas viventes, diz ela, nós, mulheres, somos as mais miseráveis. Sua primeira queixa é a de que as mulheres têm que comprar um marido: ela se refere ao dote. Depois, ele se torna o dono (a palavra é *despotēn*, "proprietário" ou "senhor". A palavra "déspota" deriva da mesma raiz) de nossos corpos.[24] Isso piora o que já é ruim, pois as mulheres não sabem se terão um bom ou um mau marido e não têm a opção de divorciar-se dele nem de o rejeitar.

Medeia prossegue: para ela, isso é ainda mais difícil por sua condição de estrangeira; seria preciso recorrer à feitiçaria para entender como tratar um homem sob novas leis e costumes. Se tudo der certo, ótimo. Do contrário, melhor morrer. Um homem, se ficar entediado em casa, pode sair e divertir-se como bem quiser. Nós temos que ficar em casa com um só homem. E, claro, os homens sempre nos dizem que têm que lutar nas guerras. Por mim, prefiro três vezes lutar na linha de frente a dar à luz um único filho.

É diferente, porém, para mim e para vós (ela ainda se dirige ao coro), pois vós estais em vossa própria cidade, vossos pais e amigos estão próximos. Eu, não: não tenho ninguém. Não tinha um lar antes mesmo de ter sido desprezada por meu marido. Fui levada de minha terra bárbara como espólio. Não tenho uma mãe, um irmão, nenhum parente a quem possa recorrer. Então vos peço uma coisa: se eu conseguir descobrir uma maneira de punir meu marido em retaliação pelas injustiças que me fez, não digais nada. Uma mulher se enche de medo, é uma covarde quando se trata de guerra. Mas se a tratarem mal na alcova, não vereis ninguém mais sanguinário.

Vamos analisar o que Medeia acaba de dizer. Depois de inicialmente ter levado o coro para seu lado com o desejo de obedecer a seus costumes, de não ser considerada distante nem retraída, ela agora apela para a sua experiência coletiva. O dote para comprar um marido. A incerteza quanto ao que receberá em troca. A disparidade em suas opções: os homens podem sair de casa para farrear, mas as mulheres ficam presas em casa esperando que os maridos voltem. E, se não der certo, o divórcio não é respeitável para as mulheres (ao contrário dos homens, que podem divorciar-se sem dificuldade, embora tenham que devolver o dote). Talvez vocês estejam se perguntando se perderam a versão da história na qual Medeia se casa com Jasão, com toda a respeitabilidade, com um dote e uma cerimônia: não, não perderam. Medeia está recorrendo a toda a sua habilidade retórica para construir paralelos entre sua própria situação e a das mulheres coríntias, que ela quer ter como aliadas. O dote de Medeia foi o velocino, que ela ajudou Jasão a roubar de seu pai; digamos que a *pièce de resistance* do banquete de seu casamento foi o cozido de Pélias. Ela se apresenta aqui como uma esposa qualquer, mas está muito longe disso. Por que imaginaríamos que Medeia esperaria sentada em casa a volta de seu homem? Ela não esperou um pedido de casamento; ela fugiu com um aventureiro. De boba, Medeia não tem nada.

A parte em que ela diz preferir três vezes lutar na linha de frente a dar à luz um único filho é um golpe de mestre. Que melhor maneira de relacionar-se com o coro das coríntias que lhe lembrar a experiência física mais intensa que as mulheres já conheceram? E Medeia acerta em cheio, pois dar à luz no mundo antigo era algo incrivelmente perigoso. A mortalidade materna e infantil era parte do motivo pelo qual a expectativa média de vida era tão baixa (talvez 35 anos).

E então ela volta a seu ponto inicial – ser uma estrangeira, estar longe de casa – para angariar ainda mais simpatia da parte daquelas mulheres que sempre viveram entre familiares e amigos. Seria preciso possuir poderes mágicos para saber o que fazer, diz Medeia, encobrindo cuidadosamente que ela de fato tem poderes mágicos. Nós vimos isso na versão de Píndaro, vimos isso em pinturas de jarros que antecedem essa peça: Medeia é uma feiticeira, uma bruxa. Ela é sobrinha de ninguém menos que Circe, a bruxa mais renomada do mito grego por seu protagonismo na *Odisseia*. Ela se apresenta como uma noiva de guerra sequestrada por Jasão. Mas não há nenhuma versão da história de Medeia em que seja esse o caso. Ela sempre se apaixona por ele (mesmo que isso tenha acontecido por obra de Afrodite).

E, assim, chegamos a um momento verdadeiramente magnífico. Não é tão mau para vós, com vossos pais, vossos amigos, vossas casas: eu não tenho uma mãe, um irmão, ninguém a quem recorrer. Bem, no que diz respeito a essa afirmação, ela seguramente está dizendo a verdade. Medeia não tem um pai a quem possa recorrer porque ajudou Jasão a roubar dele o velocino de ouro e partiu em seguida. Ela não tem uma mãe porque abandonou a casa familiar pelo homem por quem se apaixonara. E não tem um irmão porque matou seu irmão mais novo, Absirto, desmembrou-o e jogou partes de seu corpo ao mar para atrasar seu pai, que partira em sua perseguição enquanto eles fugiam. Portanto, embora tecnicamente não tenha irmãos, na verdade Medeia só pode culpar a si mesma por isso.

A fala funciona brilhantemente em vários níveis: se a levarmos ao pé da letra (como faz o coro), temos um apelo ponderado e elegíaco por apoio de mulher para mulher. É um momento interessante para lembrar que todos esses papéis eram desempenhados por homens na Atenas do século V a.C. Se estivermos mais conscientes da história pregressa de Medeia, estamos assistindo a uma aula magistral de revisionismo e truques de prestidigitação retórica. Seja como for, ela chega ao fim tendo alcançado seu objetivo: implorou ao coro por discrição e dele extraiu a promessa que queria. Independentemente do que quer que ela decida fazer para dar o troco a Jasão, o coro ficará em silêncio. Não há quem assista a essa peça que não acredite que Medeia fará algo de catastrófico em sua vingança.

E agora Creonte, o rei de Corinto, chega ao palco e dá a notícia que a ama e o tutor omitiram até agora: Medeia está banida. Por que?, pergunta ela. Tenho medo de vós,[25] responde ele. Sois inteligente e tendes ameaçado vingar-vos de Jasão e de sua noiva, que vem a ser minha filha. Por isso, exijo que vades agora, antes que possais causar algum malefício. Do contrário, arrepender-me-ei mais tarde. Nesse momento, Medeia torna a mudar de *persona* sem o menor esforço. Ela repete o nome dele várias vezes, como um negociador de reféns que tenta estabelecer uma relação com o sequestrador. Ela minimiza a própria esperteza: É só uma fama; algo que me tem perseguido a vida toda. Não vos guardo nenhum rancor, nem a vós nem a vossa filha. Deixai-me ficar.

Creonte sabe muito bem quem ela é: Falais com delicadeza,[26] mas bem podeis estar planejando algo terrível. É mais fácil precaver-se contra uma mulher precipitada, de pavio curto, que contra uma outra que tem autocontrole e inteligência (e isso também vale para um homem). É aflitivo assistir a esse diálogo: Creonte está coberto de razão e, mesmo assim, subestima Medeia, não consegue perceber exatamente de que ela é capaz em sua obstinada busca de vingança. Mostrando-se calma, educada, humilde, o induz a acreditar que tem controle sobre ela. Ela não poderia ter brincado melhor com a fraqueza de um homem que, além de arrogante, é menos inteligente. Ele deixa o palco convencido de que defendera suas intenções: Medeia continua banida. Porém ela o convencera a dar-lhe um dia, só para resolver algumas coisas antes de ir embora. Suas palavras finais são de arrepiar: Pois bem, podeis ficar por mais um dia. Não creio que possais fazer o tipo de coisa terrível que temo nesse tempo.[27] Caso alguém ainda tenha alguma dúvida, ela pode.

No momento em que Creonte se afasta o bastante para não poder mais ouvi-la, Medeia abandona a humildade e a subserviência e cospe o desprezo que tem por ele e por sua idiotice. Achais que algum dia eu o bajularia se porventura não fosse para favorecer-me?, pergunta ela. Já com o coro conquistado de antemão, agora ela o trata como coconspirador. Medeia tem um plano que consiste em usar a graça do dia, que arrancara de Creonte, para causar a morte de três de seus inimigos:[28] o pai, a filha e o próprio marido. Sua mente não descansa, na vertigem de planos potenciais: fogo, facadas, veneno. Ela quer a certeza de poder realizar seu plano antes que a peguem. Veneno é a melhor aposta, conclui.

Quando toma essa decisão, Medeia não tem nenhuma preocupação ética, concentra-se apenas nos aspectos práticos. De que maneira lograria mais sucesso na realização de sua vingança? A ideia de que tal vingança pode não ser proporcional ao comportamento de Jasão não lhe passa pela cabeça. Ela já está um passo à frente, de qualquer modo: para onde poderia ir depois de ter matado toda a família real de Corinto? Se conseguir encontrar uma estratégia de saída, seguirá com o envenenamento. Se não, apenas atacará Jasão e Glauce com uma espada e, se for morta no rescaldo dessa ação, bem, que assim seja. E então ela jura por Hécate que ninguém que a magoe se alegrará com isso.

Esse juramento é fundamental para a Medeia de Eurípides. Não importa quantas *personae* ela precise pôr e tirar para dirigir-se às diferentes personagens dessa peça, ele permanece intacto: quem a magoar se arrependerá. Sua vingança excederá qualquer erro do ofensor, e ninguém jamais dirá que ela deixou seus inimigos se safarem de seus erros. Não é exagero dizer que essa perspectiva lhe dói mais que qualquer coisa. Ela lembra a si mesma que é filha de um rei e neta de Hélio, o deus-sol. Ninguém que se rir dela escapará impunemente.

O coro reage solidarizando-se a ela quanto à desonestidade dos homens e a seu isolamento como estrangeira. E, então, entra Jasão. E, como se para corroborar tudo o que fora dito antes a seu respeito, age de uma maneira execrável, emitindo opiniões tendenciosas à guisa de senso comum e misturando-as a uma falta absoluta de responsabilidade pessoal: Vê o que acontece quando tu ficas com raiva, diz ele. Poderias ter ficado em Corinto se tivesses ficado quieta e não tivesses feito tanto barulho. Mas tinhas que abrir a boca para gritar aos quatro ventos até seres banida. Apesar disso, não renunciarei a meus entes queridos: tu e as crianças não saireis daqui pobres.

É preciso um certo tipo de homem para dizer isso à mãe de seus filhos depois de decidir casar-se com outra. Medeia lança-lhe insultos: *pankakiste*,[29] és "o pior dos homens!". Eurípides escreve essas *agonas* – "debates", "altercações" – melhor que ninguém. E esta é particularmente boa: mesmo quando um enfia o dedo na ferida do outro, podemos sentir a atração sexual entre ambos. Medeia recita a lista de tudo que fez por Jasão: salvara sua vida dos touros que cuspiam fogo, matara a serpente que guardava o velocino de ouro, enganara o pai e deixara sua casa, convencera as filhas de Pélias a matá-lo. E agora tu me abandonas por uma nova esposa, mesmo que tenhamos filhos. Se não os tivéssemos, diz ela, eu poderia entender: os homens querem herdeiros. E os votos que fizeste? Os deuses sabem que és culpado de perjúrio. Dizes ainda ser um amigo para nós, então aonde sugeres que eu vá? De volta à casa de meu pai? De volta a Iolcos e às filhas de Pélias? A ajuda que te dei custou-me a casa de minha família.

A resposta de Jasão é dada sem dificuldade e sem um pingo de remorso. Fazes questão de falar no quanto me ajudaste, diz ele. Mas isso tudo foi obra de Afrodite. Ela te fez apaixonar-te por mim. Além disso, não te saíste mal de todo. Deixaste uma terra bárbara para fazer teu lar na Hélade (Grécia).[30] És famosa aqui. Portanto, sim, tu me ajudaste, mas ganhaste isso em troca. Quanto a meu novo casamento, não se trata de luxúria. Viemos de Iolcos para cá como exilados. Então, casar-me com a filha do rei foi um golpe de sorte. Não foi porque estivesse entediado de ti ou quisesse uma nova esposa. Eu nem queria mais filhos. Queria que não fôssemos pobres, queria que meus filhos crescesssem bem, achei que seria uma boa ideia e pensei que concordarias. Se não fosses obcecada por sexo, tu concordarias.

O coro afirma que, embora Jasão fale de maneira convincente, não concorda com ele. Medeia tampouco: Se algo disso fosse verdade, diz ela, tu me terias contado tudo isso antes de tê-lo feito. As longas falas vão-se reduzindo a poucas linhas até chegar a uma só linha cada, à medida que Jasão e Medeia se adaptam ao ritmo de sua discussão.

Eu te teria contado, mas tu terias enlouquecido.

Claro, insulta-me o quanto queiras; sou eu a única que vai para o exílio.

Isso é culpa tua, que sais por aí falando o que não deverias.

O que achaste que eu faria?

Esquece. Bem, se precisares de ajuda, avisa-me.

Nunca precisarei de tua ajuda.

Jasão e Medeia são um herói e uma feiticeira semidivina de um mundo mítico de touros que cospem fogo, velocinos encantados e serpentes gigantes. No entanto, soam como qualquer casal divorciado que conhecemos. Para ressaltar o argumento, o coro entoa uma ode a Afrodite. Porque, na verdade, nesse exato momento qual de nós não estaria pensando nas maravilhas do amor?

Então Egeu, rei de Atenas e pai de Teseu, sobe ao palco. Ele esteve em Delfos para consultar o Oráculo a respeito de sua persistente falta de filhos. Medeia conta-lhe suas dificuldades conjugais. Egeu fica chocado com o comportamento de Jasão, em especial com a parte que se refere à conivência dele no banimento de sua família de Corinto. E Medeia vislumbra sua estratégia de saída: Vou ajudar-vos a interpretar o Oráculo para terdes filhos, diz ela, se jurardes dar-me refúgio em Atenas. Claro, diz ele, mas não preciso fazer nenhum juramento; somos velhos amigos. Tenho inimigos, replica ela. Ambos estaremos mais seguros se o jurardes. Vossa prevenção é considerável, diz Egeu. Mal sabe ele a metade dessa história.

Após a saída de Egeu, Medeia regozija-se com seu plano. Ela implorará a Jasão que deixe os meninos ficarem quando partir, sozinha, para o exílio. Mas esse não é o sacrifício que, à primeira vista, parece. Ela enviará as crianças com presentes – um vestido, uma coroa – para a princesa, não sem antes os impregnar com veneno. Quando os presentes tiverem sido entregues, diz, lamento o que precisarei fazer em seguida, pois matarei meus filhos. Ninguém os tirará de mim.[31]

É difícil exagerar o horror desse momento no desenrolar da cena. Ouvimos – da ama, do tutor, da própria Medeia – preocupações com as crianças, mas as sugestões eram obscuras, veladas. Vimos a mente brilhante de Medeia em ação: encantando o coro, desarmando Creonte, demolindo Jasão, negociando com Egeu. Gostamos dela. E então, como um soco no estômago, recebemos esse golpe. Essa mulher convincente, inteligente e furiosa está planejando algo que excede em muito a vingança que mencionara anteriormente. Matar Jasão, Creonte, Glauce: esses são crimes terríveis, mas nós – como o coro – tomamos seu partido. Jasão é tão civilizado; Creonte; tão cheio de si. Glauce é só uma ideia: não a conhecemos. Essas pessoas a injustiçaram, então por que não desejaria vingança? Afinal, trata-se de uma tragédia grega: comprando seu ingresso, está praticamente garantido um alto número de mortos. Mas crianças? Seus próprios filhos? Ela certamente não quer dizer isso. O coro tenta argumentar, mas ela se mostra irredutível. Seus inimigos não têm permissão para rir-se dela. Não sereis capaz de fazê-lo, diz o coro. É o meio de que disponho para ferir mais meu marido, diz ela. O verbo é *daknō*, "morder". Medeia ordena à ama que traga Jasão à sua presença. O coro canta Atenas e sua beleza.

Jasão reaparece, tão plausível e razoável como sempre: Sei que tu me desprezas, mas estou aqui para ouvir o que tens a dizer. E, mais uma vez, Medeia muda de *persona* para que possamos ver o que certamente é um eco de suas anteriores reconciliações conjugais. É impossível assistir a essa peça e não os imaginar como um casal cuja vida sempre foi uma espécie de montanha-russa. A perspicácia de Medeia é extremamente responsiva: por isso, ela sempre sabe como deve representar para cada público. Dessa vez, ela opta pela autorrecriminação magnânima: Tu sabes como é o meu temperamento, Jasão, e nós nos amamos por tanto tempo. Sou uma idiota, procurando briga com Creonte; contigo. É claro que tentavas ajudar-nos, começando uma nova família, criando irmãos para nossos filhos na realeza. Não sei por que senti tanta raiva; eu deveria ter ajudado tua nova noiva a preparar-se para o casamento.

Provavelmente já vi essa peça umas trinta vezes: em inglês, em grego; ambientada na Idade do Bronze, ambientada em nossos dias. E é sempre nesse momento que eu acho que a coisa toda vai acabar entrando em colapso, que até mesmo Jasão – que não é estúpido e conhece a mulher que tem – certamente, certamente adivinhará que ela o está tomando por um tolo. Em *Agamenon*, vemos uma cena semelhante, na qual Agamenon simplesmente não percebe que Clitemnestra está planejando seu iminente assassinato. Mas a diferença é que Agamenon está longe da esposa há dez anos; além disso, nunca temos a impressão de que eles tenham sido em algum momento um casal entrosado. Há sempre a sensação de que ela o supera em termos de intelecto, mas que ele é inteligente o suficiente para o perceber e ressentir-se dela por causa disso. Ver Clitemnestra brincar com Agamenon é como ver um gato malvado se preparando para lançar-se com todas as garras em cima de um cão mal-humorado e meio burro. Mas o relacionamento entre Jasão e Medeia é outra coisa: podemos sentir o tempo todo a atração latente entre eles. Jasão não é nada burro, ele só não se compara a Medeia. Agamenon não consegue ler as intenções de Clitemnestra porque não está interessado nela, não pensa em quem ela é nem no que ela provavelmente fará. Poderíamos acusar Jasão do mesmo problema, mas eu acho que, aqui, Eurípides fez outra coisa: Jasão acredita em Medeia porque isso é o que ele quer. Mesmo quando ela exagera tão ostensivamente (sugerir que poderia ter ajudado Glauce a preparar-se para o casamento é extrapolar qualquer parâmetro), ele quer que ela esteja lhe dizendo a verdade. Ele quer que Medeia aceite seu comportamento conforme ele o apresentou: como um favor a ela e aos filhos de ambos. Mesmo que se disponha a ver a mulher e os filhos irem para o exílio, ele não quer ser visto como o vilão desse casamento. E Medeia sabe disso. A pessoa mais fácil de enganar é aquela que quer ser enganada.

Ela chama os filhos para cumprimentar Jasão e explica-lhes que agora seus pais pararam de brigar. Quando os vê, começa a chorar: ela sabe o que pretende fazer. Como também o coro, que então faz um breve apelo para que o mal iminente pare de avançar. Jasão se compraz tanto em ser magnânimo com Medeia em sua aparente aceitação da derrota que me custa energia física para não entrar nas páginas ou no palco e esbofeteá-lo. É claro que me tens raiva por estar-me casando de novo, diz ele. Mas fico feliz que tenhas aceitado que é uma boa ideia. Assim se comporta uma mulher sensata.[32] Ele olha para os filhos e os imagina crescidos, fortes. Medeia torna a chorar, e ele lhe pergunta o que a afligia. Nada, responde ela. Eu só estava pensando nas crianças.

E agora que tem Jasão desarmado, protetor dos filhos e simpático a ela, Medeia faz seu movimento. Suas lágrimas foram verdadeiras o bastante, mas elas não vêm em detrimento de seu cérebro, que sempre conspira. Mesmo enquanto chora, ela está pondo em ação o estágio seguinte de seu plano. É então que implora a Jasão que interceda junto a sua esposa e a Creonte para que permitam que os meninos permaneçam em Corinto. Ela partirá em exílio, mas as crianças devem permanecer com o pai. A princípio, Jasão concorda, embora não saiba se conseguirá persuadir Creonte. Não deixa de ser um toque legal de Eurípides, pois vimos a facilidade com que Medeia conseguiu obter o que queria de Creonte, a despeito da raiva e do temor que ela lhe inspirava. Jasão não tem seu poder de persuasão.

Tua esposa conseguiria persuadir o pai, diz Medeia. Vou mandar as crianças levarem para ela presentes de casamento, presentes do meu avô, o deus-sol. Não sejas boba, guarda-os: sua casa é cheia de vestidos, diz Jasão. Se ela importar-se comigo, o fará porque sou eu quem lhe peço, não por causa de bugigangas mandadas por você.

Há aqui um ligeiro indício de problemas no paraíso? Uma sensação de que Jasão não tem com a nova noiva a mesma ligação que tinha com Medeia? Percebe-se um leve sinal de reprovação quando ele afirma que ela tem um palácio cheio de vestidos e de ouro. Jasão, convém lembrarmos, fora privado por Pélias de assumir o trono que lhe cabia por direito. Talvez ele tenha a irritação do *self-made man* (o homem esculpindo a si mesmo) contra as classes privilegiadas. E esse "se" também é interessante: se ela importar-se comigo, o fará porque sou eu quem lhe peço. Jasão sabe – não sabe? – que os presentes de Medeia

281

muito provavelmente influenciariam Glauce, mas preferiria mil vezes que fosse seu charme o que a induzisse fazer o que ele pede. Será que ele está chateado porque a noiva não dá toda a sua atenção a cada palavra dele? Porque sua jovem noiva adora coisinhas bonitas, brilhantes, e não o trata como a voz de toda a razão? Depois de ter vivido com uma mulher tão inteligente e manipuladora quanto Medeia, deve ser especialmente irritante casar-se com alguém jovem e influenciável para, depois, descobrir que sua segunda mulher ainda não o trata como o herói conquistador que você tem certeza de ser.

Mas Medeia sabe que é melhor não entrar nesse detalhe para não agravar o ego de Jasão. Até os deuses deixam-se persuadir por presentes, diz ela. E o ouro supera mil argumentos entre os mortais.[33] Ela dá os presentes às crianças para que os levem a Glauce. Não deixeis de entregá-los pessoalmente a ela,[34] diz. Ide logo.

Jasão e as crianças saem, e o coro começa a entoar um lamento: "Agora não tenho mais esperança de que as crianças vivam, não tenho mais [...]" e chora por Glauce, por Jasão, por Medeia. O tutor aparece no palco com os meninos e diz a Medeia que o banimento de ambos fora revogado. Sabendo o que isso significa, ela chora. Ele imagina que ela deve estar chorando por si mesma, por seu próprio desterro dos filhos. Ela o deixa acreditar nisso e abraça as crianças com força. Nesse instante, Medeia chega ao segundo grande monólogo dessa peça, no qual as metades em guerra de sua personagem – o amor pelos filhos e a recusa em permitir que seus inimigos prosperem – ganham plena e extraordinária expressão.

Vós ainda tendes uma cidade e um lar, diz ela aos filhos, mas sereis abandonados e eu cairei em desgraça. Nunca vos verei crescer, nunca vos verei casar-vos. De modo que, para mim, tudo foi fútil: criar-vos, sentir a horrível dor do parto. Sonhei um dia que cuidaríeis de mim em minha velhice, me preparar íeis para o enterro quando eu morresse. Eu teria sido invejada por todos. Mas, agora, esse doce pensamento está morto.[35]

Sem vós, viverei uma vida de tristeza e pesar. Vossos amados olhos não mais verão vossa mãe. Estais sorrindo para mim vosso último sorriso.

Testemunhar o duplo sentido das linhas iniciais desse monólogo é quase insuportável. Certamente ela não conseguirá fazer o que ameaçou! Essa mulher ama os filhos. Ela não pode matá-los. Medeia se afasta das crianças e dirige-se novamente ao coro: O que devo fazer? Meu coração me deixou, mulheres, ao ver seus olhos brilhando. Não consigo fazê-lo. Adeus a meus anteriores planos. Levarei meus filhos comigo para fora do país. Como posso fazer-lhes mal para que seu pai sofra se eu mesma sofrerei o dobro?

Sentimos uma breve onda de esperança na prevalência da razão e do amor. Medeia ama os filhos: está mais do que claro que ela os ama de uma maneira que não se compara ao amor que Jasão lhes dedica. Ele se dispusera de bom grado a vê-los partir em exílio para poder, ele próprio, fazer um bom casamento e começar uma nova família. Sua afeição pelos filhos é condicional: a inconveniência que ele aceita tolerar por sua causa tem limites. Medeia está paralisada pelo amor e, mesmo que não estivesse, saberia fazer essa conta: ela ama os filhos muito mais que Jasão. Se os matar para feri-lo, ela se ferirá em dobro. Uma mulher inteligente não poderia concluir que essa era a escolha racional.

Mas, assim como a afeição materna quase a afogara como uma onda, de repente o lado mais sombrio de sua natureza novamente se levanta: O que há de errado comigo? Estou disposta a deixar que meus inimigos riam-se de mim impunemente? Tenho que fazer isso. Que covardia, deixar-me levar por essas doces palavras. Entrai, crianças. Se alguém tiver algum impedimento para assistir ao meu sacrifício, que se retire agora. Minha mão será implacável.

E então, mais uma vez, prevalece o amor: Oh, meu coração, não o faças.[36] Deixa-os em paz, criatura miserável, poupa teus filhos. Deixa-os viver e fazer-te feliz.

E, em seguida, a raiva: Não, pelos mais sombrios demônios do Hades, não permitirei que meus filhos sejam maltratados por meus inimigos. Agora é tarde demais: a noiva está morrendo, com sua coroa na cabeça, usando seu vestido. Sei disso.

Ela se despede dos filhos, mas torna a vacilar: Vossa pele é tão macia, vosso alento é tão doce. Ide, ide! Não posso mais ver-vos. Entendo quanto é terrível o que estou prestes a fazer. Porém a ira, causa de todos os males entre os mortais, é mais forte que minha resolução.

As crianças retiram-se para o interior da casa, mas Medeia permanece do lado de fora. Enquanto isso, o coro entoa uma ode sobre as virtudes de não ter filhos: A vida de quem não tem filhos é menos conturbada, livre do terrível e perpétuo fardo da ansiedade e do medo. Quando o coro termina, chega um mensageiro do palácio. Acontece que Medeia já o esperava. Ele lhe diz que fuja de Corinto. Por quê?, pergunta ela. Porque Creonte e a filha foram mortos por vosso veneno, responde o homem,[37] que passa a descrever a cena em detalhes: a princesa tirando da caixa o vestido e a coroa e colocando-os, antes que o veneno a contaminasse. A coroa parece vomitar-lhe fogo na cabeça, o vestido lhe corrói a pele. Glauce quase se dissolve em agonia; seu pai acorre na tentativa de socorrê-la, mas o veneno também o afeta: depois de um sofrimento horripilante, pai e filha jazem mortos.

A fala é longa e incrivelmente cruenta. Contudo, mesmo depois de ouvir o mensageiro, o coro mantém sua anterior posição: considera que Jasão está sofrendo *endikōs*, "justamente", naquele dia.[38] Medeia ainda conta com sua simpatia. E não vacila mais: Preciso matar as crianças o mais rápido que puder e deixar Corinto. Caso contrário, outra pessoa, um inimigo, as matará. Elas morrerão e, já que isso é inevitável, que seja por minha mão; eu, que as dei à luz. Arma-te, meu coração. Vem, mão miserável, toma da espada. Toma-a. Rasteja em direção a esse momento terrível de tua vida. Chega de covardia, chega de lembrar que são teus filhos, teus amados. Por um breve dia, esquece teus filhos. Depois, podes chorar. Pois tu os ama, ainda que os mates.

Sou uma desgraçada.

E, com essas palavras, Medeia entra em casa. Só nos resta assistir em horror impotente. Sua lógica é superficialmente razoável, mas a leva a uma conclusão terrível. É claro que é mais que provável que, tendo ela matado toda a família real de Corinto, seus filhos estejam sob risco de assassinato por vingança. Ela e Jasão já tinham precisado fugir de Iolcos depois de instigar o assassinato de Pelias. Há algo que devemos considerar no que ela diz: seria melhor que ela mesma matasse os filhos – da forma mais rápida e indolor possível – que correr o risco de vê-los trucidados por uma multidão de coríntios em busca de vingança. Mas será que haveria essa multidão? As mulheres de Corinto simpatizaram com ela ao longo dessa peça, guardaram seus segredos e a apoiaram. Medeia está certa em temer pela morte dos filhos? Ou está apenas dando uma desculpa a si mesma, justificando o que ela quer fazer – matar os filhos para ferir o marido – com um argumento pseudoaltruístico?

O coro das mulheres entoa uma ode desesperada a Hélio, o deus-sol, avô de Medeia: poderia ele menosprezar uma cena tão terrível? Porém, mesmo quando descrevem Medeia como uma Fúria,[39] elas a qualificam com *talainan*, "digna de pena", "infeliz". O coro ainda se compadece dela. E então ouvimos os filhos de Medeia pedindo socorro: O que fazer, aonde vou para escapar das mãos de minha mãe? O outro filho responde: Não sei, amado irmão. Estamos destruídos.

O choque dessa cena – crianças que gritam por socorro enquanto a própria mãe as mata com uma espada – não é de maneira alguma diminuído pelo fato de que só a ouvimos, em vez de a ver. O coro está abismado, as mulheres perguntam-se umas às outras se devem entrar e intervir para salvar as crianças. No teatro grego, os coros são geralmente constituídos de circunstantes que apenas comentam a ação. O fato de, nessa peça, o próprio coro sugerir que deveria deixar o palco para ajudar os filhos de Medeia é surpreendente. As crianças tornam a gritar novamente: Pelo amor de Deus, ajudai-nos; corremos perigo de morte sob o gume de sua espada.

Neste momento, vale a pena mencionar que existem expectativas de gênero em relação ao assassinato no mito grego. Tradicionalmente, as mulheres cometem assassinatos – quando o fazem – com veneno, como já vimos Medeia fazer. Ela é uma bruxa famosa, especialista em todos os tipos de poções. Quando quer matar sua rival no amor, ela usa uma arma tradicionalmente feminina. Mas quando se trata de matar os próprios filhos, ela faz outra coisa: pega uma espada – a arma de um homem, jamais usada em ambientes domésticos, a menos que algo profundamente transgressivo esteja ocorrendo. Já a ouvimos dizer que precisa esquecer que eles são seus filhos durante um dia. Quando pega uma espada para usar em seu assassinato, ela faz mais que isso: ela esquece que é mãe e esquece que é mulher.

O coro percebe que agora é tarde demais para salvar os meninos e entoa uma ode sobre Ino, a única outra mãe que recorda haver matado a própria prole, e isso ocorreu quando, amaldiçoada por Hera, ela ficou louca. Depois de matar os filhos, Ino atirou-se de um penhasco. O coro não está sugerindo que Medeia ficou louca, pois sabe que ela está perfeitamente sã. Mas o ato que decidiu cometer é tão extremo que o único paradigma que lhe ocorre é o da mulher enlouquecida por uma divindade malévola.

Agora Jasão chega do palácio vociferando sobre Medeia: Ela que não espere ficar impune por ter matado o rei. Mas, aí, Jasão esclarece seus sentimentos: Ela em nada me importa, estou aqui para salvar a vida de meus filhos da sanha dos que querem vingança pelos atos homicidas de sua mãe.[40] Talvez tenhamos visto Medeia com ceticismo quando ela disse, na cena anterior, que deveria matar os filhos para evitar que sua morte ocorresse pela mão de um estranho. Mas acontece que ela estava certa: Jasão também crê que uma multidão vingativa esteja a caminho.

Não sabeis da história nem a metade, diz-lhe o coro. De que se trata então, suponho que ela queira matar-me também?, pergunta Jasão. Mesmo agora, ele subestima Medeia. Conhecendo-a tão bem quanto a conhece (na verdade, tão bem quanto todos a conhecem), ele ainda não consegue imaginar a que extremos ela é capaz de chegar. O coro lhe dá a notícia: vossos filhos foram mortos pela mão da própria mãe.

Jasão mal pode acreditar. Exige que alguém abra as portas da casa para ver com os próprios olhos. Mas chega tarde demais, pois Medeia aparece voando acima dele, acima da própria casa, em um carro que ganhara de Hélio, seu avô. E leva consigo os corpos dos filhos.

No século IV a.C., Aristóteles criticaria esse ponto da trama em sua *Poética*:[41] ele não gostava do elemento "mecânico", que faz Medeia deixar o palco levada por um mecanismo que simula um voo. É uma técnica de palco geralmente reservada para um deus ou uma deusa no fim das peças (daí a expressão *deus ex machina*, "deus saído de uma máquina", *mekhanē* em grego). Por mais que tente, não consigo ressaltar o quanto isso é significativo no contexto dessa peça. Podemos achar o comportamento de Medeia abjeto e imperdoável, mas, com esse elemento, Eurípides nos mostra que os deuses o endossaram e lhe deram um meio de escapar da multidão enfurecida de Corinto.

Jasão é incapaz de aceitar o que vê. Ele a chama de "a mais odiada pelos deuses, por mim, pelos mortais". E, no entanto, lá está ela, num carro que recebera dos deuses. Ele fica impotente, no chão, um homem quebrantado: sua noiva, seu rei, seus filhos, todos mortos. Objetivamente – se é que podemos ter objetividade diante de um tema que provoca tantas emoções –, a quem os deuses parecem desprezar? As altercações finais entre Jasão e Medeia são tristemente familiares para qualquer um que tenha visto um casal divorciado se separar e usar os filhos um contra o outro (embora, em geral, os filhos – felizmente

– sobrevivam no fim). Ele a insulta, ela se regozija com sua raiva inútil. Ele lhe diz que ela causou a si a mesma dor que ele está sentindo, ela responde que valeu a pena. Ele culpa sua vilania, ela culpa sua traição. Os deuses sabem quem começou, diz ela. Ele exige a devolução dos corpos dos filhos para o enterro. Ela a recusa: os enterrará ela própria no templo de Hera. Com uma última fisgada da raiva, ela profetiza sua morte: Jasão receberá um golpe na cabeça de um pedaço do *Argo*, seu próprio navio. Não é como um herói gostaria de partir em sua derradeira viagem. Isso só contribui para aumentar sua evidente apoteose: agora ela consegue até ver o futuro.

Uma última enxurrada de insultos desata-se entre os dois: ele a chama de assassina de crianças; ela lembra-lhe que ele precisa enterrar a esposa. Ele chora pelos filhos perdidos; ela lembra-lhe que ele será um velho sem filhos. Ele anseia por abraçá-los e amá-los; ela lembra-lhe que ele estava inteiramente satisfeito em vê-los desterrados. Seu afeto tardio não a comove em nada. Jasão clama a Zeus, mas é tarde demais; Medeia está deixando Corinto para sempre. Resta ao coro uma última observação: os deuses fazem muita coisa inesperada acontecer. Não é brincadeira.

Então, dado que essa peça é uma obra-prima inegável, por que teria provocado tanta controvérsia quando foi representada pela primeira vez? Lembre-se de que ela ficou em terceiro lugar na Dionísia de 431 a.C. É fato que o público não poderia ter ficado chocado com a história, que já deveria ser bem conhecida? Na verdade, é muito provável que o público não conhecesse a história tão bem assim. Sabemos de duas tradições rivais em que os filhos de Medeia morrem de maneiras completamente diferentes. Ambas eram bem conhecidas pelo público de Eurípides? É impossível dizer com certeza, mas isso explicaria por que, aparentemente, sua peça provocou tanto choque quando foi apresentada pela primeira vez, embora logo depois tenha se tornado extremamente popular. A primeira dessas tradições é aquela em que Medeia e Jasão cogitam na peça de Eurípides: as crianças são mortas por coríntios vingativos. De acordo com os escólios que escrevem sobre Eurípides,[42] os coríntios então começaram a espalhar o boato de que Medeia havia matado os próprios filhos. Numa guinada adorável (que, com quase toda a certeza, é apócrifa), os escólios também nos dizem que Eurípides recebeu dos coríntios do século V cinco talentos para jogar a culpa em Medeia e dar-lhes uma folga. Conforme a segunda tradição, Medeia mata os filhos involuntariamente: ela os leva para o santuário de Hera assim que nascem, acreditando que a deusa os tornará imortais.[43] Mas, em vez disso, as crianças morrem.

Assim, embora não possamos ter 100% de certeza, é provável que Eurípides tenha sido o primeiro autor a deliberar o infanticídio de Medeia. Nesse caso, não é de admirar que seu público ficasse chocado: deveria esperar uma crítica ou um leve ataque aos coríntios, ou ainda a frustração de uma infeliz mulher pela cruel deusa Hera. E, em vez disso, recebeu a perspectiva aterrorizante de uma mulher inteligente, violenta e movida pela raiva: a esposa de todos os seus pesadelos coletivos.

É importante lembrarmos que, em nenhum momento da peça de Eurípides, Medeia é outra coisa que não lúcida. Suas decisões podem horrorizar-nos, mas ela as toma depois de longas e fundamentadas deliberações. Ressalto isso porque é muito ver uma produção contemporânea de *Medeia* que não a apresente como louca na cena final. E essa escolha é plenamente compreensível: o público moderno poderia muito bem ter dificuldade em assimilar a ideia de que ela pudesse assassinar os filhos, causando a si mesma uma vida inteira de tristeza, e fazer isso sem ter perdido a sanidade mental. Queremos acreditar que alguém só poderia cometer um crime tão hediondo se estivesse fora de si. Outro problema é o *deus ex machina*, que tanto incomodou Aristóteles: como transmitir ao público teatral moderno todo o seu simbolismo? Como explicar que, ao longo da peça, Medeia de algum modo passa de esposa abandonada, prostrada de bruços no chão, lamentando-se da traição do marido, a figura imortal ou quase imortal? Que o ato de matar os filhos não a quebrantou, como seria de esperar, mas a tornou mais poderosa do que nunca? Evidentemente, há nessa descrença um elemento de gênero: em *Os Suspeitos* (*The Usual Suspects*, 1995), o público do cinema não teve nenhum problema para acreditar que Keyser Söze assumiu sua forma mais aterrorizante quando decidiu matar a família, em vez de deixar-se ameaçar com sua perda. A nossos olhos, a tentação é empurrar a estranheza do surgimento do carro para nossas expectativas de loucura como pré-requisito para que uma mulher mate os próprios filhos, de modo que a cena final é a de uma mulher destruída que lança insultos inúteis ao ex-marido. Mas, para Eurípides e para os artistas da Antiguidade, Medeia está muito longe disso.

Há uma magnífica cratera de cálice (grande tigela usada para misturar água ao vinho) da Lucânia, no sul da Itália, que retrata a cena da fuga de Medeia de Corinto em seu carro.[44] A peça data de cerca de 400 a.C., apenas trinta anos depois que a peça de Eurípides foi apresentada em Atenas. Essa versão da cena tem os corpos dos meninos deixados para trás em um altar, lamentados por uma mulher mais velha de cabelos brancos, presumivelmente a ama. Jasão aparece à esquerda da cena: ele acaba de chegar e descobrir que seus filhos estão mortos. À sua frente está um pequeno cão saltitante. E voando acima da cena, num carro puxado por gloriosas serpentes amarelas, está Medeia. Seu vestido ricamente ornamentado e o adereço da cabeça lembram-nos que ela é uma bárbara, porém parece uma deusa enquanto voa, com semblante impassível, pelo ar. O carro está cercado por uma enorme formação *nimbus*, o que ressalta sua origem divina (e explica como ele pode voar, já que as serpentes não têm asas). No que talvez seja um dos melhores comentários curatoriais digitais de qualquer museu do mundo, o site do Museu de Arte de Cleveland costumava listar a descrição da peça – "Aqui, depois de assassinar os filhos, Medeia foge do local numa carruagem voadora puxada por serpentes" – sob o título "Curiosidade Divertida".[45] Meus parabéns ao curador.

˙ Por mais que isso doa a nosso senso de justiça, Medeia de fato se safa dos assassinatos. Assim como havia planejado quando Egeu a visita durante a peça, ela vai para Atenas quando deixa Corinto. Em algumas versões da história, está presente em Atenas para agir contra Teseu quando ele chega para encontrar Egeu, seu pai (embora, para Apolônio em *As Argonáuticas*, o relacionamento de Teseu e Ariadne anteceda o de Jasão e Medeia). Em muitas versões da história de Medeia, ela tem filhos que sobrevivem: Pausânias lista vários nomes alternativos,[46] e Heródoto também acha que um de seus filhos sobrevive.[47] Diodoro Sículo diz-nos que essas inconsistências se devem aos trágicos: o problema é que eles querem que as coisas sejam maravilhosas[48] ou milagrosas.

Medeia tem sido usada há muito tempo como uma espécie de moldura na descrição de mulheres que agem com violência contra os filhos, independentemente da propriedade da comparação. Há até uma teoria oposta à hipótese de Gaia, segundo a qual, em vez de uma Mãe Terra que nos nutre e estima, habitamos um planeta determinado a extinguir-nos: é a assim chamada de Hipótese de Medeia.

Beloved, romance de Toni Morrison ganhador do Prêmio Pulitzer, foi considerado uma narrativa de Medeia, pois conta a história de uma mulher que mata a própria filha. Embora eu seja mais simpática a Medeia que a maioria, nunca sugeriria que ela tivesse a mesma justificativa para matar os filhos que a mulher que tenta impedir que a filha seja devolvida a uma vida de escravidão. Margaret Garner, em cuja história se baseia o romance de Morrison, foi chamada por Thomas Satterwhite Noble de "Medeia Moderna" no retrato que dela fez em 1867, mantido no National Underground Railroad Freedom Center.[49] Se levarmos Medeia ao pé da letra quando diz que é melhor matar ela mesma os filhos que os deixar morrer por mãos hostis, talvez possamos justificar o paralelo. Mas Medeia passa grande parte da peça de Eurípides dizendo que matará os filhos para vingar-se dos que a desprezaram e acreditam que o fizeram impunemente. Ela extermina a linhagem de Jasão: sem filhos para fazer-lhe companhia na velhice e sem grande probabilidade de contrair novas núpcias (quem se atreveria a casar-se com Jasão depois de saber o que havia acontecido com Glauce?). Isso está muito longe de uma mulher que faz uma escolha desesperada – como a de Garner – para salvar a filha do horror de uma vida de escravidão.

A história de Medeia é incomum porque corresponde facilmente a vidas contemporâneas: a maioria de nós não sabe o que é matar acidentalmente nossos pais e casar-se com nossas mães, mas sabe o que é sentir-se abandonado e traído, mesmo que nossa resposta seja – com sorte – um pouco mais comedida que a de Medeia. Eurípides consegue tornar tão humana uma história que poderia facilmente parecer tão estranha – serpentes gigantes, magia, pessoas fervidas em panelas – que ainda hoje é encenada em todo o mundo. O visionário diretor japonês Yukio Ninagawa encenou uma produção totalmente masculina que foi exibida em cidades de todo o Japão durante vinte anos. Seu objetivo declarado[50] era mostrar às mulheres japonesas que elas poderiam ser tão francas e tão fortes quanto Medeia. E, embora esteja longe de ser franca com as demais personagens da peça, ela é franca conosco, o público. Nós sempre sabemos o que ela está pensando, sentindo e planejando porque, isso, ela nos diz. Ela é uma personagem complexa cujas várias forças internas a puxam em diferentes direções, mas é por isso que ela parece tão real, tão humana. Ao contrário das forças externas do desejo forjado divinamente que afligem Fedra, ou das crueldades do destino que condenam Jocasta, Medeia é devastada pela própria psique. Apesar de todos os seus feitiços e poderes, ela é uma mulher em crise que busca retaliar aqueles que a magoaram.

E é por isso que a história de Medeia parece tão real, ainda que possa contar com um carro divino para escapar de seus inimigos. Não é de admirar que sua história tenha sido recontada com tanto sucesso por mulheres, desde a excelente *Medeia* (*Medea*), de Christa Wolf, que mantém a história em sua moldura grega, até a expansiva *Medeia e seus Filhos* (*Medea and Her Children*), de Ludmila Ulitskaya, ambas publicadas em 1996. A Medeia de Ulitskaya é uma matriarca sem filhos: ela vive numa casa à qual seus inúmeros sobrinhos, sobrinhas e respectivos filhos fazem uma peregrinação anual no verão. Essa Medeia – a última grega em sua aldeia na Crimeia – descobre a infidelidade do marido muito depois que ele morre. Sua reação não é destruir sua família, mas aproximar-se dos parentes e permitir que eles a consolem. Talvez essa seja a herdeira de uma das características mais importantes de Medeia: o cérebro. Como coloca Ulitskaya: "Medeia tinha um ditado, que Nike gostava de citar: 'A esperteza compensa qualquer defeito'".

Voltemos a Beyoncé, em tudo igual a uma sacerdotisa de Hécate quando desce as escadas de seu templo cheio de água trajando um vestido amarelo-açafrão. O que é pior, parecer enciumada ou louca, enciumada e louca?, perguntou-nos ela. É uma excelente pergunta para Medeia, principalmente por causa do verbo que Beyoncé usa. Ela não quer saber se é pior estar enciumada ou louca, mas sim se é pior *parecer* enciumada ou louca. Como Medeia, está extremamente preocupada com a maneira como a veem. No momento em que Creonte deixa o palco, Medeia diz ao coro que estava apenas fingindo ser humilde para diminuir as virtudes de sua esperteza e fazê-lo curvar-se à sua vontade. Ela não permite que ninguém a considere uma fraca, a menos que possa corrigir seu equívoco imediatamente, seja com palavras ou com a morte. Dando com um taco de beisebol no para-brisa de um carro, depois de ter sido tão desprezada ultimamente, Beyoncé conclui: prefiro ser louca.

PENÉLOPE

Se Helena de Esparta era perigosamente desejável a ponto de levar tantos homens a cruzar toda a Grécia na tentativa de casar-se com ela e sua perda foi o bastante para dar início a uma guerra, podemos imaginar alguma mulher que se pudesse comparar a ela e não sair perdendo, pelo menos conforme o olhar masculino? E que dizer do único homem que viajou para Esparta para cortejar Helena, mas de algum modo acabou fazendo um acordo para casar-se com outra mulher?

Odisseu não era diferente de nenhum outro rei grego quando se tratasse de um possível casamento com Helena. Ele viajou de Ítaca, sua ilha natal, até o palácio de Tíndaro em Esparta, como fizeram muitos homens de todo o mundo grego. Todos esperavam ter Helena como noiva. Mas, quando chegou a Esparta, Odisseu viu por si mesmo qual era a situação – o número de pretendentes, a probabilidade de discussões e brigas – e decidiu retirar-se da competição, saindo-se com uma de suas muitas ideias escandalosamente brilhantes. De acordo com o Pseudo-Apolodoro,[1] foi Odisseu quem propôs que todos os pretendentes fizessem o juramento de lutar pela devolução de Helena a seu futuro marido, caso ela fosse raptada. Evidentemente, esse juramento era um plano excelente: nenhum grego estaria disposto a arriscar-se a entrar em guerra contra tantos outros gregos e, por isso, nenhum deles a sequestrou. Páris – que não era grego – foi um pequeno obstáculo que nem Odisseu nem ninguém havia previsto. Como não era homem de deixar uma boa ideia ser desperdiçada, Odisseu fez então sua sugestão a Tíndaro, padrasto de Helena, em troca de sua ajuda para ganhar a mão de Penélope. A beleza semidivina de Helena era tão estonteante que por ela guerras foram travadas. Mas um homem, tendo visto Helena em toda a sua magnificência, preferiu outra: a filha de Icário.

Penélope não era tão cortejada quanto Helena, que podia gabar-se de ter como pai o rei dos deuses. Mas, pelo menos de acordo com o que diz Pausânias em sua *Descrição da Grécia*,[2] ela era o objeto do desejo de muitos homens: Icário teria estipulado uma maratona para seus pretendentes, vencida por Odisseu. Talvez Tíndaro o tenha ajudado a trapacear em troca da sugestão sobre os pretendentes de Helena. Certamente, usar de subterfúgios estaria de acordo com o caráter de Odisseu para alcançar o resultado desejado. Pausânias menciona outro detalhe fascinante:[3] Icário não queria perder Penélope depois que ela se casou. Primeiro, ele tentou persuadir Odisseu a permanecer em Esparta, em vez de levar a mulher para sua casa em Ítaca. Como isso não deu certo, ele passou a seguir o carro em que Penélope e Odisseu viajavam no intuito de persuadir a filha a ficar. Essa é uma cena muito estranha: o pai perseguindo a filha e seu novo marido, implorando-lhes que não o deixassem. Odisseu parece ter tolerado a situação por um certo tempo até que, por fim, pediu à esposa para escolher se viajava com ele ou ficava para trás com o pai. Na primeira de uma série de manobras obscuras que precisamos tentar interpretar, Penélope nada diz, apenas vela o rosto. Sua resposta pode ter prescindido de palavras, mas Icário a entende perfeitamente e conclui que a filha quer ir embora com Odisseu, mas não exprime esse desejo por medo de parecer impudente. Ele finalmente permite que ela vá com o marido e encomenda uma estátua em honra à Decência para comemorar esse momento na vida da filha. Penélope, como podemos ver, é a filha certa para seu pai. E parece ter encontrado o marido certo em Odisseu, quer ele a tenha conquistado pela rapidez dos pés ou pela rapidez do pensamento. Ele a escolhe e, então, ela o acolhe.

O feliz casal tem um filho, ao qual dá o nome de Telêmaco, que é apenas um bebê quando Páris e Helena fogem para Troia. Embora tenha se retirado do concurso pela mão de Helena, Odisseu parece ter sido obrigado pelo juramento feito por seus pretendentes, pois foi pressionado a deixar Ítaca para lutar pelo resgate de Helena. Novamente, nossa fonte é o Pseudo-Apolodoro:[4] ele nos diz que, quando os gregos chegaram para levá-lo, Odisseu fingiu estar louco para não ir para a guerra. O fingimento quase deu certo, mas Palamedes, outro grego astuto, suspeitou do engodo e fez menção de atacar Telêmaco. Nesse momento, Odisseu teve que desistir da pretensão de loucura para defender o filho. Porém mesmo essas poucas histórias sobre o relacionamento inicial de Odisseu e Penélope parecem dizer-nos que eles tinham um bom entrosamento. Ambos querem as mesmas coisas e ambos tendem a usar de sutileza para alcançá-las. Nenhum dos dois abraça a franqueza se houver um desvio que possa ser tomado. É tão difícil imaginá-los brigando quanto é fácil imaginá-los rindo juntos da loucura alheia.

A razão pela qual temos tão poucas histórias sobre Odisseu e Penélope juntos não é porque poemas, peças de teatro e cerâmicas tenham se perdido, como muitas vezes é o caso. Pelo contrário, é porque Penélope e Odisseu passam a maior parte de seu casamento longe um do outro: Telêmaco é apenas um bebê quando Odisseu tem que partir para lutar em Troia. Ele sitia a cidade por dez anos e depois passa outra década tentando voltar para sua casa em Ítaca. Na literatura e na arte, Penélope é idealizada durante milênios pela paciência, resistência e lealdade durante os vinte anos em que o marido esteve fora. Ela cria o filho sozinha, faz o melhor que pode para manter seu reino e não se casa novamente, mesmo quando todos acham que ele deve estar morto.

Isso é suficiente para que você se pergunte se a esposa ideal é aquela que você mal vê e com quem, muito menos, passa algum tempo.

Porque, sobre isso, não há nenhuma dúvida: Penélope tem sido apresentada como uma esposa perfeita desde que sua história foi contada. E, no entanto, em que, exatamente, consistem suas qualidades como esposa? Se estivéssemos considerando as características que podemos procurar em um parceiro de longo prazo, provavelmente pensaríamos na compatibilidade – emocional, psicológica e sexual – como sendo fundamental. E, embora possamos ter essa impressão de Penélope e Odisseu em seu breve relacionamento pré-guerra, temos poucas provas disso porque eles se separam praticamente quando ainda estão recém--casados e por tanto tempo. Com base no que vemos na *Odisseia* de Homero, as virtudes de Penélope como esposa são ser mãe solteira e ser casta (e também perseguida, mas a respeito disso falaremos em breve).

Esse retrato de Penélope é muitas vezes contraditório; ela muda a cada momento, dependendo da pessoa com quem ela fala e da pessoa que a influencia. A *Odisseia* é um poema que depende da falta de confiabilidade de várias figuras, principalmente da de Odisseu. Às vezes, Atena o disfarça como um mendigo velho e maltratado; outras, ela o torna um homem belíssimo. Às vezes, ele diz a verdade sobre si mesmo, às vezes ele mente. Às vezes, ele mente quando conta histórias sobre Odisseu enquanto finge ser outra pessoa. Em parte devido a sua imprevisibilidade, vemo-nos tentando descobrir o quanto Penélope sabe ou adivinha sobre ele, quando e se ela está sendo sincera ou irônica. A pouca confiabilidade dele se transfere para nossa leitura sobre ela. Ou talvez os dois formem um bom casal porque ela é como ele, tão propensa à desonestidade quanto ele.

Nós a encontramos pela primeira vez no Livro Um, quando ouve um bardo cantar as viagens de volta para casa que os gregos estavam fazendo após a queda de Troia e da maldição que lhes lançara Atena. Para esclarecer qualquer possível confusão: Atena era totalmente a favor dos gregos e contra os troianos durante os dez anos da guerra. Mas, durante a queda da cidade, seus templos foram profanados: Cassandra, por exemplo, foi estuprada por Ájax quando se agarrava à estátua de Atena, o que implica a desconsideração das regras do santuário mesmo antes de o estupro afrontar Atena ainda mais. Por isso, a deusa voltou-se contra muitos dos gregos e, particularmente, contra Ájax. (Um tanto confusamente, esse Ájax não é aquele que degola os rebanhos dos gregos pensando que matava os adversários e depois se suicida, que conhecemos antes). Mas Odisseu – sempre o favorito de Atena – manteve o apoio da deusa mesmo depois que os demais gregos o malbarataram. Então, ao ouvir justamente esse canto, Penélope fica compreensivelmente angustiada porque não sabe se Odisseu ainda conta com o favorecimento da deusa.

Homero a apresenta com seu patronímico: a filha de Icário, a sábia Penélope.[5] Portanto, a primeira coisa que ficamos sabendo a respeito de sua personagem é que ela é inteligente ou ponderada (*periphrōn* pode significar ambas as coisas). É uma palavra que Homero usará muitas vezes para descrevê-la. Independentemente do que mais possamos concluir sobre Penélope, sabemos que ela é inteligente. Do andar de cima, ela ouvira o bardo cantar e, para ouvi-lo melhor, desce acompanhada de duas amas. Como soubemos algumas linhas antes, durante a conversa de Telêmaco com a deusa Atena disfarçada, sua casa está cheia de pretendentes. Mais de cem homens chegam ao palácio de Penélope durante a última parte da ausência de Odisseu. Obviamente, durante a própria guerra, eles ficaram longe porque tinham notícias de Troia com razoável regularidade dizendo-lhes que seu rei estava vivo e passava bem, que voltaria para casa. Mas nos dez anos que se seguiram à guerra, as histórias que chegaram a Ítaca tornaram-se um tanto lastimosas. Telêmaco, que acaba de ser instruído por Atena a procurar o pai há muito perdido, viaja para Pilos e Esparta para interrogar Nestor e Menelau (seus respectivos reis) sobre o possível paradeiro de Odisseu. Como já sabemos desde o início do poema, que começa com um concílio dos deuses durante o qual Atena exige que Odisseu seja autorizado a voltar para casa, Odisseu é mantido em cativeiro (voluntária ou involuntariamente, mais um episódio de sua história aberto a diferentes interpretações) pela ninfa Calipso em sua distante ilha de Ogígia. Ele passou os últimos sete anos como seu marido em tudo, menos no nome. Finalmente, Atena exige que os deuses o deixem retornar a Ítaca.

Por isso, as histórias sobre as aventuras de Odisseu foram minguando porque durante sete anos ele esteve o mais longe possível de Ítaca. Muita gente presumiu que ele estivesse morto, e foi isso o que motivou os pretendentes a correr para a fila na porta de Penélope, todos candidatando-se ao posto de seu segundo marido. Eles se mudaram para o palácio dela e estão comendo e bebendo todos os suprimentos que lá se encontram. Quanto mais ela adia, mais eles consomem e, assim, mais eles reduzem o valor de suas propriedades (que também pertencem a Odisseu e são a herança de Telêmaco). Tudo isso obviamente cessaria se ela simplesmente escolhesse um e se casasse com ele. Mas ela não desiste de Odisseu, mesmo que todos pareçam tê-lo feito.

Penélope recebe os pretendentes parecendo uma deusa entre as mulheres.[6] Ela usa um véu que lhe cobre rosto e posta-se ao lado de um pilar. Mesmo essa descrição pode desconcertar-nos um pouco. Como assemelhar-se a uma deusa se ela está velada, quando as deusas não usam véus? O que, nela, podem ver os pretendentes? Ela é alta? As deusas muitas vezes parecem ser mais altas que as mortais. Ou tudo isso é apenas licença poética? Por ser a esposa do herói, Penélope deve parecer uma deusa?

Penélope obviamente não é mais uma jovem, mesmo se presumirmos que ela era adolescente quando se casou com Odisseu, o que é plausível. Ele já está ausente há vinte anos: ela é a mãe de um jovem que tem 20 ou 21 anos (embora Telêmaco muitas vezes pareça mais jovem que isso. A história exige que ele ainda não seja totalmente adulto, ou não teria tamanha necessidade do pai. Da mesma maneira, se ele parecesse mais adulto, mais responsável por si mesmo e por suas emoções, Odisseu poderia não ter um papel a assumir quando retornasse). Penélope deve, portanto, ter pelo menos 35 anos, talvez um pouco mais. Como vimos nas muitas imagens de meninas – *korai* – em jarros e esculturas gregas, com as comparativamente poucas imagens de mulheres mais velhas (nenhuma, ou quase nenhuma, de Jocasta), essa não era considerada uma idade especialmente desejável para uma mulher no que se refere à idade núbil. Apesar disso, Penélope é como uma deusa. Um leitor cético pode pensar que todos os pretendentes acorreram ao palácio de Ítaca com o objetivo de tornar-se seu rei e que o caminho para alcançar tal *status* era casar-se com sua rainha: quem ela é, qual a sua aparência, pouco lhes importa. Mas na primeira vez em que a encontramos, Penélope nos é apresentada como quase divina.

No entanto, ela é inteiramente humana em suas primeiras palavras e implora ao bardo que pare de entoar canções tristes sobre gregos amaldiçoados pelos deuses em sua jornada de volta para casa. Ele conhece muitas canções alegres, diz ela. Canta uma delas, em vez dessa, que é tão triste. Ela já sente a falta do marido, que é famoso em toda a Grécia.

Mais uma vez, podemos perguntar-nos se Penélope na verdade está impressionada ou excitada com a fama do marido, ou se essa é mais uma convenção literária: Odisseu é o herói do poema; portanto, seus leitores querem ser lembrados de sua grandeza. Ou o comentário pode revelar algo mais intrínseco ao caráter de Penélope: ela ama Odisseu, pelo menos em parte, por ele ser tão famoso? Essa é a recompensa por sua longa ausência? De qualquer modo, ela não quer mais ouvir nada sobre gregos perseguidos tentando voltar para casa.

Porém Telêmaco reage criticando a mãe.[7] Não é culpa dos poetas que coisas ruins tenham acontecido, diz ele. Este está apenas cantando o que as coisas são. Sede forte e escutai-a: é seu mais novo canto, e nele rende a Odisseu o máximo de glorificação. E, de qualquer maneira, Odisseu não é o único que não chegou em casa. Se o tom antipático

adotado por esse jovem em relação à mãe angustiada nos fez estremecer, estamos prestes a estremecer mais uma vez: Voltai a vosso tear,
diz-lhe ele, e dizei a vossas escravas que façam o mesmo. Falar é coisa
para homens e, para mim, especialmente; sou o senhor desta casa. Penélope olha para ele com espanto[8] e recolhe-se a seus aposentos.

O que podemos pensar dessa fala? Mesmo considerando o fato de
que as relações de gênero da Idade do Bronze eram muito diferentes
das nossas, Telêmaco parece excepcionalmente ríspido com a mãe.
Eles não se dão bem? Ele não se importa que ela esteja tão claramente
aflita com o desaparecimento do marido? Há algo psicologicamente
plausível na reação dele. O homem de quem ela sente falta é desconhecido para Telêmaco. Ele sente falta da ideia do pai, e talvez do nome, da
fama, da segurança de ter um pai poderoso. Mas ele não sente falta do
pai real, pois não pode lembrar-se de um homem que partiu quando ele
ainda era bebê. Por que não teria nenhum ressentimento desse pai ausente? Como mencionado acima, Telêmaco muitas vezes parece mais
jovem do que de fato é, e certamente essa poderia ser a reação de um
adolescente diante do pai: sente sua falta e, ao mesmo tempo, ressente-se dele. E, do mesmo modo, sua reação a Penélope implica um conflito. Talvez ele queira cuidar dela e sentir-se o homem da casa. Mas
essa casa está cheia de homens pouco mais velhos que ele próprio;
homens que o ameaçam – literal e metaforicamente – com planos de
casar-se com sua mãe e substituí-lo na linha de sucessão de Ítaca. Os
pretendentes dela planejam matá-lo durante o poema: ele está com
medo, e não sem boas razões. O medo muitas vezes nos faz atacar quem
não é o responsável por ele. Telêmaco não pode planejar enfrentar
mais de cem pretendentes sem passar por tolo e ingênuo. Então, em
vez disso, ele resolve criticar a mãe na frente dos pretendentes que a
cortejam. Sentindo que seu próprio *status* como príncipe de Ítaca está
em perigo, ele descarrega na mãe a própria ansiedade.

As emoções de Telêmaco parecem revelar também um ponto social interessante. Em uma conversa anterior com Atena (disfarçada), a deusa revelara-lhe sua própria irritação com Penélope: Deixe-a casar-se com algum dos pretendentes, se for isso que ela quiser. Mas, para fazer isso, ela que volte para a casa do pai. Em outras palavras, Atena (em quem podemos sentir uma pitada de ciúme sexual: ela se mostra muito dedicada a Odisseu, mas nem sempre seu ardor se estende a Penélope) não se importa com o que Penélope fizer, contanto que o palácio e as propriedades de Odisseu continuem sendo dele e que Telêmaco continue sendo o primeiro na fila de sucessão. Mas o medo implícito nas palavras desagradáveis de Telêmaco sugere que a visão de Atena sobre um possível novo casamento de Penélope não se reflete na realidade. Os pretendentes certamente pensam – e assim, ao que parece, faz Telêmaco – que, se Penélope se casar, o poder e as propriedades do rei de Ítaca passarão às mãos de seu novo marido. Essa mulher de meia-idade não se recolherá em desgraça para a casa do pai. Ela é a rainha de Ítaca e quem se casar com ela se tornará o rei.

Em outras palavras, o poder de Penélope é tão contestado quanto seu comportamento. Uma deusa sugere que ela seja mandada de volta para a casa do pai, mas os mortais de Ítaca a veem de outro modo. E quanto a Telêmaco, suas palavras ásperas também serão contraditas algumas centenas de linhas depois. No segundo livro do poema, ele segue o conselho de Atena e zarpa em busca de notícias de Odisseu. Mas instrui Euricleia – a ama de Telêmaco e, antes dele, de Odisseu – a manter sua viagem em segredo para Penélope: Não digas nada a respeito disso a minha querida mãe enquanto ela não der por minha ausência, diz ele a Euricleia.[9] Fica calada por doze dias para que ela não comece a chorar e acabe arruinando seu belo rosto.

Essa é uma mudança intrigante na relação entre os dois: num minuto, Telêmaco ataca a mãe sem que tenha havido nenhuma provocação; no outro, ele tenta proteger os sentimentos dela. Essa atitude contraditória é típica de um jovem em conflito, que quer proteger a mãe, mas, apesar disso, irrita-se com ela. A ideia de que ela possa não perceber sua ausência por doze dias também é bastante estranha: seria porque Penélope estava confinada à ala das mulheres e, portanto, não veria o filho por dias a fio? Ou porque Telêmaco costumava desaparecer por vários dias sem aviso prévio? Devemos ter cuidado para não ler no mundo homérico valores que nos são próprios: sem dúvida, acharíamos estranho que mãe e filho só se vissem a cada doze dias, mesmo que morassem em uma casa razoavelmente grande. Mas a Ítaca da Idade do Bronze não é a de agora e, por mais que a psicologia dessa relação mãe-filho pareça verdadeira, os aspectos práticos tampouco são os mesmos. Quando Penélope descobre, no Livro Quatro,[10] que o filho partira em uma busca autônoma, ela de fato começa a chorar.

E então ela sente raiva. Por alguns instantes, não consegue nem falar. Então repreende suas servas por manter essa informação em segredo. Se soubesse que Telêmaco planejava ir embora, ela o teria feito passar por cima de seu cadáver antes, lamenta-se ela à ama. Euricleia admite que mantivera segredo sobre a viagem de Telêmaco e explica-lhe que ele só queria evitar perturbá-la. Mais apaziguada, Penélope retira-se para seus aposentos para tomar banho e dormir. Atena – cuja atitude em relação a Penélope já vimos ser negligente a ponto de beirar a desconsideração – agora resolve fazer média e envia-lhe um sonho: Iftima, irmã de Penélope, aparece-lhe enquanto ela dorme e diz-lhe que é Atena quem está guiando Telêmaco. Penélope pergunta se Odisseu está vivo ou morto, mas isso o espírito não sabe dizer-lhe. O livro termina com os pretendentes conspirando para matar Telêmaco e, assim, ficamos sabendo que o apoio de Atena ao jovem pode muito bem representar para ele a diferença entre a vida e a morte.

Só no Livro Cinco da *Odisseia* é que descobrimos o que nosso herói sentia em relação à esposa depois de quase vinte anos longe dela. Odisseu passou sete anos preso por Calipso na ilha de Ogígia. Hermes finalmente a convence a mandar Odisseu seguir seu rumo. Calipso ressente-se disso e, em particular, do fato de Odisseu querer voltar, não só para casa, como especificamente para a esposa.[11] Eu sou mais bonita e mais alta que sua esposa, diz-lhe ela (devo confessar que é nesse momento que eu realmente me apaixono por Calipso: quem nunca quis acreditar que é pelo menos mais alto que um rival amoroso?). Odisseu concorda que sua esposa não é tão bonita quanto a deusa. Isso é honestidade – as deusas são mesmo mais belas que qualquer mortal – ou é tato? Ela é mortal, admite ele, e tu és divina.[12] Nesse ponto, também descobrimos que Calipso propusera a Odisseu torná-lo imortal se ele a tomasse como sua consorte. Mas, ainda assim, ele escolhe voltar para Penélope. Não admira que Calipso quisesse consolar-se com sua superioridade na altura.

O vínculo entre Odisseu e Penélope é incomum. Sem dúvida, ele não é uma via de mão dupla no que diz respeito à fidelidade sexual. A união com Calipso não é a primeira de Odisseu, embora seja a mais duradoura. Ele também passou um ano morando com Circe. Um ano, sete anos: esses dificilmente podem ser descartados como casos fortuitos. Enquanto isso, Penélope está com a casa cheia de homens jovens que a superam em número e poderiam dominá-la fisicamente. Porém a simples sugestão, lá no Livro Um, de que ela poderia casar-se com algum deles deixara Atena bufando de raiva: Se for isso que ela quiser, [...] ela que volte para a casa do pai. Na literatura e na sociedade, não pela primeira vez e certamente não pela última, há um conjunto de padrões aos quais Penélope deve obedecer e outro, muito mais indefinido e livre, para Odisseu. Entretanto, de certa maneira, Odisseu permanece fiel à esposa. Ele compartilha a cama de outra mulher, mas não da ideia que ela tem para o futuro deles. Ela lhe faz uma oferta de enorme valor – a imortalidade, pela qual, de uma maneira ou de outra, lutam todos os heróis – e ele a rejeita. Prefere voltar para sua esposa menos bela e mortal. Os heróis homéricos fazem enormes sacrifícios até mesmo por um vislumbre de imortalidade: Aquiles escolhe especificamente uma vida curta e gloriosa que crie uma fama que sobreviva a ele (uma espécie de imortalidade), em vez de uma existência mais longa e menos famosa. E aqui está Odisseu, que recebe uma oferta de vida eterna, mas a rejeita. E tudo pela chance de voltar para uma mulher que ele não vê há vinte anos. Um advogado especialista em divórcio pode não chamar isso de fidelidade, mas não é pouca coisa.

Infelizmente, só nos resta imaginar como se sentiria Penélope se ouvisse essa conversa entre seu marido e Calipso: ficaria magoada com a fácil admissão de que a beleza da ninfa é maior que a sua? Ou admiraria a astúcia do marido: ele precisava da ajuda de Calipso para construir um novo barco com o qual pudesse partir. Se a lisonjeasse, seria mais provável que conseguisse um navio em perfeitas condições de navegabilidade. Penélope ficaria zangada por seu marido ter mostrado muito menos capacidade de contenção sexual que ela ou, simplesmente, não esperaria mais nada? Eles são um casal de sua época, afinal. Sem dúvida, ela ficaria tocada por seu marido rejeitar a imortalidade apenas pela oportunidade de voltar aos mares (nesse ponto, ele já havia sofrido vários desastres marítimos) no intuito de retornar a ela. Mas seria preciso esperar que ela nunca descobrisse que a primeira pessoa que Odisseu encontra quando deixa Ogígia em sua jornada de volta a Ítaca é uma jovem princesa, Nausícaa. Arrastado pelas ondas, nu, ele é encontrado por ela numa praia.

Mas o que faz Penélope enquanto Odisseu empreende sua errática jornada para casa? A resposta curta é: ela tece. No Livro Um, quando conhecemos Penélope, vimos Telêmaco mandá-la calar-se, parar de chorar e cuidar de seu tear. Essa poderia ser uma sugestão feita a qualquer mulher respeitável na tradição homérica: as mulheres tecem. Até mesmo Helena tece, e ela é – como todos fazem questão de ressaltar, até mesmo ela própria – uma esposa desastrada. Mas, para Penélope, a tecelagem é parte integrante de sua história e seu *habeas corpus* de imbróglios indesejados com pretendentes: o literal a salva do metafórico. E, assim como a volta de Agamenon para casa foi ditada pelo que Clitemnestra tece (a estranha camisa de força que ela usa para imobilizá-lo), a volta de Odisseu para casa é decidida pelo que Penélope tece. Ambas as mulheres usam essa habilidade mais tradicional para fins enganosos: a diferença é que Penélope usa a trama para ajudar seu marido, enquanto Clitemnestra a usa contra o dela.

A história de Penélope e sua trama é contada três vezes por três pessoas distintas em três momentos diferentes da *Odisseia*, e as palavras usadas são praticamente as mesmas. Só pela repetição, podemos ver que se trata de um ponto importante no enredo. Por isso, vamos abordá-lo mais detalhadamente. A primeira vez que a ouvimos é no Livro Dois, quando Antínoo – o mais antipático dos pretendentes de Penélope – fala com Telêmaco. Não culpeis a nós, pretendentes, por nossa demora por aqui. Culpai vossa querida mãe: a ardilosa é ela.[13] Ele prossegue, explicando que Penélope estava enganando os pretendentes havia quase quatro anos: ela prometera que se casaria novamente assim que acabasse de tecer um sudário para Laerte, pai de Odisseu. Só para que fique claro, Laerte não está morto no momento em que Penélope faz essa oferta; na verdade, ele continua vivo ao fim do poema. Mas fazer um sudário para um sogro ainda vivo era algo perfeitamente louvável: significava que, quando morresse, ele teria uma apresentação digna de um rei. Menos que isso, da parte de Penélope, pareceria desrespeitoso.

Os pretendentes concordam com essa barganha, e Penélope dá início a sua tarefa. Mas aqui está o ardil: de dia, ela tece o sudário; à noite, ela secretamente o desfaz. Surpreendentemente, esse truque ludibria os pretendentes por mais de três anos. É o caso de perguntar-nos como poderiam eles ter-se deixado enganar por tanto tempo:

acreditariam que se tratava de um sudário especialmente grande? Será que achavam que a confecção de roupas básicas de tecido demorasse dez ou vinte vezes mais tempo do que de fato levava? Infelizmente, Antínoo nada diz a respeito. Mesmo no quarto ano, nenhum dos pretendentes percebeu o truque de Penélope: foi preciso que uma de suas amas a delatasse. Para aqueles que já se perguntaram se Penélope poderia ter-se sentido tentada, ainda que só um pouco, por um ou mais desses jovens que ocupavam sua casa já fazia tanto tempo, esta parece ser uma razão textual válida para justificar o fato de que ela pode não ter tornado a se casar: esses pretendentes eram idiotas. E ela estava acostumada a um relacionamento (embora já houvesse muito tempo) com Odisseu, um homem que certamente não era estúpido. Assim, nesse quarto ano de tecer e destecer, continua Antínoo, os pretendentes flagraram Penélope desfazendo o próprio trabalho e a obrigaram a terminar o sudário. Agora que sua estratégia de adiamento chega ao fim, ela precisa escolher um deles.

Há alguns pontos a considerar nessa história. O primeiro deles é um ponto que muitas vezes passa despercebido: a tecelagem não é um trabalho manual que se possa desfazer rapidamente, como tricô ou crochê (técnicas em que cada ponto se entrelaça em outro e, por isso, se remover o último ponto dado com as agulhas do tricô ou com a do crochê e puxar o fio, você pode desfazer todo o trabalho com muita facilidade). Ela é um processo muito mais difícil quando se trata de desfazer o trabalho: cada linha do tecido precisa ser desfeita, fio por fio, exatamente da mesma maneira que foi feita. Penélope assumiu uma tarefa digna de Sísifo: tecer alguns centímetros de tecido todos os dias e seguir o caminho inverso para desfazer todo o trabalho todas as noites. O simples esforço físico exigido por uma tarefa tão ingrata – ela precisava enxergar os fios à luz de uma tocha, curvada sobre o tear – é considerável. E isso sem considerarmos a tensão psicológica de passar anos fazendo uma coisa para depois a desfazer incessantemente, dia após dia. Para não desistir de Odisseu, na prática, Penélope condenou--se a anos de trabalho forçado.

O segundo ponto é perguntar de quem é o sudário que Penélope tece. Declaradamente, o sudário é para Laerte, mas será que na verdade ele não é para Odisseu? A essa altura, ela já protelou o novo casamento por vários anos: a guerra provavelmente terminara cinco ou seis anos antes de ela começar o projeto. Penélope sabe que não pode protelá-lo indefinidamente; que pode apenas adiar o inevitável, na esperança de que Odisseu volte para casa antes que ela termine o sudário. Então ela tece o sudário de seu casamento com um homem a quem ela ama ou amara muito tempo atrás? Ela rompe em lágrimas várias vezes na *Odisseia*: isso não sugere que ela esteja sob uma enorme tensão emocional? Há paralelos, como já mencionado, com Clitemnestra. Só que Clitemnestra usa sua perícia na tecelagem para criar uma armadilha para o marido, ao passo que Penélope usa a sua para tentar evitar cair ela própria numa armadilha.

Na segunda vez em que a história desse projeto que exige tecer e destecer é contada, já atingimos três quartos do poema e, dessa vez, é Penélope quem a relata a um estranho que chega a seu palácio e se mostra interessado. Sabemos que esse estranho é Odisseu disfarçado por um encantamento de Atena para que Penélope não o reconheça (embora, com vinte anos de ausência, talvez ela não o reconhecesse de qualquer modo). Mas Penélope acredita que está falando com um mendigo idoso. Eu teço o logro, diz ela,[14] antes de contar quase literalmente palavra por palavra toda a história que já fora contada no Livro Dois. Não poderia haver frase mais perfeita para descrever esse casal do que *dolous tolopeuō*, "eu teço a trapaça" ou "o logro". E essa é mais uma diferença entre Clitemnestra e Penélope: Clitemnestra trabalha contra o marido precisamente porque eles não são iguais em absolutamente nada. Ele conseguira sacrificar Ifigênia, mas ela jamais o faria; ele é crédulo quando ela está conspirando contra ele. Porém, no caso de

Penélope e Odisseu, o logro é a característica unificadora. Se ele mal consegue abrir a boca sem mentir, por que sua esposa valorizaria a sinceridade? Ela acrescenta detalhes que Antínoo não mencionara: não consegui divisar outro plano para evitar o casamento,[15] diz ela. Meus pais pressionam-me para que me case novamente. Nesse par de linhas, podemos ouvir o eco de um terrível isolamento nas palavras de Penélope. Ela resistiu o máximo que pôde, sozinha, e recorreu a todas as ideias que teve. Já sabemos que ela tem uma relação um tanto imprevisível com Telêmaco, que lhe mentiu, escondeu-se dela e gritou com ela ao longo do poema. E agora descobrimos que seus pais também querem muito que ela torne a se casar. A energia que Penélope investiu para resistir a todos os pretendentes, ao filho recalcitrante e aos pais, que parecem ter tomado o lado de seus inimigos, deve ter sido imensa. E tudo isso sem dormir, pois precisa ficar acordada até altas horas descendo um sudário no escuro. Não admira que ela chore.

Essa cena da tecelagem é – direta e indiretamente – a inspiração para muitas representações visuais de Penélope. Há um belo exemplar de escifo (copa de vinho com duas asas) de figuras vermelhas do século V a.C. no Museu Arqueológico de Chiusi, na Toscana. Penélope senta-se em uma cadeira de madeira, com os tornozelos cruzados. Um longo manto drapeado cai-lhe por sobre os pés; vemos as pontas de seus dedos por baixo da bainha do manto. Cobrindo o cabelo, um véu; sua postura e seu vestido são igualmente recatados. Mas seu cotovelo direito repousa sobre a coxa direita, e sua cabeça curvada repousa sobre a mão direita. Suas pálpebras estão semicerradas: ela está claramente exausta. Um jovem – Telêmaco – está diante dela com um par de lanças. Ele está falando com ela ou tentando chamar-lhe a atenção? A cerâmica está levemente danificada e, por isso, não podemos ver bem a expressão do jovem. Mas, seja qual for a sua intenção, parece não estar funcionando. Atrás de Penélope, vemos a razão de seu cansaço: um tear com um tecido de certa extensão. O padrão é intrincado: Pégaso e Medusa viajam a galope cruzando o tecido da esquerda para a direita. A velocidade e o movimento dessas minúsculas figuras em segundo plano criam um contraste direto com a imobilidade e a exaustão de Penélope no primeiro. A energia deles custou a dela.

Quase sempre, Penélope é mostrada sentada. Os visitantes do Musée d'Orsay podem ver uma interpretação de Penélope de meados do século XIX feita por Jules Cavelier.[16] Trata-se de uma escultura em mármore alvíssimo que reflete a versão que vimos no escifo de Chiusi, mas a Penélope de Cavelier está completamente adormecida. Ela também tem as pernas cruzadas enquanto se senta em uma cadeira de espaldar reto. Porém suas mãos estão no colo, e sua cabeça pende tanto para a frente que só de olhar já nos dói o pescoço. Esgotada por sua atividade noturna, ela simplesmente não resistiu ao sono e dorme.

Mas está desperta na pintura do artista norte-americano David Ligare, *Penélope*, de 1980.[17] Essa Penélope moderna senta-se em uma cadeira cujas pernas curvas projetam sombras num piso de ladrilhos. Ela está ao ar livre, voltada para o sol, com a cabeça levemente voltada para o observador. Parece pensativa, em vez de cansada, e o mar visto em segundo plano está calmo. Suas pernas estão cruzadas na pose característica, mas seu pé esquerdo repousa sobre um pequeno tijolo cinzento. A pintura tem um realismo quase fotográfico, embora esteja repleta de referências a outras artes antigas: o tijolo sob seu pé é uma referência jocosa aos plintos nos quais a estatuária antiga costuma ser colocada? Ou será um eco moderno do banquinho de pé mostrado em um belo marco tumular do acervo do Museu Arqueológico Nacional de Atenas?[18] Essa estela, atribuída ao escultor Calímaco (século V a.C.), mostra Hegeso, uma mulher ateniense, sentada numa *klismos*, cadeira que tem exatamente as mesmas pernas curvas que as daquela em que está sentada a Penélope da pintura de Ligare. Qualquer que seja a resposta, a pintura nos oferece uma Penélope calma e pensativa, com as mãos descansando comportadamente no colo e a sola suja do pé direito aparecendo por baixo da bainha de seu longo vestido branco.

Porém duas representações de Penélope a mostram sob uma luz mais ativa, efetivamente dedicada à atividade que a tornou famosa, em vez de pensar nela ou dormir para recuperar-se dela. A primeira é a tapeçaria de Dora Wheeler, produzida em 1886, *Penélope Desfazendo seu Trabalho Durante a Noite* (*Penelope Unraveling Her Work at Night*).[19] Essa Penélope está banhada em luz dourada; podemos ver atrás dela a pequena lâmpada que ilumina a cena. Ela traja um vestido branco sem mangas, tingido de um tom creme mais quente pela luz. Sobre ele, um corpete vermelho. Seus braços nus estão esticados, o cabelo castanho está preso num coque frouxo e seus olhos castanhos estão concentrados. Sua cabeça se volta para o lado oposto ao do observador, em direção ao tear. A lâmpada ilumina a parte inferior de sua mandíbula, que se aperta, mostrando determinação. Penélope está trabalhando duro: ambas as mãos seguram os fios da trama, que correm de cima para baixo de um pedaço de tecido. Os dedos da mão direita estão abertos para evitar que os fios soltos se emaranhem. A mão esquerda agarra o tecido: esse trabalho não é nada fácil. O tônus de seus ombros e dos músculos de seus braços é definido pelas demandas físicas da atividade. Há algo de intrinsecamente agradável em ver uma representação tecida dessa história famosíssima sobre tecelagem. Baseada em um desenho a pastel[20] feito por ela em 1885, a tapeçaria de Wheeler pode estar um pouco degradada pelo tempo, mas isso não diminui sua beleza. E há algo igualmente especial em ver Penélope em ação, em vez de sentada em exaustão passiva. Filha de uma artista têxtil, Wheeler obviamente conhecia não apenas o esforço e a habilidade que a tecelagem exige como o cansaço que provoca.

A segunda Penélope em ação é a da artista neozelandesa Marian Maguire. Em *Penélope Tece e Espera* (*Penelope Weaves and Waits*), trabalho de 2017, ela cria em tinta acrílica uma Penélope que lembra as que vemos nas pinturas de jarros de figuras vermelhas. Penélope é pintada em um tom de terracota, sentada num banco, cabelo preto encaracolado preso para trás com um lenço. Ela se inclina para o tear com o fio e o fuso entre as mãos. O tecido parcialmente concluído é uma ave em pleno voo: seu movimento e sua liberdade contrastam com a postura cansada de Penélope. Porém, por mais cansada que esteja, ela não faz pausa para descansar: seu olhar está fixo no fio que tem diante de si. A peça de Maguire é uma escultura pintada na qual Penélope fica no centro de uma lareira de madeira: a implicação é a de que ela é o coração da casa. Pintadas em ambas as laterais, à frente e atrás de Penélope, estão dez mãos que se aproximam dela no intuito de agarrá-la. Elas representam os pretendentes, que querem agarrar Penélope enquanto ela recorre ao logro para mantê-los a distância. Acima dela, na cornija da lareira, estão doze pares de pés pendurados. Os pés representam as escravas enforcadas por Telêmaco, quando Odisseu finalmente retorna e vinga-se de todos os homens e mulheres que, a seu ver, trabalharam contra seus interesses nos livros finais encharcados de sangue da *Odisseia*. Tudo que Penélope faz tem consequências para todas as pessoas a quem pertencem esses membros. Uma de suas amas a delata aos pretendentes, que então exigem que Penélope pare de enganá-los e termine o sudário, como ficamos sabendo por meio de Antínoo no Livro Dois. No entanto, todos eles morrerão quando ela chegar ao fim do trabalho. Se soubessem disso, lhe teriam implorado que desse seguimento a suas táticas protelatórias.

Homero conta a história pela terceira vez no último livro da *Odisseia*. Estamos no Submundo e Anfimedonte, um dos agora mortos pretendentes, está contando a história a Agamenon. Se não tivéssemos captado os paralelos entre Penélope e Clitemnestra antes, dificilmente poderíamos perdê-los neste contexto: um homem assassinado pela esposa infiel em conversa com um homem assassinado pelo marido da mulher fiel com quem ele queria casar-se. Ao que tudo indica, Anfimedonte e Agamenon se conheciam desde antes da guerra. Agamenon pergunta de onde vinham todos aqueles jovens fortes, reunidos no Submundo de uma só vez. Agamenon pressupõe que a causa deve ter sido um naufrágio, mas seu interlocutor responde que Odisseu e Telêmaco os massacraram a todos. A *Odisseia* tem uma conclusão inopinadamente sangrenta: mais de cem pretendentes mortos e as doze escravas suspeitas de conspirar com eles, todas enforcadas com uma só corda. Ao explicar toda a história a Agamenon, Anfimedonte conta a terceira versão de Penélope e seu tear. De sua perspectiva, é claro, a atividade de tecer e destecer o sudário acabou revelando-se letalmente enganosa. Ele queixa-se de Penélope, que não queria se casar com nenhum deles, mas não os mandara embora. E, embora possamos sentir alguma empatia por ele (afinal, já está morto), também podemos pensar nas duas vezes anteriores em que ouvimos essa história: de Penélope, dizendo a Odisseu disfarçado que havia esgotado seu estoque de trapaças e teria que se casar novamente, e de Antínoo, dizendo a Telêmaco que os pretendentes haviam descoberto o ardil de sua mãe com a delação de uma escrava. Como poderia Penélope pôr todos esses homens para fora de sua casa se, além de ameaçar a vida de seu filho, eles estavam destruindo o que este herdaria no futuro consumindo todos os suprimentos que havia na casa? Será que todos eles teriam mesmo ido embora se ela lhes tivesse dito que não pretendia se casar novamente? Seus próprios pais teriam permitido isso?

Precisamos tirar nossas próprias conclusões sobre o que Penélope quer, pois Homero a apresenta de maneiras contraditórias. No Livro Dezoito, por exemplo, ela é inspirada por Atena a exibir-se aos pretendentes. Devemos ver isso como a entrega de Penélope a um compreensível desejo de ser elogiada por esse grupo de jovens? Ou devemos concluir que Penélope tende a evitar os pretendentes, a menos que Atena intervenha? Que é Atena, e não a própria Penélope, quem quer que a esposa de Odisseu pareça desejável a outros homens?

Porém de uma coisa não resta dúvida: o sudário que Penélope fez não foi usado como mortalha pelo ainda vivo Laerte nem serviu de mortalha metafórica para o fim de seu casamento com Odisseu, pois o feliz casal foi reunido. Na verdade, como frisa o morto Anfimedonte ao narrar essa história pela última vez, o sudário era para ele, para os demais pretendentes e para as escravas, todos assassinados por Odisseu e Telêmaco. Mesmo enquanto o tecia, Penélope não poderia ter previsto esse massacre. Mas ela terminou de tecer o sudário, e as mortes vieram logo depois. Um espírito maligno levou Odisseu para sua casa, diz Anfimedonte.[21] Regressos a casa nem sempre equivalem a finais felizes.

Agamenon certamente não perde tempo em solidarizar-se com Anfimedonte: como de hábito, ele imediatamente pega a história que acabara de ouvir e a transforma em sua história. E nem sequer responde ao pretendente morto; dirige sua resposta ao ausente Odisseu: Sorte vossa, filho de Laerte, diz ele. Tendes uma esposa de grande virtude, que se lembrou de vós por tantos anos. A fama de sua virtude nunca morrerá, os deuses comporão sobre a pessoa dela um poema, acrescenta. E então, depois de sete linhas de louvor a Penélope e inveja de Odisseu, ele torna a falar de si mesmo. Não como minha esposa, que matou o próprio marido, diz ele. A triste história de Anfimedonte não toca Agamenon, exceto para fazê-lo invejar o homem que o matara, um herói que volta para casa e para uma esposa fiel.

A *Odisseia* levanta outras questões sobre Penélope: quando é que ela reconhece o marido que finalmente retornara? Quando propõe aos pretendentes uma competição, no Livro Vinte e Um, que consistia em encordoar o arco de Odisseu e disparar uma flecha que conseguisse atingir o alvo passando por várias cabeças de lâminas de machado? Será que ela sabia, então, que o mendigo afável com quem havia conversado na verdade era seu marido? Será que procurara uma maneira de armá-lo justamente com a arma de que ele precisava para igualar as probabilidades diante de um inimigo numericamente superior? Ou tratava-se apenas de sorte: ela sabia que o tal arco era difícil de encordoar (e, de qualquer maneira, foi Atena quem lhe pôs na cabeça a brilhante ideia do concurso)[22] e estava simplesmente usando essa ideia como mais um meio para distrair os pretendentes e retardar sua concordância em casar-se com um deles? Ela está provocando ou testando Odisseu no Livro Vinte e Três, quando pede a Euricleia que tire o leito conjugal deles do lugar em que estava? (Odisseu o esculpira havia muito tempo em uma árvore viva que crescia no palácio, de modo que essa cama não poderia sair de onde estava.) Será que ela realmente duvida que o homem que entrou disfarçado em sua casa, ouviu suas aflições, fez amizade com seu filho e se transformou em um assassino em série é seu marido? Como Atena muitas vezes disfarçara Odisseu, melhorando ou piorando sua aparência conforme exigisse a situação, talvez ela realmente não saiba ao certo que aquele é o seu homem. Talvez ela receie que ele seja um impostor. Ou talvez, irritada por Odisseu ter revelado quem verdadeiramente era a seu filho, sua ama e seu pastor de porcos antes de se reapresentar a ela, Penélope esteja simplesmente lhe dando um pouco de seu próprio remédio. Por que deveria a reunião dos dois ser inteiramente nos termos dele?

Não é por acaso que Penélope não se dá a conhecer. Homero deliberadamente a mostra com opacidade: lembre-se de que quando a conhecemos, no Livro Um, ela escondia o rosto atrás de um véu. Penélope é um enigma, elogiada por muitos homens (que, na maioria das vezes, sequer a conhecem) como a esposa ideal. Quando Agamenon descreve suas virtudes na parte final da *Odisseia*, de quem ele está falando? Uma mulher que ele vira uma vez, vinte anos antes, quando ele e Palamedes foram a Ítaca para buscar Odisseu e obrigá-lo a juntar-se ao esforço de guerra. Ele está mesmo elogiando Penélope ou apenas invejando Odisseu por ter como esposa uma mulher que não é Clitemnestra? Aliás, sua preferência por mulheres que não a própria esposa remonta a muito antes de ser assassinado por ela: no primeiro livro da *Ilíada*, ele diz acintosamente a seus homens que prefere Criseide (sua mais nova noiva de guerra) à própria esposa.

E essa é a grande dificuldade em descobrir quem é Penélope entre os louvores com que a cobrem os homens. Eles descrevem quem ela de fato é ou simplesmente descrevem sua própria concepção idealizada do que uma esposa deve ser? Que, ao que parece, consiste em ser alguém competente, autossuficiente e convenientemente distante. Alguém que não saiba que o marido se envolve em aventuras (sexuais ou não), aparentemente sem lembrar-se muito bem de que é casado. Alguém que não faça o mesmo que ele ou que, pelo menos, não reclame do que ele faz. Eles a valorizam apenas por sua castidade? Ou, mais especificamente, por sua castidade diante de tantos homens que parecem desejá-la?

O que acontece se retirarmos de sua personagem essa castidade? Na *Bibliotheca*, no trecho final sobre a Guerra de Troia, o Pseudo-Apolodoro considera algumas versões alternativas da história de Penélope e da volta de Odisseu para casa: segundo algumas fontes, diz ele, ela foi seduzida por Antínoo e, por isso, mandada de volta a seu pai por Odisseu. Na Arcádia, ela foi seduzida pelo deus Hermes e deu à luz outro deus, Pan. Ou Odisseu a mata quando descobre que ela fora seduzida por Anfínomo, outro dos pretendentes. A castidade de Penélope é vital para o valor que os homens lhe atribuem, mas há versões que a revelam de maneira diferente: menos perfeita, menos casta. Nós só tendemos a esquecê-las porque as versões de sua história que foram preferidas ao longo do tempo são aquelas em que ela nunca hesita.

Certamente, há um segundo elemento no elogio de Agamenon a Penélope. Estamos testemunhando uma tradição misógina que remonta a milênios: elogiar uma mulher para criticar outra. Penélope é um modelo de virtude diante do qual outras mulheres ficam muito aquém. Para Agamenon, ela é a melhor esposa, tudo o que a sua própria esposa nunca fora. Louvando Penélope, ele encontra um novo meio de alcançar o objetivo desejado: queixar-se de Clitemnestra. Elogiar Penélope por qualidades que ele só poderia conhecer pela fama não constitui insinceridade nem imprecisão, mas também não é particularmente relevante para definir quem Penélope é.

Para imaginar Penélope mais detalhadamente, podemos recorrer a dois autores em particular: um antigo, outro moderno. Ovídio compôs uma carta de Penélope a Ulisses (versão latina do nome de Odisseu) em suas *Heroides*. Essa Penélope não é uma criação opaca, definida apenas pela valorização masculina de sua castidade e aparente falta de instinto homicida. Ela começa sua carta ao marido há muito ausente explicando que não quer que ele responda, mas sim que ele retorne. Ela não ficou nem um pouco impressionada com o heroísmo que ele demonstrou na *Ilíada*, referindo-se ao Livro Dez, no qual Odisseu e seu amigo Diomedes atacam o acampamento trácio à noite. Penélope o acusa de esquecer-se dela e de Telêmaco[23] quando embarcou nessas perigosas excursões. E, mesmo que a guerra tenha acabado há muito tempo, para mim, Troia ainda está de pé, diz ela.[24] Ela não esconde sua impaciência, sua ansiedade e as pressões que vem sofrendo do pai para que se case novamente. Queixa-se dos pretendentes e dos servos de Odisseu, que conspiram entre si para comer todo o seu rebanho. Lembra-lhe que seu filho precisa de um pai para crescer até atingir a idade adulta. Finalmente, ela conclui com um par de linhas condenatórias: Quando saíste, eu era apenas uma menina. Se voltasses agora, tu verias uma velha, diz ela.

Ela é, como tantas vezes são as mulheres imaginadas por Ovídio, uma personagem extremamente matizada. Demonstra as emoções humanas reais de uma mulher em sua posição: raiva, medo, preocupação, impaciência, autocomiseração. É mais difícil imaginar Agamenon exigindo que os deuses criem um poema sobre essa versão de Penélope, pois ela não é só um cabide no qual se pendura aquilo que se julga ser o bom comportamento de uma esposa, mas uma mulher com sentimentos complicados e exigências próprias: Volta para casa, Ulisses, eu preciso de ti.

Um instinto semelhante – criar uma Penélope tridimensional, que possamos ver claramente, em vez do enigma velado de Homero – está em jogo no maravilhoso romance *The Penelopiad*, de Margaret Atwood, publicado em 2005. O título é um claro aceno aos antigos poemas épicos que tomam os nomes de homens ou cidades como foco: a *Ilíada*, a *Eneida*. Esse é um épico enxuto sobre uma mulher que é contado por ela mesma. Como Agamenon e Anfimedonte no último livro da *Odisseia*, essa Penélope conta do Submundo sua própria história. E como, antes dela, a Penélope de Ovídio, ela o faz em primeira pessoa, para que possamos ouvir essa mulher oculta falar. O livro reconta a história da *Odisseia*: dos pretendentes, da tecedura, do longo reconhecimento entre marido e mulher. Os títulos dos capítulos por si só revelam a visão de mundo divertida, egocêntrica e cáustica dessa Penélope: "Helena Arruína Minha Vida", "Os Pretendentes Tiram a Barriga da Miséria", "A Vida Doméstica no Hades". Essa é a mulher que tanto desejamos conhecer, que não é nenhuma santa, mas que observa e julga em silêncio o comportamento dos que a cercam. Apesar de todo o sarcasmo que possa demonstrar agora em relação aos pretendentes mortos, Penélope é assombrada pela chacina de suas escravas mesmo após sua própria morte. Esse momento, também celebrado na escultura da lareira de Marian Maguire, sempre assombrou Atwood, de acordo com nota da própria autora.[25] Talvez, em vez de chamá-lo de releitura de Homero, eu faria melhor em descrever seu romance como um acréscimo necessário a Homero, que gasta bem mais de quatrocentas linhas descrevendo o assassinato dos pretendentes. Depois que todos foram mortos, as escravas são obrigadas a levar os corpos desses homens para fora, antes de limpar seu sangue dos móveis. Em seguida, as mulheres são enforcadas por Telêmaco: Homero só precisa de dez linhas para descrever sua morte.

Quando surge a pergunta "Por que recontar mitos gregos tendo no centro as mulheres?", ela vem carregada de uma estranha suposição: a de que as mulheres estão e sempre estiveram à margem dessas histórias. Que os mitos sempre se concentraram nos homens e que as mulheres sempre foram apenas figurantes. Isso envolve ignorar o fato de que não existe uma versão "real" ou "verdadeira" de qualquer que seja o mito, pois todos os mitos surgem de autores diversos em locais diversos no decorrer de um longo período. A versão de uma história que encontramos na *Ilíada* ou na *Odisseia* não é de maneira alguma mais válida que aquela que encontramos em uma peça teatral do século V a.C. ou na lateral de um jarro de cerâmica simplesmente por ser mais antiga. Homero baseou-se em tradições anteriores, assim como fizeram o dramaturgo Eurípides e o escultor Fídias no século V a.C. Quando escreveu sobre a Guerra de Troia, Eurípides centrou suas peças nas personagens femininas: Andrômaca, Electra, Helena, Hécuba e Ifigênia, sobre a qual escreveu duas peças que oferecem versões distintas e contraditórias de seu destino. Às vezes, as histórias centradas nos homens foram levadas mais a sério pelos estudiosos. Durante muito tempo, por ser cheia de guerra, a *Ilíada* foi considerada mais grandiosa, mais épica, que a *Odisseia*, que é recheada de mulheres e aventuras. O escritor do século XIX Samuel Butler chegou a sugerir – com discutível seriedade – que a *Odisseia* deve ter sido escrita por uma mulher, já que tem tantas personagens femininas. Afinal, por que cargas-d'água temos que achar que a *Ilíada*, na qual Helena tem um papel relativamente menor, é de algum modo mais autêntica que a *Helena* de Eurípides? Se Ovídio conseguiu ver que as histórias do mito grego podiam ser tão bem contadas a partir da perspectiva das mulheres quanto da dos homens, como foi que nos esquecemos? Quando perguntam por que contar as histórias que conhecemos melhor da *Odisseia* da perspectiva de Penélope ou da perspectiva de Circe, as pessoas partem do pressuposto de que a história "deveria" ser contada do ponto de vista de Odisseu, o que implica que a resposta a essa pergunta deve ser sempre: porque elas estão na bendita história. Por que não haveríamos de querer ouvi-la do ponto de vista delas?

CONCLUSÃO

Quando o que havia no jarro de Pandora escapa para o mundo, tendemos a ver isso como algo ruim. Conforme discutido em "Pandora", pp. 15-43, para os autores antigos, o conteúdo do jarro nem sempre é mau; em algumas versões do mito, ele é bom. Mas essas versões não prevaleceram como narrativa preferencial, talvez por acharmos mais fácil acreditar que as coisas já não são tão boas quanto eram antigamente. Há uma enorme tentação de crer em um certo tipo de declinismo: pensar que as coisas sempre estão piorando um pouco. E quando envia Pandora aos mortais (o preço que ele cobra pelo fogo, roubado para nós por Prometeu), Zeus quer que ela cause problemas.

Mas permanece a questão: o problema é algo que ela *causa* quando abre um jarro? Ou é algo que ela *é*? Pandora é a primeira mulher; graças a ela (segundo Hesíodo), a era de despreocupação dos homens chega ao fim. Mas me perdoe por dizer que uma era totalmente masculina, sem mulheres (e sem fogo), é algo que deve ser incrivelmente chato. Claro que seria uma era despreocupada: quem teria alguma coisa com que se preocupar?

Pandora é uma agente de mudança e a personificação da vontade de Zeus. Ela não é um mal absoluto, como sua reputação de adorar abrir caixas pode levá-los a crer. Ela é dupla: *kalon kakon*, bela e feia, boa e má. O que Pandora traz para os mortais é a complexidade. E isso se aplica a todas as mulheres deste livro: umas foram pintadas como vilãs (Clitemnestra, Medeia), outras como vítimas (Eurídice, Penélope); outras, ainda, foram transformadas em monstros (no caso de Medusa, literalmente). Entretanto, todas elas têm muito mais complexidade do que permitem essas minidescrições. Suas histórias devem ser lidas, vistas, ouvidas em todos os seus detalhes difíceis, confusos e homicidas. Elas não são simples porque nada que seja interessante é simples.

Não vivemos em um mundo de heróis e vilões e, se acreditamos que sim, devemos realmente considerar a possibilidade de não termos pensado sobre as coisas de maenira correta. Não podemos esperar entender nossas próprias histórias nem a nós mesmos (afinal, os mitos são um espelho de quem somos) se nos recusarmos a olhar para metade do que vemos. Ou, pior ainda, se nem percebermos que falta metade da imagem. Este livro é uma tentativa de preencher parte do espaço em branco.

AGRADECIMENTOS

Além de ser geralmente uma pessoa maravilhosa em todos os aspectos, George Morley é a editora mais inteligente que alguém poderia esperar. Fiquei feliz por ela ter desejado este livro. Peter Straus é o ideal platônico dos agentes: no dia em que fechamos o contrato, foi como tirar a sorte grande (e até hoje ainda é). Já que ele sempre nega veemente que é um cara incrível, se você por acaso esbarrar com ele, fique à vontade para dizer-lhe isso.

O livro foi editado durante o *lockdown*. É possível que existam agendas de telefones melhores que a minha para uma eventualidade como essa, mas é difícil imaginar de quem poderiam ser. Roslynne Bell, Paul Cartledge e Patrick O'Sullivan usaram seu período de quarentena para ler e fazer correções. Eles me salvaram de mais descuidos e/ou besteiras do que consigo me lembrar: os erros que restarem são meus, é claro. Chloe May foi minha superpaciente editora de texto, Marissa Constantinou leu o manuscrito com George, Susan Opie foi a editora.

Edith Hall, Philippa Perry, Tim Whitmarsh, Tim Parkin, Emma Bridges, Tim Marlow, Francesca Stavrakopoulou, Adam Rutherford e Shaun Whiteside contribuíram sem hesitar com toda a sua experiência. Com Julian Barnes, vi todas as versões de *Eurídice* sobre as quais escrevi (tenho certeza de que deixei de mencionar aquela em que escapamos cedo e, em vez de assistir ao terceiro ato, fomos tomar uns drinques). Um enorme bando de *nerds* – classicistas, escritores, músicos, historiadores, cientistas – compartilhou suas versões favoritas de cada uma dessas mulheres quando pedi sugestões. Quem me dera ter tido espaço para incluir tudo; de qualquer modo, suas contribuições informaram meu pensamento em torno do trabalho que efetivamente incluí. Algumas vezes, eles lembraram-me de coisas que eu havia esquecido; outras, apresentaram-me a obras que eu não conhecia. Foi uma maneira maravilhosa de ampliar o foco deste livro; jamais conseguirei agradecer-lhes o bastante.

Pauline Lord cuida de minha agenda de espetáculos, peças teatrais e exposições como uma verdadeira máquina e, sem ela, eu só ficaria sentada no banco de uma estação ferroviária distante me perguntando onde moro. Matilda McMorrow cuida de minha existência nas redes sociais e geralmente consegue evitar que eu me perca na selva. Christian Hill administra o site muitíssimo bem, como vem fazendo, acho eu, há vinte anos. Eu estaria perdida sem eles. Mary Ward-Lowery e eu fizemos duas séries de *Natalie Haynes Stands Up for the Classics* para a Radio 4 enquanto eu escrevia e editava este livro, James Cook nos deu carta branca para fazermos o que precisássemos quando o radioteatro foi fechado. Passo tanto tempo trabalhando sozinha que realmente é maravilhoso ter um projeto colaborativo para fazer ao lado de gente que se importa tanto com o que faz.

Dan Mersh leu cada capítulo assim que eu o terminava. Ele certamente deve ter pensado que estaria liberado disso a esta altura, mas não: obrigada, sempre. Helen Bagnall é uma amiga maravilhosa, sempre cheia de imaginação e de ideias. Além de magnífico, Damian Barr é generoso num grau quase impossível. Robert Douglas-Fairhurst é a minha pedra de toque todos os dias. Helen Artlett-Coe é a "pistoleira sem lei" de que eu preciso. Michelle Flower monitora minha segurança com fotos de gatos: isso é uma coisa vital para meu bem-estar. Muitos dos meus amigos me estenderam a mão e cuidaram de mim enquanto eu escrevia e, de novo, enquanto eu editava este livro. Foram momentos solitários em que raramente me senti sozinha.

Sam Thorpe, Jenny Antonioni e todos na TMAP me impediram de desmoronar sob o peso do estresse de escrever um livro enquanto fazia uma turnê de setenta dias do livro anterior. E também continuaram fazendo isso quando não podíamos entrar no dojô: simplesmente o fizeram *on-line*. Bem, todas as guerreiras têm que aprender a lutar em algum lugar.

Minha adorável família também me manteve em equilíbrio: agradeço a minha mãe (se estiverem lendo isto depois de visitar alguma feira de livros, vocês já conhecem minha mãe), meu pai, Chris, Gem e Kez.

NOTAS

PANDORA

1. Hesíodo. *Works and Days*, introdução, p. xiv.
2. Museu do Louvre.
3. Museu *Sir* John Soane.
4. http://www.sothebys.com/en/auctions/ecatalogue/2014/british-irish-art-l14132/lot.207.html.
5. Hesíodo. *Theogony*, p. 585.
6. *Ibid.*, p. 570.
7. *Ibid.*, p. 585.
8. *Ibid.*, p. 587.
9. Hesíodo. *Works and Days*, p. 57.
10. *Ibid.*, pp. 80-3.
11. *Ibid.*, p. 96.
12. Teógnis, frag 1. P. 1.135.
13. *The Aesop Romance*.
14. Fábula de Esopo 526 (Gibbs)/123 (Chambry)/312 (Perry).
15. Museu Metropolitano, Desenhos e Gravuras.
16. https://www.britishmuseum.org/research/collection_online/collection_object_details.aspx?objectId=461830&partId=1.

17. https://www.ashmolean.org/sites/default/files/ashmolean/documents/media/learn_pdf_resources_greece_focus_on_greek_objects_teacher_notes.pdf .

18. Hurwit, Jeffrey M. (1995). "Beautiful Evil: Pandora and the Athena Parthenos". *American Journal of Archaeology*, p. 99.

19. Pausânias. *Description of Greece* 1.24.7.

20. Tucídides. *The History of the Peloponnesian War* 2.45.2.

21. A frase usada para mulheres é *attike gune*, "uma mulher da Ática", que é uma descrição geográfica, mas retira o contexto cívico presente na palavra "ateniense". Jones, N. F. (1999). *The Associations of Classical Athens: The Response to Democracy.*(Oxford e Nova York: Oxford University Press, p. 128.

22. https://www.huffingtonpost.co.uk/entrypulp-fiction-fan-theories_n_5967174.

23. Hesíodo. *Theogony*, p. 585.

JOCASTA

1. Antífanes, frag 189.3-8, citado em Wright, M. (2016). *The Lost Plays of Greek Tragedy, Volume 1: Neglected Authors*. Londres: Bloomsbury Academic, p. 214 + Taplin http://www.engramma.it/eOS/index.php?id_articolo=3303.

2. Wright, p. 97.

3. Sófocles. *Oedipus Tyrannos* (Édipo Rei), p. 858.

4. *Ibid.*, pp. 981-83.

5. *Ibid.*, p. 1.071.

6. *Ibid.*, p. 707ss.

7. *Ibid.*, p. 713.

8. Homero. *Odyssey* 11, p. 271.

9. *Ibid.*, p 274.

10. Pausânias. *Description of Greece* 9.5., pp. 10-1.

11. Eurípides. *Phoinissai*, p. 20.

12. *Ibid.*, pp. 30-1.

13. *Ibid.*, p. 44.

14. *Ibid.*, p. 619.

15. Martin, R. P. (2005). "The Voices of Jocasta". *Princeton/Stanford Working Papers in Classics*. Disponível em março de 2020 em https://www.princeton.edu/~pswpc/pdfs/rpmartin/050503.pdf.

16. *Lille Stesichorus Antistrophe*, papiro egípcio que contém um grande fragmento de poesia geralmente atribuído ao poeta lírico arcaico Estesícoro, descoberto na Universidade de Lille e publicado em 1976.

17. Cálice ateniense de figuras vermelhas que representa Édipo e a Esfinge atribuído ao Pintor de Édipo (ca. 470 a.C.), Museus do Vaticano, inv. 16541.

18. Cratera de cálice siciliana de figuras vermelhas que possivelmente representa Édipo, Jocasta e suas filhas (ca. 330 a.C.), Siracusa, Museu Arqueológico Regional Paolo Orsi, inv. 66557.

19. Hall, E. (2016). "Oedipal Quiz – Little Boys in Greek Tragedy", The Edithorial. Blog disponível em março de 2020 em https://edithorial.blogspot.com/2016/05/oedipal-quiz-llittle-boys-in-greek.html.

20. Lutróforo apuliense de figuras vermelhas de meados do século IV a.C., criado por artista próximo ao Pintor de Laodâmia, Basileia, Antikenmuseum, inv. S21.

21. Cabanel, Alexandre (1843), óleo sobre tela, *Édipo Separando-se de Jocasta* (*Oedipus Separating from Jocasta*), Capentras, Musée Duplessis.

22. https://en.wikipedia.org/wiki/File:Toudouze_oedipus.gif.

23. Aristófanes. *The Frogs*, p. 1.188ss.

HELENA

1. *Orestes* 352. *Andromache*, p. 106.

2. Asimov, I. (1992). *Isaac Asimov Laughs Again*. Nova York: HarperCollins, p. 200.

3. Homero. *Iliad* 3, pp. 418, 426.

4. Eurípides. *Helen*, p. 21.

5. Fragmentos Épicos Gregos. *Cypria*, 11, MLW.

6. Eurípides. *Helen*, p. 256.

7. Gantz, T. (1993). *Early Greek Myth: A Guide to Literary and Artistic Sources*. Vol 1. Baltimore: The Johns Hopkins University Press, p. 289.

8. Plutarco. *Theseus* 31.2.

9. Diodoro. *Bibliotheca Historica* 4.63.

10. Gantz, p. 289.

11. Eurípides. *The Trojan Women*, pp. 890-94.

12. Gantz, p. 566.

13. *Ibid.*; por exemplo, Pseudo-Apolodoro.

14. Homero. *Iliad* 6, p. 344ss.

15. Eurípides. *The Trojan Women*, pp. 901-02.

16. *Ibid.*, p. 914ss.

17. Homero. *Iliad* 24, pp. 28-30.

18. Eurípides. *The Trojan Women*, pp. 935-36.

19. *Ibid.*, pp. 943-44.

20. *Ibid.*, p. 950.

21. *Ibid.*, pp. 1.022-023.

22. Entre 10 e 50 milhões, aproximadamente. Dr. Adam Rutherford, conversa pelo WhatsApp.

23. Gantz, p. 575.

24. Eurípides. *Helen*, p. 34.

25. *Ibid.*, pp. 42-3.

26. *Ibid.*, p. 81.

27. Gantz, pp. 574-75.

28. Platão. *Republic* 9.586c.

29. Eurípides. *Helen*, p. 588.

30. Homero. *Iliad* 24, p. 804.

31. *Ibid.* 24, pp. 761-75.

32. Homero. *Odyssey* 4, p. 219ss.

33. Book of Jasher 44, p. 15ss.

34. Russell, J. R., (1986). "Ara the Beautiful". *Encyclopædia Iranica*, disponível em março de 2020 em http://www.iranicaonline.org/articles/ara-the--beautiful-.

35. Tácito. *Histories* 3.45, *Annals* 12.36, 12.40.

36. Christie, Agatha (1930., "The Face of Helen", coleção *The Mysterious Mr Quin*. Londres: Collins.

37. Hartley, B. (2014). *Novel Research: Fiction and Authority in Ptolemy Chennus*, tese de Ph.D. (Exeter), p. 94ss.

38. Homero. *Odyssey* 4, pp. 277-79.

39. Fócio. *Bibliotheca* 149b, pp. 3-38.

40. Wright, M. (2018). *The Lost Plays of Greek Tragedy, Volume 2: Aeschylus, Sophocles and Euripides*. Londres: Bloomsbury, pp. 87-8.

MEDUSA

1. Nietzsche. Aphorism 146, trad. para o inglês de Shaun Whiteside.

2. Hesíodo. *Theogony*, pp. 274-76.

3. *Ibid.*, pp. 276-78.

4. *Ibid.*, p. 279.

5. Píndaro. Pythian Ode 12, p. 16.

6. Ovídio. *Metamorphoses* 4, p. 794ss.

7. *Ibid.*, p. 798.

8. Stavrakopoulou, Francesca. *God: An Anatomy*. Londres: Picador.

9. Homero. *Iliad* 5, p. 741.

10. *Ibid.* 11, p. 36.

11. Homero. *Odyssey* 11, p. 634.

12. Píndaro, Pythian Ode 12, p. 21.

13. Homero. *Iliad* 11, p. 37.

14. *Prometheus Bound*, pp. 798-99.

15. https://www.theoi.com/Gallery/P23.1B.html.

16. Ovídio. *Metamorphoses* 5, p. 250.

17. Pseudo-Higino. *Fabulae*, p. 63.

18. Pseudo-Apolodoro. *Bibliotheca* 2.36-42.

19. Hesíodo. *Shield of Heracles*, p. 222.

20. *Ibid.*, p. 224.

21. *Ibid.*, p. 227.

22. https://www.metmuseum.org/art/collection/search/254523.

23. https://www.britishmuseum.org/research/collection_online/collection_object_details.aspx?objectId=461872&partId=1.

24. Pseudo-Apolodoro. *Bibliotheca* 2.4.3.

25. Gantz, p. 489.

26. Pseudo-Apolodoro. *Bibliotheca* 2.45-6.

27. Ovídio. *Metamorphoses* 4, pp. 617-20.

28. Píndaro. Pythian Ode 12, p. 8.

29. Homero. *Iliad* 5, p. 114.

30. Ovídio. *Metamorphoses* 11, pp. 85-193.

31. *Ibid.* 11, pp. 125-26.

32. Wright, vol. 2, p. 61.

33. Ovídio. *Metamorphoses* 4, p. 741.

34. https://collections.mfa.org/objects/154107.

35. Pseudo-Apolodoro. *Bibliotheca* 2.46

36. http://www.museivaticani.va/content/museivaticani/en/collezioni/mu-sei/museo-pio-clementino/Cortile-Ottagono/perseo-trionfante.html.

37. https://www.metmuseum.org/en/art/collection/search/204758.

38. https://www.reddit.com/r/justlegbeardthings/comments/9vcppc/be_thankful_we_only_want_equality_and_not_payback/.

39. *Orange is the New Black*, 3ª Temporada, episódio 12, "Não Me Faça Ir Aí".

40. Book of Judith, Caps. 12-13.

41. Píndaro. Pythian Ode 10, pp. 47-8.

42. Ovídio. *Metamorphoses* 5, p. 209.

43. Book of Judith, Cap. 16, v. 26.

44. https://www.gq.com/story/see-rihanna-as-a-topless-medusa-on-the-cover-of-british-gq?fbclid=IwAR1iGwZPDG99bxRtckveo8Anb0oTBm_C_RdKS-75inxprJ_4Gw-D3v5POSo.

45. https://thelegomovie.fandom.com/wiki/Medusa.

46. Pausânias. *Description of Greece* 2.21.5.

47. *medousa* é a forma feminina de medōn, Liddell e Scott.

48. Pseudo-Apolodoro. *Bibliotheca* 3.10.3.

AS AMAZONAS

1. Mayor, A. (2014). *The Amazons: Lives and Legends of Warrior Women Across the Ancient World*. Princeton: Princeton University Press, p. 85.

2. *Ibid.*, p. 31.

3. *Ibid.*, pp. 191, 280.

4. Quinto de Esmirna. *Fall of Troy* 1.40.

5. Apolônio de Rodes. *Argonautica* 2.778.

6. Pseudo-Apolodoro. *Bibliotheca* 2.5.9.

7. Shakespeare. *A Midsummer Night's Dream*. Ato 2, cena 1.

8. Eurípides. *Herakles Mainomenos* 415; Pseudo-Apolodoro. *Bibliotheca* 2.5.9; Apolônio de Rodes. *Argonautica* 2.777; Diodoro. *Bibliotheca Historica* 4.16; Pausânias. *Description of Greece* 5.10.9.

9. https://www.britishmuseum.org/collection/object/G_1864-1007-253.

10. https://www.metmuseum.org/art/collection/search/247964.

11. Diodoro. *Bibliotheca Historica* 3.53.4.

12. Plínio. *Natural History* 7.57.

13. Homero. *Iliad* 3, p. 189.

14. https://www.metmuseum.org/art/collection/search/250814.

15. Pseudo-Apolodoro. *Bibliotheca* 2.5.9.

16. https://collections.mfa.org/objects/153654.

17. Mayor, p. 219.

18. Plutarco. *Life of Theseus*, p. 26ss.

19. *Ibid.*, p. 29.

20. Ésquilo. *Eumenides*, p. 685.

21. Pausânias. *Description of Greece* 1.2.1.

22. Heródoto. *Histories* 9.27.4.

23. Pausânias. *Description of Greece* 1.15.2.

24. *Aethiopis* frag 1 (Loeb, *Greek Epic Fragments*), p. 114.

25. Homero. *Iliad* 24, p. 56ss.

26. Pseudo-Apolodoro. *Epitome* 5.1.

27. Quinto de Esmirna. *The Fall of Troy* 1, p.18ss.

28. Pseudo-Apolodoro. *Epitome* 1. p. 5.

29. Sófocles. *Ajax*.

30. Quinto de Esmirna. *The Fall of Troy* 1, p. 96.

31. Pseudo-Apolodoro. *Bibliotheca* 3.12.3.

32. *Ibid.*, p.153.

33. *Ibid.*, p. 1.159.

34. *Ibid.*, p. 1.216.

35. *Ibid.*, p. 1.227.

36. *Ibid.*, p. 1.238.

37. *Ibid.*, p. 1.315.

38. Alden, M. (2005). "Lions in Paradise", *in Classical Quarterly*, vol. 55, nº 2, pp. 335-42. https://www.jstor.org/stable/4493342?seq=1#page_scan_tab_contents.

39. Quinto de Esmirna. *The Fall of Troy* 1, p. 406.

40. *Ibid.* 1, p. 629.

41. *Ibid.* 1. p. 664.

42. *Ibid.* 1, p. 726.

43. https://www.britishmuseum.org/collection/object/G_1836-0224-127.

44. https://www.britishmuseum.org/collection/object/G_1836-0224-128.

45. Mayor, p. 300.

46. Quinto de Esmirna. *The Fall of Troy* 1, p. 800.

47. https://www.poeticous.com/robert-graves/penthesileia.

CLITEMNESTRA

1. Antifonte 1, p. 17.

2. Macintosh, F. *et al.* (2005). *Agamemnon in Performance 458 BC to AD 2004.* Oxford: Oxford University Press, p. 59.

3. Ésquilo. *Agamemnon*, p. 136.

4. *Ibid.*, p. 155.

5. *Ibid.*, p. 258.

6. *Ibid.*, p. 960.

7. *Ibid.*, p. 950.

8. *Ibid.*, p. 1.156.

9. *Ibid.*, p. 1.190.

10. *Ibid.*, p. 1.214.

11. *Ibid.*, p. 1.252.

12. *Ibid.*, pp. 1.360-361.

13. *Ibid.*, p. 1.394.

14. https://collections.mfa.org/objects/153661.

15. Ésquilo. *Agamemnon*, pp. 1.431-433.

16. *Ibid.*, p. 1.526.

17. *Ibid.*, p. 1.644.

18. Ovídio. *Ars Amatoria* 2, pp. 399-408.

19. Sêneca. *Agamemnon*, p. 118.

20. Ésquilo. *Choephoroi*, p. 695.

21. *Ibid.*, p. 888.

22. *Ibid.*, p. 908.

23. *Ibid.*, p. 924.

24. Ésquilo. *Agamemnon*, p. 1.419.

25. Eurípides. *Iphigenia in Aulis*, pp. 1.149-152.

26. Píndaro. Pythian Ode, p. 11.

EURÍDICE

1. Gantz, p. 721.

2. Virgílio. *Georgics* 4, p. 453ss.

3. *Ibid.*, p. 458.

4. *Ibid.*, p. 483.

5. *Ibid.*, pp. 519-20.

6. *Ibid.*, p. 460.

7. Ovídio. *Metamorphoses* 10, p. 7ss.

8. *Ibid.* 10, p. 32.

9. *Ibid.* 10, p. 49.

10. *Ibid.* 10, p. 52.

11. *Ibid.* 10, p. 54.

12. *Ibid.*10, pp. 61-2.

13. *Ibid.* 10, p. 75.

14. *Ibid.* 11, pp. 64-6.

15. Gantz, p. 722.

16. Eurípides. *Alcestis*, pp. 371-73.

17. *Ibid.*, p. 633.

18. *Ibid.*, p. 646.

19. *Ibid.*, p. 682.

20. *Ibid.*, p. 696.

21. *Ibid.*, p. 357ss.

22. Platão. *Symposium* 179b.

23. https://www.theoi.com/Text/Moschus.html.

24. *Lament for Bion*, p. 114.

25. Pseudo-Apolodoro. *Bibliotheca* 1.3.2.

26. https://www.eno.org/operas/orphee/.

27. https://www.eno.org/operas/orpheus-in-the-underworld/.

28. https://www.nationaltheatre.org.uk/shows/hadestown.

29. https://www.imdb.com/title/tt0053146/?ref_=fn_al_tt_1.

30. http://www.sothebys.com/en/auctions/ecatalogue/2018/european-art-n09869/lot.79.html.

31. Bruzelius, M. (1988). "H.D. and Eurydice", *in: Twentieth Century Literature*, vol. 44, nº 4, pp. 447-63.

32. Carol Ann Duffy. "Eurydice".

FEDRA

1. Pausânias. *Description of Greece* 2.31.1.

2. Pseudo-Apolodoro. *Bibliotheca* 3.1.3ss.

3. Homero. *Odyssey* II, pp. 321-25.

4. Pausânias. *Description of Greece* 1.20.3.

5. Plutarco. *Life of Theseus*, p. 20.

6. Catulo, p. 64.

7. Plutarco. *Life of Theseus*, p. 28.

8. *Ibid.*

9. *Ibid.* 29.1.

10. http://edithorial.blogspot.com/2015/05/why-i-hate-myth-of-phaedra-and.html.

11. *Homeric Hymn to Demeter*, p. 372.

12. *Ibid.*, p. 413.

13. Green, R. L. (reedição de 2009). *Tales of the Greek Heroes*. Londres: Puffin Books.

14. Graves, R. (1955). *The Greek Myths*, vol. 1. Londres: Penguin Books.

15. Pseudo-Apolodoro. *Bibliotheca* 1.5.3.

16. Anon (s.d.). Rape Crisis England and Wales, "About sexual violence: statistics". Disponível em março de 2020 em https://rapecrisis.org.uk/get-informed/about-sexual-violence/statistics-sexual-violence/.

17. Gantz, p. 286.

18. *Ibid.*

19. Eurípides. *Hippolytus*, pp. 5-6.

20. *Ibid.*, pp. 21-2.

21. *Ibid.*, p. 28.

22. *Ibid.*, pp. 39-40.

23. *Ibid.*, p. 113.

24. *Ibid.*, p. 135.

25. *Ibid.*, p. 305.

26. *Ibid.*, p. 317.

27. *Ibid.*, p. 309.

28. *Ibid.*, pp. 420-21.

29. *Ibid.*, pp. 474-75.

30. *Ibid.*, p. 503.

31. *Ibid.*, p. 521.

32. *Ibid.*, p. 596.

33. *Ibid.*, p. 612.

34. *Ibid.*, p. 669.

35. *Ibid.*, p. 717.

36. *Ibid.*, p. 1.009-010.

37. *Ibid.*, p. 996-97.

38. *Ibid.*, p. 1.403.

39. *Ibid.*, p. 1.411.

40. *Ibid.*, p. 1.430.

41. Aristóteles. *Rhetoric*, pp. 1.416 a28-35

MEDEIA

1. Ésquilo. *Agamemnon*, p. 239.

2. Congreve. *The Mourning Bride*.

3. Hesíodo. *Theogony*, p. 992.

4. Homero. *Odyssey* 12, p. 72.

5. Apolônio de Rodes. *Argonautica* 4, p. 1.637.

6. *Ibid.*, p. 1.644.

7. *Ibid.*, p. 1.677.

8. Píndaro. Pythian Ode 4, p. 249.

9. Eurípides. *Medea*, p. 482.

10. Apolônio de Rodes. *Argonautica* 3, p. 1.054.

11. *Ibid.* 3, pp.804-05.

12. Píndaro. Pythian Ode 4, p. 221.

13. Apolônio de Rodes. *Argonautica* 3, p. 997.

14. *Ibid.* 3, p. 529.

15. *Ibid.* 4, p.1670.

16. Wright, vol. 2, p. 194.

17. Píndaro. Pythian Ode 4, p. 250.

18. https://www.britishmuseum.org/collection/object/G_1843-1103-59.

19. Eurípides. *Medea*, p. 36.

20. *Ibid.*, pp. 74-5.

21. *Ibid.*, pp. 113-14.

22. *Ibid.*, p. 182.

23. *Ibid.*, p. 222.

24. *Ibid.*, p. 233.

25. *Ibid.*, p. 282.

26. *Ibid.*, p. 316.

27. *Ibid.*, pp. 355-56.

28. *Ibid.*, pp. 374-75.

29. *Ibid.*, p. 465.

30. *Ibid.*, p. 536.

31. *Ibid.*, p. 792.

32. *Ibid.*, p. 913.

33. *Ibid.*, pp. 964-65.

34. *Ibid.*, p. 973.

35. *Ibid.*, pp. 1.035-036.

36. *Ibid.*, pp. 1.056.

37. *Ibid.*, p. 1.126.

38. *Ibid.*, p. 1.232.

39. *Ibid.*, p. 1.260.

40. *Ibid.*, pp. 1.304-305.

41. Aristóteles. *Poetics* 1.454b.

42. Gantz, p. 369.

43. Pausânias. *Description of Greece* 2.3.11.

44. https://www.theoi.com/Gallery/M26.1B.html.

45. https://www.clevelandart.org/art/1991.1.

46. Pausânias. *Description of Greece* 2.3.6-11.

47. Heródoto. *Histories* 7.62.

48. Diodoro. *Bibliotheca Historica* 4.56.

49. http://www.thomassatterwhitenoble.net/new-page-1.

50. Smethurst, M. (2002). "Ninagawa's Production of Euripides' *Medea*" in *The American Journal of Philology*, vol. 123, nº 1, pp. 1-34, https://www.jstor.org/stable/1561998?seq=1.

PENÉLOPE

1. Pseudo-Apolodoro, *Bibliotheca* 3.10.

2. Pausânias. *Description of Greece* 3.12.

3. *Ibid* 3.20.10.

4. Pseudo-Apolodoro. *Epitome* 3.7.

5. Homero. *Odyssey* 1, p. 329.

6. *Ibid.* 1, p. 332.

7. *Ibid.* 1, p. 346ss.

8. *Ibid.* 1, p. 360.

9. *Ibid.* 2, p. 372.

10. *Ibid.* 4, p. 705.

11. *Ibid.* 5, p. 210.

12. *Ibid.* 5, p. 218.

13. *Ibid.* 2, p. 88.

14. *Ibid.* 19, p. 137.

15. *Ibid.* 19, pp. 157-58.

16. Estátua acessada por mim em https://www.musee-orsay.fr/en/artworks/penelope-175048)

17. https://davidligare.com/paintings.html.

18. https://www.namuseum.gr/en/collection/klasiki-periodos-2/. (Para ver na imagem o detalhe mencionado no texto, é preciso clicar na 3ª foto da primeira linha da página.)

19. Acervo do Museu Metropolitano de Nova York, https://www.metmuseum.org/art/collection/search/16951.

20. Peck, A. e Irish, C. (2001). *Candace Wheeler: The Art and Enterprise of American Design, 1875–1900*. New Haven: Yale University Press, p. 145: https://books.google.co.uk/books?id=n2r1mG-zoUAC&pg=PA147&lpg=PA147&dq=Penelope+tapestry+new+york&source=bl&ots=gQLNphwqxq&sig=ACfU3UoCkHVYd1qaLuMYU3SQfS3YEZ-qPA&hl=en&sa=X&ved=2ahUKEwj7rqm4qszmAhWSiVwKHUqrCIEQ6AEwEX0ECA0QAQ#v=onepage&q=Penelope%20tapestry%20new%20york&f=false

21. Homero. *Odyssey* 24, p. 149.

22. *Ibid.* 21, p. 1.

23. Ovídio. *Heroides* 1.41.

24. *Ibid.*, p.51.

25. Edição em brochura da Canongate, p. xxi.

LEITURA SUPLEMENTAR E OUTRAS FONTES

Algumas notas sobre o texto e as fontes: em primeiro lugar, como sem dúvida vocês devem ter percebido, eu não me prendo muito a detalhes de transliteração nem de tradução de nomes do grego e do latim: às vezes, uso uma transliteração do grego (Heracles/Héracles), outras vezes prefiro a versão romanizada (Oedipus/Édipo) até que, de repente, eu surte e parta para uma versão em vernáculo (Helen/Helena). Não há sistema, não há coerência; há simplesmente anos de pensar em personagens e escritores com base em determinadas formas de seus nomes e, suponho, relutância em mudar.

As traduções deste livro são todas minhas: raramente recorro ao registro formal, a menos que ache necessário. Minhas versões de Ésquilo e Eurípides, em particular, estão mais próximas do falar cotidiano que da dramaticidade sublime (essa é minha tentativa escancarada de angariar autorização para traduzi-las para o palco futuramente). Tenho muitos textos gregos e latinos, porém muitíssimos mais estão disponíveis *on-line* gratuitamente: Perseus é o meu site favorito, mas há outros. Eles constituem um recurso maravilhoso, oferecido por acadêmicos que fizeram do mundo um lugar melhor e mais democrático para quem quer estudar. Não vou fornecer a lista das edições ou tradições textuais que adotei porque este não é um livro acadêmico e porque ninguém nunca me pede mais detalhes sobre essas coisas.

Entretanto, muitas vezes me perguntam quais são as boas traduções. É uma pergunta difícil de responder, pois tendo a usar as que tenho desde os tempos do colégio ou da faculdade simplesmente porque já estão em minhas estantes. Ocasionalmente, substituo uma antiga por uma nova. (Como a tradução de Emily Wilson da *Odisseia* é obviamente maravilhosa, adotei a dela e abandonei minhas versões anteriores. Digo que "abandonei", mas acho que tenho quatro diferentes traduções da *Odisseia*, sem nenhuma boa razão para isso. Inexplicavelmente, só tenho uma edição grega dos doze primeiros livros e uso o Perseus para o resto. Não há lógica em minha biblioteca.) Quase sempre, as obras das coleções Penguin Classics e Oxford World's Classics são as que eu tenho, e geralmente elas são bem boas. Tenho dezenas de edições da Loeb, cujas traduções às vezes são de qualidade mais variável, porém sempre são úteis quando há algum trecho meio complicado no grego. Existem várias traduções antigas disponíveis *on-line* gratuitamente, mas é bom avisar que elas podem ser muito impenetráveis.

Entre os livros modernos que me possibilitaram este, incluem-se: Emma Bridges & Djibril al-Ayad, *Making Monsters*; Lillian E. Doherty, *Gender and the Interpretation of Classical Myth*; Timothy Gantz, *Early Greek Myth*; Edith Hall, *Greek Tragedy* (bem como seus fantásticos ensaios e posts de blog sobre tudo, de Fedra a Jocasta); Maria R. Lefkowitz, *Women in Greek Myth*; Adrienne Mayor, *The Amazons*; Matthew Wright, *The Lost Plays of Greek Tragedy*; Froma I. Zeitlin, *Playing the Other*. Como me parece perverso destilar uma vida inteira de leitura numa lista pequena o bastante para gerenciar, estou relacionando só os livros que ficaram em minha mesa semanas a fio enquanto eu escrevia este livro. O resto está apenas ocupando partes de meu cérebro de que provavelmente preciso para outras coisas. Agora é tarde demais.

A lista completa das obras de arte mencionadas (incluindo o local em que estavam no momento em que eu escrevia) está logo abaixo (graças a Roz, que literalmente fez todo o trabalho difícil aqui). Todas as omissões são minhas; espero que vocês me perdoem.

PANDORA

Cousin, Jean (ca. 1550). *Eva Prima Pandora*. Paris: Louvre, inv. RF 2373.

Howard, Henry (1834), óleo sobre painel de mogno, *A Abertura do Jarro de Pandora* (*The Opening of Pandora's Vase*). Londres: Museu *Sir* John Soane, inv. SM P6.

Rossetti, Dante Gabriel (1871), óleo sobre tela, *Pandora*, coleção particular.

Cílix ateniense atribuído ao Pintor de Tarquinia (ca. 460 a.C.) que retrata a criação de Pandora. Londres: Museu Britânico, inv. 1881,0528.1.

Bonasone, Giulio (1531–1576), gravura, *Epimeteu Abrindo a Caixa de Pandora* (*Epimetheus Opening Pandora's Box*). Nova York: Museu Metropolitano, inv. 64.682.102.

Cratera de cálice ateniense de figuras vermelhas atribuído ao Pintor dos Nióbidas (ca. 460–450 a.C.) que representa Pandora. Londres: Museu Britânico, inv. 1856,1213.1.

Cratera de voluta ateniense de figuras vermelhas atribuída ao Grupo de Polignoto (ca. 450–420 a.C.) retratando a criação de Pandora. Oxford: Museu Ashmolean, inv. AN1896-1908. G.275.

JOCASTA

Cílix ateniense de figuras vermelhas atribuído ao Pintor de Édipo (ca. 470 a.C.) representando Édipo e a Esfinge, Museus do Vaticano, inv. 16541.

Cratera de cálice siciliana de figuras vermelhas atribuído ao Grupo de Gibil Gabib (ca. 330 a.C.) possivelmente representando Édipo, Jocasta e suas filhas. Siracusa: Museu Arqueológico Regional Paolo Orsi, inv. 66557.

Lutróforo de figuras vermelhas da Apúlia atribuído a um artista próximo ao Pintor de Laodâmia (ca. 340 a.C.) representando Alceste e seus filhos. Basel: Antikenmuseum, inv. S21.

Cabanel, Alexandre (1843), óleo sobre tela, *Édipo Separando-se de Jocasta* (*Oedipus Separating from Jocasta*), Capentras, Musée Duplessis.

Toudouze, Edouard (1871). *Adeus de Édipo aos Cadáveres de sua Esposa e Filhos* (*Farewell of Oedipus to the Corpses of his Wife and Sons*). Paris: École Nationale Supérieure des Beaux-Arts.

HELENA

Tintoretto (ca. 1550–55), óleo sobre tela, *Leda e o Cisne* (*Leda and the Swan*). Florença: Galleria degli Uffizi, inv. 3084.

Cópia de Leonardo, exemplo: do Cesto, Cesare (ca. 1505–1510), óleo sobre madeira, *Leda e o Cisne* (*Leda and the Swan*) – baseada em Leonardo. Salisbury: Wilton House, Coleção do Conde de Pembroke.

Cópia de uma pintura perdida de Michelangelo (após 1530), óleo sobre tela, *Leda e o Cisne* (*Leda and the Swan*). Londres: National Gallery, inv. NG 1868.

Rossetti, Dante Gabriel (1863), óleo sobre painel, *Helen of Troy*. Liverpool: Museu Nacional.

MEDUSA

Gorgonião alado, escudo de bronze (primeira metade do século VI a.C.). Olímpia: Museu Arqueológico, inv. B 110.

Ânfora panatenaica ateniense de figuras vermelhas, atribuída ao Pintor de Berlim (ca. 490 a.C.), Medusa. Munique: Staatliche Antikensammlungen, inv. 2312.

Pélica ateniense de figuras vermelhas, atribuída a Polygnotos (ca. 450–440 a.C.), Perseu decapitando a Medusa adormecida. Nova York: Museu Metropolitano, inv. 45.11.1.

Klee, Paul (1939), lápis sobre papel, *Anjo Esquecido* (*Forgetful Angel*) – Vergesslicher Engel. Berna: Zentrum Paul Klee.

Hídria ateniense de figuras vermelhas, atribuída ao Pintor de Pã (ca. 460 a.C.), Perseu foge com a cabeça da Medusa. Londres: Museu Britânico, inv. 1873.0820.352.

Cratera de sino de figuras vermelhas da Apúlia, atribuída ao Pintor de Tarporley (ca. 400–385 a.C.), Atena segurando a cabeça da Medusa. Boston: Museu de Belas Artess, inv. 1970.237.

Canova, Antonio (1800-1806), mármore, *Perseu triunfante* (*Perseus Triumphant*), Museus do Vaticano, inv. 969, e Nova York, Museu Metropolitano, inv. 67.110.1.

Cellini, Benvenuto (1545-55), bronze, *Perseu com a cabeça da Medusa* (*Perseus with the head of Medusa*). Florença: Piazza della Signoria, Loggia dei Lanzi.

Garbati, Luciano (2008), fibra de vidro e resina, *Medusa*.

Donatello (1455-1460), bronze, *Judite e Holofernes* (*Judith and Holofernes*). Florença: Palazzo Vecchio.

Gentileschi, Artemisia (1611-1612), óleo sobre tela, *Judite Matando Holofernes* (*Judith slaying Holofernes*). Nápoles: Museu Nacional de Capodimonte.

Frontão oeste, Templo de Ártemis em Córcira (ca. 590–580 a.C.), calcário, Medusa, Crisaor e Pégaso. Corfu: Museu Arqueológico.

AS AMAZONAS

Alabastro de terra branca ateniense (ca. 480 a.C.), atribuído ao Grupo dos Alabastros Negros, Amazona. Londres: Museu Britânico, inv. 1864.1007.253.

Cratera de voluta ateniense de figuras vermelhas (ca. 450 a.C.), atribuída ao Pintor dos Sátiros Lanosos, Amazonomaquia. Nova York: Museu Metropolitano, inv. 07.286.84.

Fragmento de cratera de voluta de figuras vermelhas da Apúlia (ca. 33–310 a.C.), atribuída ao Pintor de Baltimore, Hipólita e as Amazonas com Héracles. Nova York: Museu Metropolitano, inv. 19.192.81.1.7,42,46,55.

Ânfora ateniense de figuras negras, assinada por Exéquias (ca. 540), Aquiles e Pentesileia, Londres: Museu Britânico, inv. 1836,0224.127.

Hídria ateniense de figuras negras, atribuída ao Grupo de Leagro (ca. 510–500 a.C.), Aquiles carregando o corpo de Pentesileia. Londres: Museu Britânico, inv. 1836,0224.128.

CLITEMNESTRA

Cratera de cálice ateniense de figuras vermelhas, atribuída ao Pintor da Docimasia (ca. 470 a.C.). *A Morte de Agamenon* (*The Death of Agamemnon*). Boston: Museu de Belas Artes, inv. 63.1246.

Cratera de cálice de figuras vermelhas do sul da Itália (final do século IV a.C.), *A Morte de Agamenon* (*The Death of Agamemnon*). São Petersburgo: Museu Hermitage.

EURÍDICE

Neide, Emil (década de 1870), óleo sobre tela, *Orfeu e Eurídice* (*Orpheus and Eurydice*).

FEDRA

Hídria de figuras vermelhas (século V a.C.), mostrando Fedra em um balanço. Berlim: Antikensammlung.

MEDEIA

Hídria ateniense de figuras negras (ca. 510–500 a.C.), atribuída ao Grupo de Leagro, Medeia e o rejuvenescimento do carneiro. Londres: Museu Britânico, inv. 1843,1103.59.

Cratera de cálice de figuras vermelhas da Lucânia (ca. 400 a.C.), artista próximo ao Pintor de Policoro, Fuga de Medeia/Medeia em um carro. Cleveland OH: Museu de Arte de Cleveland, inv. 1991.1.

Noble, Thomas Satterwhite (1867), óleo sobre madeira, *Modern Medea*, Cincinnati: National Underground Railroad Freedom Center.

PENÉLOPE

Escifo ateniense de figuras vermelhas (ca. 440 a.C.), atribuído ao Pintor de Penélope, Telêmaco e Penélope em seu tear. Chiusi: Museu Arqueológico Nacional, inv. 1831.

Cavelier, Jules (1842), mármore, *Penélope (Penelope)* – ou *Penélope Adormecida (Penelope Asleep)*. Paris: Musée d'Orsay.

Ligare, David (1980), óleo sobre tela, *Penélope (Penelope)*, coleção do artista.

Estela funerária de Hegeso (final do século V a.C.), mármore. Atenas: Museu Arqueológico Nacional, inv. 3624.

Wheeler, Dora (1886), seda bordada a fio de seda, *Penélope Desfazendo seu Trabalho Durante a Noite (Penelope Unraveling Her Work at Night)*. Nova York: Museu Metropolitano, inv. 2002.230.

Maguire, Marian (2017), acrílico sobre madeira, *Penélope Tece e Espera (Penelope Weaves and waits)*.